Gödden · Der Schwärmer

Walter Gödden

Der Schwärmer.
Die verschollene Lebensgeschichte des westfälischen Sturm-und-Drang-Dichters Anton Mathias Sprickmann

Ferdinand Schöningh

Paderborn · München · Wien · Zürich

Der Verfasser dankt dem Landschaftsverband Westfalen-Lippe und der Stadt Münster für einen Druckkostenzuschuß.

Die Umschlagabbildung zeigt das Frontispiz zu: Die Gärten. Ein Lehrgedicht in vier Gesängen nach De Lille von L. F. T. Voigt. Leipzig 1796

Die Deutsche Bibliothek – CIP-Einheitsaufnahme

Gödden, Walter:
Der Schwärmer: die verschollene Lebensgeschichte des westfälischen Sturm-und-Drang-Dichters Anton Mathias Sprickmann / Walter Gödden. – Paderborn; München; Wien; Zürich: Schöningh, 1994
ISBN 3-506-73196-3

Gedruckt auf umweltfreundlichem, chlorfrei gebleichtem Papier

© 1994 Ferdinand Schöningh, Paderborn
(Verlag Ferdinand Schöningh GmbH, Jühenplatz 1, D-33098 Paderborn)

Alle Rechte vorbehalten. Dieses Werk sowie einzelne Teile desselben sind urheberrechtlich geschützt. Jede Verwertung in anderen als den gesetzlich zugelassenen Fällen ist ohne vorherige Zustimmung des Verlages nicht zulässig.

Printed in Germany. Herstellung: Ferdinand Schöningh, Paderborn.

ISBN 3-506-73196-3

INHALT

Der Teil und das Ganze
Sturm und Drang und Umkehrschluß 7
Ohne Netz und doppelten Boden 9
Die Wurzel allen Übels 11
Von schönen Seelen und leidenschaftlichen Helden 12
Wertigkeiten 14
Erste literarische Ausflüge 18
Autobiographie als Seelenkunde
Sprickmanns "Geschichte" 21
Verwandte Gemälde eines Lebens 22
Zeitverschiebungen 24
Ein verlorenes Testament? 29
Mit verklärtem Blick
Die Pathologie des Genies 32
Auf Ehre und Gewissen 34
Das liebe Geld 35
Der Autor als Leser 37
Soziale Barrieren 39
Von Herzen gerührt 41
Eine Jugendtragödie in Versen 42
Trost als 'Hofdichter' 45
Herz und Kopf eines Freundeskreises 50
Ein weiteres Feld. Das zweite Mal
in Göttingen (1775-1776) 51
Dichter-Triumphe 57
Der Lebensbeichte zweiter Teil
Die Erzählung "Die Untreue aus Zärtlichkeit" 59

Dichtung und Wahrheit 61
Die (Ohn-)Macht der Verhältnisse 62
Über die brotlose Kunst 66
Sprachliche Höhenflüge 67
Ein Prometheus unter Biedermännern 70
Beigaben des Jahres 1776 73
Ein Potentat auf Abwegen
Das Trauerspiel Eulalia 77
"... in der Einsamkeit meines Elends" 80
"... unter dem schutt von Versäumnis..."
Eine Affäre in Episoden 83
Im Land der Musenfeindlichkeit 92
Otahitische Lesefrüchte 98
Wertheriana aus der Stadt des Reichskammergerichts 107
Ein "Paroxismus von Wertherfieber" 110
"... näher meinem Himmel auf Erden" 113
Schmuck und Leid 116
"Vagabundieren auf dem Felde der Wissenschaften" 123
Letzte literarische Federstriche 127
Auf der Suche nach "innerer Konsistenz" 130
Der Weisheitslehrer 136
Nachsätze 151

Anhang
Literatur 156
Anmerkungen 171
Texte
Anton Mathias Sprickmann:
"Meine Geschichte" (Auszug) 201
"Die Untreue aus Zärtlichkeit" 241

Der Teil und das Ganze
Sturm und Drang und Umkehrschluß

Ein Manuskript[1] aus der untersten Schublade, längst verschollen geglaubt. Irgendetwas hatte den Gedankenfunken wieder entfacht, eine Suchaktion ausgelöst. Dann die Lektüre, zusehends begieriger, und ein Zugang, der sich nun wie von selbst ergab, spontaner, entkrampfter.

So erwachte die Neugierde aufs neue, wurde die frühere 'Pflichtlektüre' zum angenehmen Mosaiksteinsammeln: Ein Streifzug durch das Labyrinth eines Menschenlebens, durch Briefe, autobiographische Aufzeichnungen, literarische Werke – Memorabilien, die zum Bild sich fügten, sich rundeten zur Fiktion, zur e i n e n Facette der Wahrheit. Der Einstieg in die 'Seelenkunde' des Sturm und Drang war vollzogen.

Und dann – beim Blick auf das gesamte Leben Anton Mathias Sprickmanns – die immerwährenden Rückzugsgefechte dieses Schwärmers. Er wagte sich weit nach vorn – mit allem, was er schrieb –, doch was folgte, war Reue, die Rückkehr in den Schoß bürgerlicher Kleingeistigkeit; hier und da ein aufwallender Temperamentsausbruch, der Wunsch nach einem ganz Anderssein – und dann wieder der Rückfall in Apathie, das Verschanzen und Abreagieren hinter Mauern akademischer Gelehrsamkeit. Ablenkungsmanöver und Verdrängungsmechanismen zuhauf – doch wer hätte ihm auch als Gleichfühlender, als Mitstreiter und Stütze, zur Seite stehen können?

Das Zögern und Zaudern färbte Sprickmanns gesamtes literarisches Wirken. Sein Werk blieb Fragment, in vielem ein Torso. Ganze fünf Jahre hat er überhaupt nur veröffentlicht, dann entsagte er der Literatur, entzog seinen literarischen Bekannten die Freundschaft, schloß – durchaus erfolgreich – die Laufbahn eines akademischen Lehrers der Universitäten Münster, Breslau und Berlin an. Ohne freilich der Literatur ganz den Rücken zuzukehren. Zuletzt sah man ihn in der Rolle eines literarischen Lehrers, der hoffnungsvolle Talente betreute, darunter auch ein 'Fräulein Annette von Droste-Hülshoff'; sie, wie Sprickmanns andere Schüler, himmelte ihr Idol an, vergötterte ihn fast.

Die Jahre zwischen literarischer Produktion und angesprochener Mentorschaft füllten Sprickmanns Versuche aus, sein Leben literarisch zu meistern. Aber er kam nicht mit sich ins reine. Anläufe unternahm er genug, zum Abschluß brachte er sie jedoch nie. Da ist einmal der Roman "Mornach", der der Vernichtung anheimfiel, da ist zum anderen der Beginn einer Lebensgeschichte, die aus verschiedenen Gründen Fragment blieb, und da sind – vornehmlich aus frühen Tagen – verschiedene rhapsodische und aus dem Moment geborene Texte, die einzig um ein Thema kreisen: das Ich mit all seinen Triumphen und Niederlagen. Lebensbewältigung durch Literatur war Sprickmanns weites Anliegen, das er auf jeweils anderer Stufe variierte. In fast jedem seiner Werke ist sein Ich hochgradig präsent.

Als Sprickmann damit begann, seine Memoiren zu schreiben, war er 38jährig. Er wollte Rechtfertigung ablegen, sich endgültig lossagen von den Irrungen und Wirrungen seiner schwärmerischen Jugend- und Studentenzeit. Der Versuch mißlang. Noch einmal geriet er in den Sog seiner Gefühlswirren. Eine geläuterte, abgeklärte Haltung, wie sie sein großes Vorbild Goethe in "Dichtung und Wahrheit" an den Tag legte, kam für ihn nicht in Betracht.

Ohne Netz und doppelten Boden

Inmitten der Geniejünger war Sprickmann ein Extremfall. In der Art und Weise, wie er sich selbst in den Mittelpunkt seiner Werke rückte und zum Maß aller Dinge erklärte, war er so radikal wie kaum ein anderer Autor des Sturm und Drang, dieser noch heute ungemein anziehenden Geistesepoche, die auf das Recht künstlerischer Selbstverwirklichung pochte und unbefangen gegen gesellschaftliche Schranken rebellierte. Die Legitimationsbasis hierfür war (fast allein und einzig) der Anspruch, aus der bürgerlichen Normalität herauszuragen, sie mit Gefühl, Leidenschaft und künstlerischem Talent zu überflügeln.

Auch Sprickmann ging es – und hierin war er schon ein "Nachzügler" des jungen Goethe, eines Friedrich Maximilian Klinger, eines Heinrich Wilhelm Gerstenberg – in erster Linie um die Freisetzung von Affekten und Emotionen. Fast unbedacht stürzte er seine 'Helden' – schöne Seelen und leidenschaftliche Charaktere – in dramatische Konflikte, denen sie kaum gewachsen waren. Und was das eigene Herz anging: Er wollte sich im Medium Literatur ausleben, sich seine Probleme ungeschminkt von der Seele schreiben. Daß er damit die Welt nicht bessern konnte, hat er nie recht verschmerzt, glaubte er doch an die Botschaft seiner Ideen: Schmerzlich getroffen wandte er gegen seinen Dienstherrn, den aufgeklärten Minister Franz von Fürstenberg, ein: "Bin ich denn nur Schönschreiber? hats keinen Inhalt, was Ihr von mir gelesen habt? oder wenn das nicht, auch sonst nichts, kein bischen von Ankündigung, kein Dämmern, kein Versprechen, dem zu trauen wäre, daß kommen wird oder kann, was noch nicht ist? Freunde, dann wars arg, daß Ihr schwiegt!"[2]

Anton Mathias Sprickmann um 1795. Porträt von Carl Joseph Haas. Privatbesitz

Die Wurzel allen Übels

"Jede meiner Leidenschaften hatte immer den Wahlspruch: Alles oder Nichts!" resümierte Sprickmann 1790, inzwischen 41jährig, gegenüber seiner "Beichtschwester" und "Seelenfreundin" Jenny von Voigts, der Tochter Justus Mösers.[3] Seine Briefe und autobiographischen Aufzeichnungen sind bis zum Rand gefüllt mit solchen Bekenntnissen. Die vielen "Achs" und "Wehs", die für uns Heutige etwas überzogen Selbstdarstellerisches besitzen – damals waren sie ein Signum der Epoche. In dieser Hinsicht zählt Sprickmann ohne Zweifel zu den kultiviertesten Briefschreibern seiner Zeit.[4]

Einem 'inneren' Lebensbild Sprickmanns steht, da sich sein Gedankenfluß an nichts so sehr entzündete wie dem eigenen Ich, überreiches Material zur Verfügung. Es besitzt zudem den Vorteil der Authentizität, da Sprickmann aufrichtig seinem Wahrheitsdrang folgte. Das literarische Schaffen fügte sich in dieses Schema der Selbstbespiegelung ein, duplizierte das Anliegen des Autors, Äußeres nach innen und Inneres nach außen zu kehren.

Angesichts der Unzufriedenheit mit den eigenen Lebensumständen hatte Sprickmanns Rückbezug auf die eigene Person fast schon therapeutischen Charakter. Es offenbart sich der Wille, nichts anderes gelten zu lassen als das eigene Ich, und es ist frappierend, wie wenig Sprickmann darüber hinaus in den Blickkreis kam. Er war ein Autor, der der Geniebewegung nicht aus literarischer Mode anhing, sondern aus innerer Disposition. Ein Stürmer und Dränger mit Leib und Seele – in einem anderen Zeitkontinuum wäre er gar nicht zu denken.

So versinnbildlicht Sprickmann die "gärende Bewegung der Herzen und Geister" der Geniezeit[5] wie kaum ein anderer – wodurch er freilich auch zu einem 'Problemfall' wurde: Er lebte nur noch i n der Literatur und f ü r die Literatur – ein völliger Wirklichkeitsverlust drohte.[6]

Von schönen Seelen und leidenschaftlichen Helden

Mit dem Aufsatz "Etwas über das Nachahmen allgemein, und über das Göthisieren insbesondere", der im November 1776 im angesehenen "Teutschen Museum" erschien, hinterließ Sprickmann so etwas wie ein literarisches Manifest. Er faßte sein poetologisches Programm darin wie folgt zusammen:

"Das Ideal der Dichtkunst ist der leidenschaftliche Mensch. Ihr Gegenstand ist Handlung, und die Summe der Kräfte, die hier eine Handlung hervorbringen, ist hier das Maß der Vollkommenheit. Die Dichtkunst soll schöne Seelen schildern, und die Stimmung, die eine Seele dichterisch schön macht, ist Kraft, Leidenschaft, ist, was die Grundlage des Dichters eigene Seele ist; daher auch selten ein großer Dichter, der sich nicht einmal selbst in seinen Werken geschildert hätte; aber die Wahrheit ist einzig; jede Leidenschaft hat ihren Ton, und also auch jede Stimmung der Seele."

Dieses programmatische Bekenntnis, das Gefühl über Reflexion stellt, Selbstbekenntnis über Abstraktion, hat Sprickmann in seinem literarischen Werk beispielhaft umgesetzt. Doch ein Vorwurf wurde laut: bei der Darstellung überhitzter und affektgeladener Stimmungen vergreife er sich in der

Wahl seiner Mittel, verwechsle Dramaturgie mit Zerrbildern des "Gräßlichen und Schreckhaften".[7] Für das damalige Publikum zählten solche Einwände indes wenig. Es war vom Theatereffekt seiner Stücke über die Maßen hingerissen.

Zwei Charakteren verhalf Sprickmann zum Durchbruch: Auf weiblicher Seite der "schönen Seele" (die neben innerer Gefühlswahrheit wie selbstverständlich auch alle äußerlichen Vorzüge aufwies) und auf männlicher Seite dem gefühlsstarken, aber genialisch-unbesonnenen Schwärmer, der viele Züge des Autors selbst trug. Um diese Konstellation gruppierten sich die dramatischen Konflikte. Sprickmanns Werke sind Abspiegelungen seiner Seelen- und Liebeswirren, "Bruchstücke einer großen Konfession",[8] deren realer Kern sich oft rekonstruieren läßt. Die übrigen Personen blieben dagegen Requisite, sie ähneln sich "wie ein Ey dem andern".[9]

Durch den ständigen Ich-Bezug war Sprickmann jedoch thematisch eingeengt, regelrecht festgefahren; hier blieb er ein naiver Geist, der von seinen Problemen weder abstrahieren konnte noch wollte. Er war in gewisser Hinsicht unverbesserlich, verschloß sich jedem Lernprozeß.

Thematisch adaptierte er die Themen, die durch die literarischen Neuerer virulent geworden waren und damals geradezu eine Inflation erlebten: die Liebesschwärmerei Werthers, das Kindsmordthema, Mann zwischen zwei Frauen, despotische Willkür, Liebe über die Standesgrenzen hinweg, die verführte Unschuld, wie sie im Bürgerlichen Trauerspiel begegnet. Sein Hauptthema aber war die Selbstverwirklichung in der Liebe. In vielfacher Variation spielte er die Möglichkeit oder Unmöglichkeit einer Liebesbeziehung durch. In der Erzählung "Nachrichten aus Amerika" zum

Beispiel, in der der Kaufmannssohn Fritz Fleckmann die Standesschranken überwindet und mit dem Dienstmädchen Marie nach Amerika auswandert; in der Erzählung "Das Wort zur rechten Zeit", in der eine Beziehung daran zerbricht, daß der Erzähler der Geliebten seines Freundes "zur rechten Zeit" enthüllt, daß jener bereits verheiratet sei; in "Mariens Reden bei ihrer Trauung", in der sich Marie das Leben nimmt, um der Liebe ihres Karl zu einer anderen nicht im Wege zu stehen. Auch in Sprickmanns Schauspielen "Eulalia" und "Der Schmuck" werden Liebende vor Entscheidungen gestellt.

Sprickmanns Auffassungen von Liebe, Leidenschaft und Freundschaft bildeten die Grundpfeiler seiner Lebensphilosophie.[10] In persönlicher Hinsicht blieb die Liebe für ihn ein unerreichtes Ideal, Hintergrund allen Strebens.

Wertigkeiten

Und der literarische Rang? Der Lyriker Sprickmann hat sicherlich keine Neuentdeckung verdient. Zu eng klammerte er sich an seine Vorbilder, war Nacheiferer, ohne wirklich originell zu sein. Auch hinsichtlich des dramaturgischen Instrumentariums blieb er größtenteils epigonal. Anders jedoch in der Prosa. Sie fand auch bei Sprickmanns strengen Kritikern Anklang. Gemeint sind neben "Meine Geschichte" acht Erzählungen bzw. dramatisierte Szenen, die Sprickmann in den Jahren 1776 bis 1778 in Heinrich Christian Boies "Deutschem Museum" veröffentlichte.[11] Wolfgang Stammler bemerkte 1911, Sprickmann könne als "der begabteste Erzähler des Sturms und Drangs" gelten.[12]

Schon von seinen Freunden war Sprickmann immer wieder ermutigt worden, sich auf die Prosa zu konzentrieren, hier könne er es zu einem "Original" bringen.[13] Boie schrieb am 27. Oktober 1776 an Gottfried August Bürger: "Hast du was von Sprickmanns Erzählungen gelesen? Ich habe drey, die seinen Namen sehr bekannt machen werden. Schon die kleine im Sept. <Das Neujahrsgeschenk> wird dich frappirt haben. Es liegt ein großer, weitumfassender, philosophischer Geist in ihm ..."[14]

"Nachrichten aus Amerika" fand im Lübecker Freundeskreis viel Beifall.[15] Boie rief aus: "Alles lebt, steht da!"[16] Gottfried August Bürger hatte sich an dieser Erzählung ein "blaues Wunder" gelesen.[17] Er lobte auch die dramatische Erzählung "Das Intelligenzblatt" ("Die Erzälung ist gut a n g e o r d n e t , und die Geschichte gut d a r g e s t e l l t"[18]) und spornte Sprickmann in burschikoser Art und Weise zu weiteren Arbeiten in diesem Sujet an: "Stampfet eure Markknochen nur fein öfter aus. Boie schmiert das Mark auf geröstete Semmel und schmatzt, daß ihm das Maul schäumt."[19] Wegen ihrer dramatischen Keime gelangten "Das Intelligenzblatt" und "Das Misverständnis" mehrfach auf große Bühnen. Auch weitere dramatisierte Szenen erfuhren Bearbeitungen und inspirierten andere Autoren.[20] Johann Georg Hamann, der 'Magus im Norden', urteilte über Sprickmanns Beiträge im "Deutschen Museum": "Mit was für Vergnügen habe ich die Beiträge des lieben Raths Sprickmann gelesen ..."[21]

Die Erzählungen ließen Sprickmann die freiesten Entfaltungsmöglichkeiten. Hier zeigte er sich als gefälliger Stilist und brachte zugleich seine dramatische Ader günstig ein. Gelegentlich trug er freilich auch hier zu grell auf. Auch seine Themen – unglückliche und untreue Liebe, verführende Männer, betrogene Mädchen, glühende Herzen, die hinter Klostermauern verzweifeln – wirken auf Dauer stereotyp und ermüdend.[22]

Hinzu kommen kompositorische Schwächen, da Sprickmann bei der Entstehung mehr seiner Intuition als einem festgefügten Plan folgte. Vielen Stücken ist anzumerken, daß sie im Moment starker emotionaler Ergriffenheit entstanden. In dieser Spontaneität liegt aber auch Sprickmanns Stärke – es ging ihm um die Darstellung innerer, u n m i t t e l b a r e r Gefühlsaufwallung und um fast nichts anderes.

Den größten Erfolg verbuchte Sprickmann jedoch nicht in der Prosa, sondern mit seinen Dramen. Sie machten seinen Namen in ganz Deutschland bekannt. Das Trauerspiel "Eulalia" sorgte für "große Sensation" in der Lesewelt,[23] und in Friedrich Nicolais "Allgemeiner deutschen Bibliothek"[24] hieß es: "Indeß gehört diese Nachahmung zu den glücklichsten, die wir kennen, und verrät ein vorzügliches dramatisches Talent, von dem wir uns, bey sorgfältiger Ausbildung, und etwas mehr gehemmtem Laufe einer sehr feurigen Phantasie, für die Zukunft viel versprechen."

Eine andere Besprechung[25] nannte "Eulalia" eines der besten "unserer diesjährigen <1777> Theaterprodukte".[26] Auf die Bühne gelangte das aufrührerische Stück allerdings nur ein einziges Mal; einer weiteren Verbreitung stand vermutlich die staatliche Zensur im Wege.[27]

Das zwei Jahre später folgende Lustspiel "Der Schmuck" war noch erfolgreicher. Im Sommer 1779 wurde es in Wien preisgekrönt. Auf fast allen deutschen Bühnen gelangte es zur Aufführung und wurde von Goethe noch im Jahre 1800 in Weimar inszeniert.[28] Einer der großen Schauspieler der

Zeit, Friedrich Ludwig Schröder, fand in der Figur des Wegfort eine Paraderolle. In der Biographie Schröders heißt es über eine Aufführung in Hamburg:

"Am 17ten [Dezember 1779] erschien Sprickmanns Schmuck. Die Rolle Wegforts und seiner Tochter haben Schrödern und seiner Frau überall lauten Beifall erworben. An diesem Abende den seltensten und schönsten. Der bescheidene Künstler erstaunte vor seinem eigenen Werk, und konnte sich in der ersten Überraschung nicht enthalten es zu gestehen. Madam Schröder fühlte sich als Luise in dem Auftritt mit ihm so erschüttert, daß sie eine Zeitlang allein bleiben mußte, um auszuweinen. Wir verweilten bis spät in die Nacht hinein zusammen, und wußten nicht, wie uns geschehen war ... Noch nach Monaten bezeugte er Aufwallungen der Zufriedenheit mit mir durch die Worte: 'Es ist mir doch lieb, daß sie meine erste Vorstellung des Wegfort gesehen haben.'... Er nahm das Geständnis nicht mehr zurück, daß er in seinem Leben nicht besser gespielt habe."[29]

Aufs Ganze gesehen, liegen Sprickmanns Stärken und Schwächen dicht beieinander. Am eindrucksvollsten war er immer dann, wenn es um die Darstellung seiner eigenen Seelenkonflikte ging, er gleichsam selbst die Bühne betrat. Mit diesen Bühnenwerken und seinen Erzählungen steht seine unvollendete Lebensgeschichte in Fragmenten und Fortsetzungen vor uns. Vor allem dieser rote Faden wird im folgenden weiterverfolgt.

Sprickmann bekam früh zu spüren, daß er nicht so ungebunden war, wie er es sich gewünscht hätte. Nachdem er in Münster das ehrwürdige Gymnasium Paulinum absolviert hatte, mußte er auf Wunsch der Familie – sein Vater war ein angesehener Arzt – seine literarischen Neigungen hintanstellen und das Jurastudium ergreifen. Dieses Studium begann er 1765 in Münster, von 1767 bis 1769 setzte er es in Göttingen fort.

Ein in literarischer Hinsicht fruchtbarer Ort: Erstmals kam Sprickmann mit der aktuellen Literatur in Berührung, die für ihn in Münster kaum erreichbar war. Er las Friedrich Gottlieb Klopstock, Ewald von Kleist und Lessing. Zwei Epigramme aus dem Jahre 1767 zeigen ihn vom damaligen Literaturstreit beeindruckt: Er polemisierte gegen den Gottsched-Schüler Otto von Schönaich und ergriff Partei für den Lessing-Schüler Brawe. Daß ihn schon damals Gedanken anzogen, die 1772 mit dem Göttinger Hain manifest wurden, bezeugen Verse wie: "Rühmt alle nur mit Liebe Euer Vaterland! / Denn wahrlich, sonst schlöß' ich mit Euch kein Freundschaftsband!"[30]

Sprickmann geriet ganz in den Sog der literarischen Neuerer. Was erschien nicht alles in diesen Jahren der Gärung? Zum Beispiel 1766 Lessings "Laokoon", im Jahr darauf Johann Gottfried Herders Fragment "Über deutsche Literatur" (bis 1768), Lessings "Hamburgische Dramaturgie" (bis 1769), "Minna von Barnhelm" und Laurence Sternes "Sentimental Journey"; als Sprickmann Göttingen verließ, bereiteten Boie und Ludwig Christoph Heinrich Hölty gerade ihren ersten Musenalmanach vor, der zum Jahresende 1769 erschien. 1771 folgten Goethes Rede "Zum Schäkespears Tag" und die ersten Ausgaben von Claudius' "Wandsbecker Boten" (bis 1775) sowie Klopstocks "Oden". Wieder ein Jahr später, am 12. September, kam es zur spontanen Gründung des Göttinger Hainbundes; Lessings "Emilia Galotti" und Herders Abhandlung "Über den Ursprung der Sprache" sorgten ebenso für Aufsehen wie im Jahr darauf Goethes "Götz von Berlichingen" und Bürgers Ballade "Lenore". 1774 erschien mit Jakob Michael Reinhold Lenz' "Der Hofmeister" ein Paradestück des Sturm und Drang sowie ein Werk, das für Sprickmann und seine ganze Generation so folgenreich wie kein zweites war: Goethes "Werther".[31]

Sprickmann war voll und ganz infiziert. Erste Anzeichen hierfür zeigten sich 1768, als er sich während eines mehrmonatigen Aufenthalts in Mannheim in den Kopf setzte, Schauspieler zu werden. Seine Mutter konnte ihn hiervon gerade noch abbringen.

Bald darauf stand ihm die Rückkehr nach Münster vor Augen und der verhaßte Sprung ins Berufsleben, die Laufbahn des Advokaten: "Jetzt war die lebhafte Idee, die mich beschäftigte diese, daß ich nun zu einem traurigen, öden Leben ginge." An anderer Stelle spricht er von der "Sklaverei des Advokatenlebens". Mit diesen Zitaten befinden wir uns bereits mitten in Sprickmanns Autobiographie "Meine Geschichte", dem Thema der nächsten Kapitel.

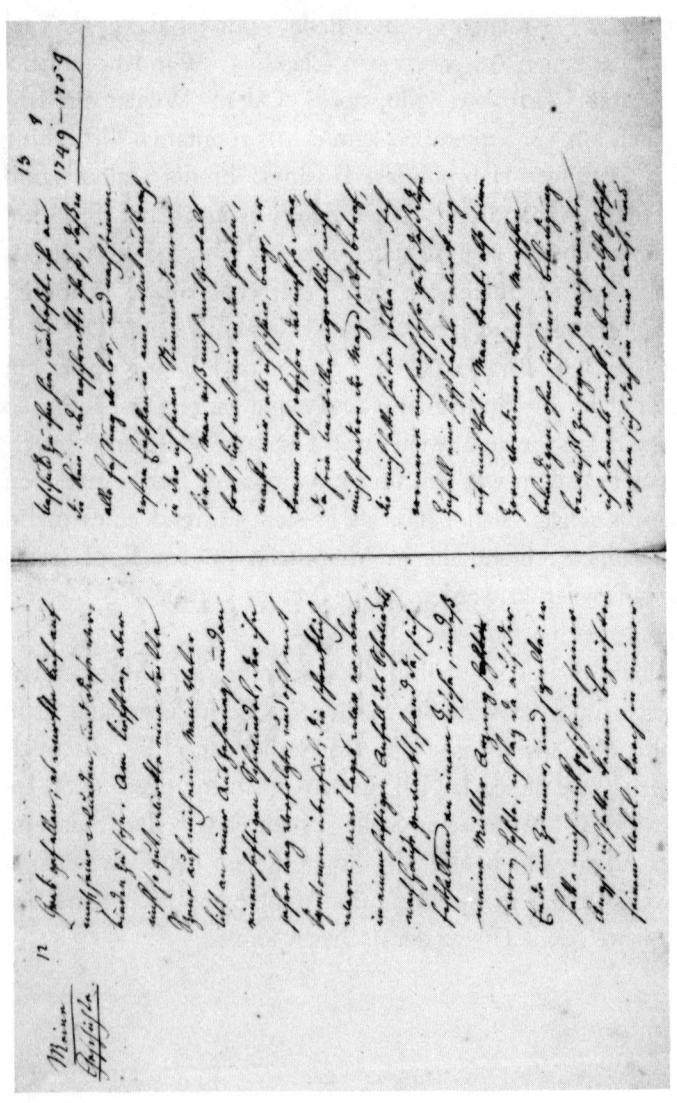

Faksimileseite von Anton Mathias Sprickmanns "Meine Geschichte"

Autobiographie als Seelenkunde. Sprickmanns "Geschichte"

Bisher war die Forschung davon ausgegangen, daß Sprickmann mit dem Jahre 1781 sein eigenes Schreiben endgültig aufgegeben habe. Dem ist jedoch nicht so. Er entsagte zwar dem Kontakt mit den früheren Dichterfreunden, unternahm aber in den folgenden Jahren wiederholt Anläufe, sein Leben literarisch aufzuarbeiten. Zwar dachte er nicht an eine Veröffentlichung – er hatte lediglich den nächsten Freundeskreis als Adressat vor Augen –, gleichwohl verwandte er aber alle Sorgfalt auf die Abfassung.

Resultat dieser Bemühungen sind Sprickmanns unvollendete "Geschichte" und sein Roman "Mornach". Während "Mornach" gänzlich der Vernichtung anheimfiel, sind von Sprickmanns "Geschichte" die Anfangskapitel überliefert. Ihr auszugsweiser Abdruck vor über fünfzig Jahren fand kaum Beachtung. Es überrascht fast, daß die handschriftlichen Dokumente aus der Universitätsbibliothek Münster überhaupt zum Druck gelangten.[32]

Aus einer begleitenden editorischen Notiz geht hervor, daß das Manuskript ehemals vollständiger überliefert war: "Eine Fortsetzung ist wenigstens fragmentarisch gewesen, aber absichtlich vernichtet worden, 'anscheinend um sie der Nachwelt zu entziehen, wie Heinrich Schmedding am 13. Februar 1835 brieflich an Bernhard Sprickmann-Kerckerinck mitteilt'".

Die angesprochene Nachwelt hat von ihrem vermeintlichen Recht auf Zensur überaus gründlich Gebrauch gemacht. Offensichtlich wurde ein Mißbrauch der Texte befürchtet, es sollte kein Schatten auf Sprickmanns Person fallen. Als eine diesbezüglich sehr strenge 'Nachlaßverwalterin' erwies sich Jenny von Voigts. "Meine Geschichte", "Mornach" sowie ein drittes Manuskript, Sprickmanns Lustspiel "Die Ehebrecherin" aus dem Jahre 1779, wurden von ihr, wie Sprickmann in "Meine Opraomnia" anmerkte, den Flammen übergeben.[33] Möglicherweise galt dies auch für einen Teil seiner – allzu intimen – Briefe, worauf Jennys Pflegetochter Clementine Schmidtmann in einem Brief an Sprickmann hinwies.[34] Ob Jenny von Voigts diese Zensur eigenmächtig ausübte oder dazu von Sprickmann autorisiert war, wird immer ungewiß bleiben. Die Spuren sind damit fast endgültig verloren: "Der Sprickmann-Nachlaß enthält ... keine weiteren Selbstzeugnisse mit Ausnahme der Tagebücher Spr.s, die erst mit dem Jahr 1814 beginnen und die tägliche Erlebnisse meist chronikartig bezeichnen."[35]

Verwandte Gemälde eines Lebens

"Meine Geschichte" und "Mornach" dürften, soweit die spärlichen Zeugnisse vermuten lassen, viele Gemeinsamkeiten aufgewiesen haben. Möglicherweise sah Sprickmann beide Werke sogar als Einheit an, handelt es sich doch in beiden Fällen um 'Lebensbeichten' in literarischer Form. Obwohl "Mornach" nicht überliefert ist, ist zu vermuten, daß das Werk eine ähnliche, die für alle Werke Sprickmanns typische, gefühlsdurchströmte Diktion aufwies. Wie in seiner "Geschichte" versetzte er sich auch bei "Mornach" gedanklich in frühere Stimmungen zurück, wie er Jenny von Voigts wissen ließ:

"Ich denke jezt über so manche Szenen meines Lebens so ganz anders als damals, als ich durch diese Szenen ging, oder mich leidenschaftlich in und durch sie hinziehen ließ; manche möchte ich gern, wenn ich könnte, mit meinem Blute auswischen aus dem Gemählde meines Lebens. Und doch, wenn ich mich getreu darstellen will, wie ich war, so muß ich mich ganz in die Stimmung jener Tage zurück sezen, die ich so gerne nicht möchte gelebt haben. In einer kalten Erzählung meiner Handlungen würde ich wie ein verruchter Bösewicht dastehen! Was mich allein bey einem Leser voll Nachsicht entschuldigen, und was mir bey ihm noch Glauben an mich, und Hofnung und Liebe erhalten kann, ist der ungestüme Sinn, den mir die Natur gegeben hatte, ohne mir zugleich einen Gegenstand zu geben, der diesen Sinn hätte fesseln und befriedigen können. Ich spreche nicht von Rechtfertigung; rechtfertigen kann mich nichts; es war immer noch meine Schuld, daß ich mich hinreißen ließ; ich hätte diesen Sinn bey allem Ungestüm noch bändigen können; ..."[36]

Auch bei "Meine Geschichte" handelt es sich nicht um eine "kalte <Nach>Erzählung" seiner Vergangenheit. Die literarischen Momente besitzen sogar ein so starkes Eigengewicht, daß von einem Roman oder zumindest einem Romanäquivalent gesprochen werden kann. Ein plattes Abspulen der biographischen Ereignisse kam für Sprickmann nicht in Frage. Mit "Meine Geschichte" steht seine reifste Prosa vor uns, ihrer Form nach seinem lesenswerten Briefwerk vergleichbar.

Zeitverschiebungen

Die erwähnten neuen Zeugnisse sind hinsichtlich der Entstehungsgeschichte von "Meine Geschichte" und "Mornach" in vielem aufschlußreich. Es handelt sich hierbei in der Hauptsache um entlegene Briefe aus Sprickmanns Bekanntenkreis. Als besonders ergiebig erwies sich dabei die bisher noch kaum ausgewertete Korrespondenz zwischen Jenny von Voigts mit der Fürstin Louise von Anhalt-Dessau.[37]

Ein erstes Zeugnis über die Arbeit an "Mornach" liegt mit Christian Adolf Overbecks Brief an Sprickmann vom 11. November 1777 vor: "Was tausend, was schreibst du denn für einen Roman? Laß doch 'nmal was vernünftiges davon hören".[38]

Die Nachricht zog gleich Kreise. Bürger unterrichtete Boie im Dezember 1778: "Er <Sprickmann> wil einen Roman, einen w a h r e n Roman schreiben und der Stof sol – sein eignes Leben seyn. Was wird doch da herauskommen?"[39]

In einem Brief Jenny von Voigts an die Fürstin Louise von Anhalt-Dessau vom 8. Mai 1781 ist von einem "packet Manuscripte" die Rede, das Sprickmann Johann Gerlach Just (gen. "Gustel"), Jennys Ehemann, überlassen hatte: "mein Gustel hat ein packet Manuscripte von unsrem S: geckriegt. Finde ich neues darunter so schreibe ichs ab. Und schicke es Ihnen – es liegt wie ein wahres Chaos ein durch den ander."

Möglicherweise handelte es sich hierbei um Bruchstücke von "Mornach", und mit einiger Sicherheit befand sich auch "Die Ehebrecherin" unter den Materialien. Auf die gesamte

Sendung nimmt ein Brief der Fürstin an Jenny von Voigts vom 3. Februar 1781 Bezug: "Ich erwarte nun des ehesten deine mir versprochene Manuscripte so die fertigen, als die noch nicht vollendeten, und Incompleten, ich ruhe nicht ehender, und höre nicht eher auf zu mahnen bis ich sie habe."[40]

Sprickmanns Seelenfreundin und Beichtschwester Jenny von Voigts

Bei den nächsten Zeugnissen ist abwechselnd von "Mornach" und "Meine Geschichte" die Rede. Zunächst tritt jedoch eine etwa sechsjährige Pause ein. Dann heißt es in einem Brief Jenny von Voigts an Louise von Anhalt-Dessau vom 4. März 1787: "von S höre ich wieder nichts. letzhin schickte er mich ein Manuscript seine eigene Geschichte, oder vielmehr den Anfang davon bis ins 19te Jahr, sie ist interessant Geschrieben, wie gerne hatte [!] ich sie Ihnen mitgeteilt."[41]

Das Interesse hielt weiter an. Am 10. Juni 1787 schrieb Jenny von Voigts der Freundin: "Wenn ich von Sprickmann was wieder erhalte, so will ichs Ihnen früh genug sagen meine Einzige Luise, möcht er doch an der Forsetzung [!] seiner lebens Geschichte arbeiten, die mir so sehr interessant ist."[42]

Das nächste Briefzeugnis ist auch für Sprickmanns Geistesentwicklung aufschlußreich. Sprickmann legt dar, wie schwer ihm der Abschied von der Literatur gefallen war; am 7. September 1790 schrieb er Jenny von Voigts:

"Willkommen mir, liebe, liebe Schwester! willkommen mir in diesem 41. Jahre meines Lebens. Seit 2 Uhr in der vorigen Nacht liegen jetzt 41 Jahre auf meinen Nerven und auf meinem Gewissen. Dreißig dieser Jahre leben etwa noch in meiner Erinnerung und diese Zeit, ach ..., wie scheint sie mir so weit, wie so eng! ... An Erinnerungen von Leiden und Freuden, von Täuschung und Erfüllung, von leidenschaftlichem Streben und Herumschleudern – welch ein Reichthum in meinem Gedächtniß; und welch eine klägliche Armut an Erinnerungen des stillen, ausgenießenden Genusses, des Tragens in Gehorsam, des

Wirkens in Liebe! ... Liebe ..., ich habe, was jeder Mensch hat, meine eigene Welt, und trage diese meine Welt in meinem Herzen an meinen Erinnerungen. Ach! und ich hatte diese Welt lang so lieb, und lebte mit so vielen von diesen Erinnerungen, wie mit Freunden, zu denen ich hineilte, die ich zu mir rief zu Trost und Freude in Stunden der Oede und der Enge! Aber wie ändert sich das! Liebe, wie hat sich das geändert, wie werde ich mistrauisch und kalt gegen so viele dieser alten Freunde, wie flieh ich sie, wenn sie von selbst kommen – seitdem ich der Wahrheit meinen Brautring gab! Wohl ja Wahrheit eine schöne, süße Braut, aber auch eifersüchtig wie keine andere ... Du weißt, Liebe, ich hatte Sinne, sehr heiße, lüsterne, ungestüme Sinne, aber dennoch begann da, wo ich verführt ward, meine Verführung selten in diesen Sinnen ... Was mich verführte, war durchgehends jenes Ideal, das sich früh in der ersten Jugendgluth meiner Empfindung erzeugte: 'Ich bin und ich soll werden, was ich noch nicht bin; was der Mensch werden kann, das kann der Mann nicht werden ohne Weib, das Weib nicht ohne Mann! ... Mann und Weib sollen einander geben, was jedes von ihnen hat, von einander nehmen, was jedem fehlt. Das ist Sinn der Liebe! darum ist Liebe das heilige Kind des Reichthums und der Armut, wie es dem Sokrates seine Seherin sagte; darum soll Liebe den Mann edel verweiblichen, das Weib edel vermännlichen! ... Ich bin! also ist auch Eines unter den weiblichen Wesen, die geschaffen sind, das geschaffenste für mich ... Eine unter allen mein, wie es keine Andere sein kann! für Eine ich, wie es kein Anderer sein kann.' So dachte ich früh ... du erinnerst dich wol der Geburt dieses Gedankens aus meiner Lebensgeschichte, erinnerst dich wol eines Briefes im Mornach, der diesen Gedanken ganz entwickelt. So dachte ich früh und glaubte dann, sie vor mir zu sehen, diese Eine Meine! ... Und ach, sie war's dann nicht, war's nicht ganz, hatte viel, nicht Alles! war Eine schwesterliche Zwillings-Seele dieser Einen, nicht sie selbst! oder auch sie fand nicht an mir, was sie gesucht hatte ... oder Erdenschicksal trat zwischen uns und riß mich von ihr ab, wie es mich zu ihr hingezaubert hatte. Und ich wurde nicht klüger, lernte mich nicht resigniren, daß ich mir diese höchste Seligkeit dieses Lebens selbst zerstört hatte, daß ich – ach sie nicht mehr suchen durfte, weil ich sie nicht mehr finden durfte ... wähnte wol gar, die höhere Bestimmung dieser Einen hätte mit der Erdenseite der Liebe nichts zu schaffen! ich könnte mein Wesen trennen, auch hier schon – trennen Geist von Sinn! theilen mein Herz zwischen beiden! und so söhnte ich mich dann aus mit mir selbst, mit dem Loose, welches ich über mein Erdenleben geworfen hatte. ... Hätte ich Genügsamkeit gehabt mich zu begnügen mit schwesterlicher Liebe, zu leben mit guten Seelen in Familien-Einigkeit, mit Ehrfurcht für Pflichten, die ich mir selbst auferlegt hatte – so hätte ich vielleicht glücklich sein können. Aber diese Genügsamkeit ward mir nicht."[43]

Das nächste Zeugnis stammt erst aus dem Jahre 1797. Am 14. Mai schrieb Sprickmann an Jenny:

"Es ist ein bloßer Zufall, daß mein Mornach zurückgeblieben ist ... ich <hätte> auch sonst noch Manches, was ich mehr oder minder mit Liebe in der Seele trage und was ich wol noch ausführen könnte, wenn mir meine Zeit nicht so zugemessen wäre."[44]

Im Jahr darauf, am 14. Oktober, schrieb Jenny von Voigts an Louise von Anhalt-Dessau, mit Bezug auf "Mornach": "Wollen Sie den Anfang eines Romans im Manuscript lesen, von unserm Gemeinschaftlichen Freunde, so will ich ihn Ihnen mit Freude schicken."[45] Und wenig später: "hier kömt der erste theil des versprochenen Mornach – es wird Ihnen gewis darin manches gefallen, und einiges vergnügen machen. schade das er es nicht fortgesetzt hat, es ist alles nur Bruchstücke, nur einzelne Fragmente die ich bekommen habe, und davon ich Ihnen mehr mitheiln [!] konte; aber der Geist des Liebenden ist darin verwebt, macht den Hauch desselben aus."[46]

Ein verlorenes Testament?

Jenny von Voigts war nicht ganz unschuldig daran, daß Sprickmann die Arbeit an "Mornach" bald darauf aufgab. Dies geht aus dem nächsten Briefzeugnis hervor. Sprickmann konnte sich nicht mit einer – in seinen Augen – Fehleinschätzung Jenny von Voigts' abfinden. Er befürchtete, auch von anderen mißverstanden zu werden. Im Brief vom 14. Mai 1797 erklärte er Jenny von Voigts:

"Dann schreckte mich auch eine Anmerkung ab, die Du, liebe Jenny, mir über diesen Mornach machtest. Du erklärtest Dich gleich so entschieden für Julchen, gegen Antonia! – Gegen Antonia, also ist es mir nicht gelungen, die hohe heilige Klagegestalt so hinzustellen, wie sie mir immer vor der Seele schwebt!"⁴⁷

Weitere Umstände behinderten die Fortsetzung. Im zitierten Brief heißt es weiter:

"ich habe diesen Mornach von mancher Seite noch lieb; der Plan steht noch in seinem ganzen Knochengebäude vor mir und ich könnte ihn noch immer mit Fleisch und Haut überziehen; aber er hat e i n e n Fehler, der mich von ihm entfernt hält, dieser liegt in der Entwicklung der Geschichte. Ich habe ihn mir von Anfang an nie verhehlt, aber ich hoffte lang, ihn durch Detail, durch Mittel-Situationen, durch Ausführung und Darstellung ersetzen zu können. Doch wie ich in der Arbeit fortschritt, leuchtete mir der Grundfehler immer widriger ein; das Gefühl, ihn ersetzen zu müssen, trieb mich auf die Jagd nach Scenen und Situationen, die das Ganze endlich würden überladen haben ... Mornach wird nun wol ein Fragment bleiben, wie mein Ich ..."⁴⁸

Es wurde also nicht zu Unrecht vermutet, daß Sprickmann unfähig war, "den verwirrten Faden seines wechselvollen Lebens in künstlerisch-harmonischer und psychologisch vertiefter Form zu entwickeln".⁴⁹ Die Aufarbeitung seiner Erinnerungen – einschließlich seiner erfolgreichen literarischen Jahre – mochte ihn wieder so in ihren Bann gezogen haben, daß ihm ein Weiterarbeiten nicht möglich war.

So mußten die Freunde die Hoffnung auf eine Fortsetzung von "Mornach" begraben. Jenny von Voigts schrieb abschließend am 10. April 1799 an Louise von Anhalt-Dessau:

"Was Sie über Mornach sagen ist sehr wahr und richtig gefühlt, nur schade das keine hofnung zum Ende da ist – zum wenigsten zweifle ich sehr daran, da ein unseliger Hang ihn immer mehr und mehr zu einer gewissen Andächteley zieht, die jetzo die besten Köpfe ergreift, und so viel gutes läst unausgeführt. – ich habe so oft um den zweiten theil angefleht, aber keine Antwort auch darauf nicht erhalten. Julgen ist wohl mehr Copie eines lebenden Originals, was ihn einst liebte und was jetzo aber verheiratet ist – nicht liebe bindet sie an ihren Mann. aber inigste Zärtlichkeit die sie gantz beglückt, heftet sie fest an ihre Kinder, die ihr alles ersezen – ich habe den Anfang oder vielmehr ein Fragment des Anfangs der lebens Geschichte unsers Freundes; aber es liegt kein grosses Intteresse darin. Weil es nur die ersten Jugend Jahre ausmacht. – ach ich möchte Ihnen so gern vieles von ihm mitheilen, vieles von ihm schicken."[50]

Die letzte Bemerkung über "Meine Geschichte" korrespondiert mit der Bemerkung Jenny von Voigts' im Brief an Louise von Anhalt-Dessau im oben angeführten Brief vom 4. März 1787, sie habe Sprickmanns Lebensgeschichte bis zum 19. Jahr (demnach bis zum Abschluß des Kapitels "Meine akademischen Jahre. Von meinem 16ten bis zum 19. Jahre") vorliegen. Dies läßt darauf schließen, daß sich Sprickmann, nachdem er die Weiterarbeit an "Mornach" verworfen hatte, wieder seiner "Geschichte" zuwandte und das Kapitel "Von meiner Zurückkunft von der Universität bis zu meiner Heirat 1768-71. Von meinem 19ten bis zu meinem 22sten Jahre" sowie weitere (die später vernichteten, fragmentarischen) Kapitel noch nach 1799 anschloß.

Es ist zumindest die Vermutung zulässig, daß Sprickmann seine "Geschichte" als sein eigentliches Vermächtnis ansah (und eben deshalb nicht selbst vernichtete, wie überhaupt sein Nachlaß, z.B. sein literarischer Briefwechsel, in seltener Vollständigkeit überliefert ist). Die Fortsetzungskapitel und möglicherweise anderes wären dann – entgegen seinem Willen – von seinen Nachfahren aus bloßer Unkenntnis oder Überängstlichkeit vernichtet worden.

Jedenfalls widerspricht die Tatsache, daß er an dem Werk weiterarbeitete, der von der Forschung vertretenen Annahme, daß für Sprickmann die "tollen Jahre von 1771-79" eine "verlorene Lebensperiode" gewesen seien.[51] Und schon gar nicht ist die These haltbar, daß seine gänzlich literarisch uninspirierte Schrift "Über die geistige Wiedergeburt" als "Ersatz für den Lebensroman" angesehen werden dürfe.[52]

Mit verklärtem Blick
Die Pathologie des Genies

Doch zum Text selbst. Die überlieferten Kapitel von Sprickmanns "Geschichte" sind in ihrem biographischen Gehalt so authentisch, daß sie sich nahtlos in die chronologische Nacherzählung seines Lebens einfügen.

Sprickmanns "Geschichte" ist ohne Zweifel eines der originellsten Selbstzeugnisse aus der Zeit des Sturm und Drang. Schon die wenigen überlieferten Kapitel gewähren aufschlußreiche Einblicke in die Stimmungslage jener Epoche und in die 'Pathologie' der Schwärmgeister, die die Schranken der Realität kurzerhand umstoßen wollten. Für das Genie – so wird deutlich – ist das Leben eine Folge innerer Konflikte, die es mit aller Konsequenz zu durchleben und zu durchleiden galt.

'Dandylike' tritt das Genie auf, so, als sei es gerade einer hitzigen Debatte in einem literarischen Salon entwichen. Herren mit gepuderter Perücke und Stehkragen kommen in den Sinn. Obwohl finanziell kurz vor dem Ruin, gebärden sie sich in allem aristokratisch, selbst in der Wollust.

So steht auch Sprickmann in seiner "Geschichte" (der die folgenden Zitate entlehnt sind) vor uns: Nicht als Held einer nüchtern nacherzählten Lebensgeschichte, sondern als leibhaftige Romanfigur, ausgestattet mit allen Wesenszügen eines heißblütigen Schwärmers. Fortwährend nervlich und seelisch überreizt, ist er elektrisiert von allem, was ihm Erfüllung verspricht – ein Dasein nahe dem Abgrund, ein beständiges Beben zwischen Himmel und Hölle (darin ist er freilich auch halb das Opfer einer Welt, die für Gefühlsenthusiasten wie ihn keinen Platz übrig hat).

Er denkt und fühlt eruptiv, hitzköpfig. Wird er vor Probleme gestellt, braust er gleich auf. Als er sich beispielsweise in Bonn, auf Betreiben einer Familienangehörigen, von Franziska, seiner früheren Geliebten, zurückziehen soll, weil er in dem (durchaus begründeten) Ruf steht, ein "erzliderlicher, verderbter Mensch" zu sein, braust er gleich auf und "schäumt" "nach Rache".

Hinzu kommt eine gehörige Portion Leichtsinn. Eine Reise, die er nach Harderwijk unternimmt, um dort zu promovieren, gerät schnell zur Eskapade. Die beiden Tage, die er dort zubringt, verlebt er "höchst wild". Im Rausch läßt er sich bestehlen, wodurch ihm das Geld für eine geplante längere Reise durch Holland abhanden kommt. Seine Mittel reichen gerade noch für die Rückreise. Ohne einen Heller in der Tasche trifft er wieder in Münster ein.

Ein drittes Beispiel: Als er seiner späteren Geliebten, Mariane, den Hof machen will, trinkt er sich bei einem festlichen Abend gehörig Mut an. Bei seinen ungestümen Annäherungsversuchen schlittert er knapp an einer Blamage vorbei.

Aber sind das nicht im Grunde fast unwichtige Begleiterscheinungen? Das Genie ist es schließlich gewohnt, daß sich die Welt nach ihm richtet und nicht umgekehrt.

Auf Ehre und Gewissen

Was stellt sich dem Genie in den Weg? Sein größter Widersacher ist das Mittelmaß. Und das findet auch Sprickmann in allen Bereichen.

Gesellschaftliche Spielregeln werden in seiner "Geschichte" zwar nur indirekt angesprochen, latent sind sie aber für die meisten Konflikte verantwortlich.

Ein ernsthaftes Problem war, wie Sprickmann darstellt, die Berufswahl. Sie schwebte wie ein Damoklesschwert über ihm. Er war zwar erst zwanzigjährig, mußte sich aber bereits ernsthafte Gedanken über seine Zukunft machen. Es wurden ihm folgenschwere Entscheidungen abverlangt – für ein Genie ein erbarmungswürdiger Zustand.

Das Studentenleben in Göttingen hatte Sprickmann noch in vollen Zügen genossen. Anschließend handelte er mit seiner Mutter einen mehrwöchigen Aufenthalt in Bonn aus. Die beruflichen Argumente, die er dabei geltend machte (er wolle sich Verbindungen verschaffen, die ihm "einmal an unserem Hofe nützlich werden möchten"), entpuppten sich jedoch als reine Vorwände. Wichtiger war für ihn das Amüsement. Folgerichtig befand er sich bald mitten in einer Liebesromanze.

Nach Münster zurückgekehrt, riß er sich zusammen und schrieb – ohne recht den Nutzen einzusehen – seine Doktorarbeit. Er schaffte dies gleichsam mit der 'linken Hand' (dem Genie fliegt so etwas zu, ist es anderen doch himmelweit überlegen). Über die auf Etikette und Titelwürden bedachte Welt spottete er: "Ich hatte meine eigene kindische Freude daran, bei dem Professor ‹in Harderwijk›, der mich promovierte, den Scharlatan zu machen und mit Gelehrsamkeit zu prahlen, die doch im Grunde erbärmliches Flickwerk war." Unwichtig war dieser Sprung auf der Karriereleiter jedoch nicht: Sprickmann besaß nun die Voraussetzung, es im 'wirklichen' Leben zu etwas zu bringen – freilich um den Preis der Unterwerfung und Selbsterniedrigung.

Das liebe Geld

Schon drängte sich ein weiteres Problem auf, das der finanziellen Abhängigkeit. Das Genie ist gewohnt, daß ihm das meiste zufliegt. Es lebt für den Augenblick, die Zukunft steht buchstäblich auf einem anderen Blatt.

Mit Sprickmanns großspuriger 'Hofhaltung' in Bonn ging es zumindest eine Weile gut. "Ich hatte in Bonn Assignation auf Wochengelder. Gleich die ersten Tage gab ich ein Konzert in meinem Logis; man sagte mir eine Menge Schmeicheleien über meine Flöte; bald gab ich jeden dritten und vierten Tag Konzert; die Musiker erzählten davon in der Stadt."

Er betrieb ziemliche Hochstapelei, gab weitere Konzerte, "traktierte", lud seine frisch eroberte Freundin Karoline und ihren Bruder zu Spaziergängen und zu Lustfahrten ein, die "mit Aufwand verknüpft" waren, und gab ihnen hierdurch "ein Recht, auf einen gewissen Grad von Reichtum zu schließen".

Das Ende war freilich abzusehen, die Wirklichkeit holte Sprickmann ein. Gänzlich 'abgerissen' kehrt er nach Hause zurück (29. Oktober 1768): "Die erste Not, die ich nach meiner Zurückkunft hatte, war, meiner Mutter die Geschichte meiner Ausschweifungen so vorzudichten, daß ich es wenigstens wagen durfte, sie anzusehn. Ich hatte schon oft in meinen Briefen um Geld solcher Umstände eine Menge erlogen, jetzt brachte ich das alles in Zusammenhang. Die ersten Tage mußte ich unter dem Vorwand der Unpäßlichkeit das Haus hüten, weil ich völlig in Gestalt des verlorenen Sohnes zurückkam, ohne Wäsche, ohne Kleid, in dem ich mich hätte zeigen dürfen."

Erneut mußte sich das Genie beugen und Abbitte leisten – ein zweites Mal war es in seine Schranken verwiesen worden. Mit der Rückkehr in den Schoß der Familie hatte das bürgerliche Sicherheitsdenken wiederum den Sieg davongetragen: "Bei meinem Anblick war auf einmal alles vergessen und vergeben. Alles weinte: aber es waren Freudentränen über die Zurückkunft des verlornen Sohnes."

Der Autor als Leser

Die Gesetze der Moral mochten für andere gelten; das Genie ist – seinem Anspruch nach – befugt, sie zu übertreten, auch wenn dies auf Kosten anderer geschieht. Das Mädchen Karoline, das Sprickmann mit Liebesschwüren auf den Lippen in Bonn zurückließ, vergaß er schnell (was ihre soziale Ächtung mitbedingte), bald hatte er neue Bande geknüpft.

Solch freie Moralvorstellungen hatte sich Sprickmann aus Büchern angelesen. Die damalige Modelektüre – die empfindsamen Briefromane Richardsons, "Pamela" (1740) und "Clarissa" (1748), sowie Youngs "Nachtgedanken" (1742-45) – hatte ihre Spuren hinterlassen. Das Buch wurde dabei für ihn zu einem Medium der Selbsttherapie: Wann immer sich Probleme auftaten, verschanzte er sich hinter Büchern (vgl. auch die autobiographische Erzählung "Die Untreue aus Zärtlichkeit"). Eine gleichsam hypnotische Wirkung übte dabei Richardsons "Clarissa" auf ihn aus. Leidenschaft, Sinnlichkeit, Liebe, Freundschaft – Sprickmann rang um eine Selbstdefinition und versuchte, sein Leben innerhalb dieser Polaritäten auszuloten.

Auch hinsichtlich seiner Beziehung zu Frauen wurde ihm Richardsons Roman zu einem Leitfaden. Allein der Gedanke an Selbstverwirklichung in der Liebe trieb ihn um. Die Vision der absoluten Liebeserfüllung reizte seine Phantasie, überspannte sie. Seine Memoiren wurden zu einem Tagebuch der Eroberungen.

Er definierte: "Ich kannte nur dreierlei Klassen weiblicher Geschöpfe: eine niedrigste aus eigener Erfahrung, eine mittlere aus Dichtern und eine höchste, engelnahe Klasse aus meiner Phantasie", und exemplifizierte: "Auch über meine

Art, von Weibern zu denken, hatte sich jene Revolution vorbereitet, die ich oben andeutete; und sie äußerte schon auf mein Betragen gegen Franziska und Karoline ihren Einfluß. Sie hatte meine Gefühle von Ehrfurcht für die Würde des Weibes herab-, und meine Begriffe von männlicher Hoheit in dem Verhältnisse der Geschlechter hinaufgestimmt; und diese Revolution war, was man wohl nicht leicht erwarten sollte, das Werk von Richardsons Klarissa."

Sprickmann schwelgte in Liebesglut für "Lovelace", den gewissenlosen adligen Verführer aus "Clarissa". Er beurteilte die Wirklichkeit mit den Augen s e i n e s Romanhelden, die Grenzen zwischen Realität und Fiktion verwischten:

"Er <Lovelace> zeigte mir also, wie ich diese quälenden Gefühle abweisen konnte: er zeigte mir Rat und Hülfe gegen mich selbst ... Ich hatte das Vergnügen zu herrschen, jedes Kreises Mittelpunkt zu sein, ... edel im Gefühle seiner Kraft, gegen unverhehlte Schwachheit: Herrscher, wo er auftrat, und der Huldigung gewiß! So schwebte er mir vor, ein Ideal, das ich zwar nicht zu erreichen hoffte, dem ich mich aber zu nähern streben wollte ... ich will Lovelace sein, ... Lovelace erschien wieder, und ich trat in sein Gefolge; ... meine Verliebtheit mit jeder Bereitwilligkeit, alles an ihm zu lieben, nahm mit jedem Hinblick zu! Noch ein Zusatz von Leichtsinn und ein zweiter von gereizter Sinnlichkeit, und mein Held hatte recht!"

Noch in Bonn, entschloß er sich, Karoline auf eine Probe zu stellen. Opferte sie ihm ihre Unschuld, wollte er sie verlassen ("würde sie unterliegen, so sollte auf ewig gebrochen sein!"). Als sie widerstand, festigte dies seine Liebe und sein Vertrauen zu ihr. Große Zukunftspläne entstanden, die jedoch mit Sprickmanns Rückkehr nach Münster zerplatzten. Die Bonner Episode wurde ihm bald lästig.

Soziale Barrieren

Die Verbindung mit Karoline stand von vornherein unter einem ungünstigen Stern, auch wenn Sprickmann dies nicht wahrhaben wollte. Finanzielle und soziale Hürden waren ihr im Weg. Sprickmann wollte 'standesbedingtes Taktieren' jedoch allenfalls für den Adel anerkennen und nicht für einen Bürgerlichen: "Und was ist Unterschied der Geburt noch vollends außer dem Adel, bei welchem ständische oder andere Vorteile, die zugleich Vorteil für das Ganze der bürgerlichen Gesellschaft sein können, ein solches Vorurteil rechtfertigen oder entschuldigen mögen." Daß Karoline, wie sich herausstellte, aus ärmlichen Verhältnissen stammte, ignorierte er. Er nahm sie nur als Engelsfigur wahr, als 'Ideal edler Weiblichkeit'. Abermals mußte er Lehrgeld zahlen.

Von Bonn nach Münster zurückgekehrt, fehlte ihm der Mut, seiner Mutter das 'unstandesgemäße' Verhältnis zu entdecken. Die Gründe werden schnell einsichtig. Die Mutter sperrte sich "mit aller Heftigkeit der Wut" gegen die Beziehung, "sprach von Universitätsstreichen, von leichtfertigen Verführerinnen, schlauen Buhldirnen usw." Sie ging so weit, "von mütterlichem Fluche" zu sprechen. Sprickmann drohte dagegen mit allem, "was Verzweiflung eingeben kann: mit Gift und Dolch".

Die Mutter übernahm schließlich die Initiative. Sie "tat alles; ich weiß nicht, ob nicht hin und wieder zuviel". Und weiter: "Sie hatte ihren Endzweck erhalten! Ich habe das Band zerrissen."

Gegen Sprickmanns münsterische Geliebte Mariane machte die Mutter später ebensolche Einwände geltend. Sprickmanns Konflikt zwischen Neigung und sozialer Rolle war nur aufgeschoben und noch keineswegs ausgestanden.

Eine empfindsame Gartenszene. Frontispiz zu: Die Gärten. Ein Lehrgedicht in vier Gesängen nach De Lille von L.F.T. Voigt. Leipzig 1796

Von Herzen gerührt

All diese Verwicklungen stellt Sprickmann sprachlich überzeugend dar. Die überhöhte, emotionalisierte Sprache (die Ausrufezeichen und die damit zum Ausdruck gebrachten Stoßseufzer sind kaum zu zählen) spricht den Leser unmittelbar an. Es ist eine Sprache, die vor Erschütterung bebt. Besonders wenn die Rede auf Mariane kommt, ist kein Halten mehr. Sprickmann flog dann in "höhere Welten hin".

Als es zu einer unter Vorwänden herbeigeführten ersten Begegnung mit der Angebeteten kommt, heißt es:

"Ich ging hin, zitternd im Angriff von tausend und tausend furchtbar süßen Ahnungen – ich war da, hatte die Schelle in der Hand und hätte zurück mögen! Ich stieß mich selbst weiter: schellte – es war geschehen! Ich foderte meinen Freund, trat auf den Vorplatz, die Magd warf die Türe eines Zimmers auf – da saß sie! Sie mit ihrer Mutter, ihrer Schwester, ihrem Bruder und noch einem Anverwandten, der zum Besuch da war. Sie, sie in all ihrem für mich so unnennbaren Reize! Sie ganz! – betäubend mit Blitzesschnelle durchfuhr mich's! Zitternd in allen Tiefen trat ich näher, sprachlos und verwirret stand ich in einen Augenblick da, mit einem letzten Reste schwankenden Bewußtseins."

Und später:

"Ich hatte sie also gesehn! Sie – sie! Zum ersten Male in der Nähe! Sie hatte mich angesehen! Ihr Auge war über mich hingefahren! hatte sich geheftet an mir! Ihr Mund hatte mir gelächelt: es hatte mich angewäht von ihr, von ihrem Odem!"

Als er sie von einem Ball nach Hause begleiten darf, heißt es:

> "Ich gehorchte! Mein Blick mußte ihr das sagen, was ich war! Ach, ich wußte das selbst nicht! Nie, nie war ich das gewesen. Ich sah nicht, ich hörte nicht! Strotzte über den Saal daher, wie der Herr der Welt! Alle Kräfte und Gefühle in allen Tiefen meines Wesens tanzten ihren Jubeltanz nach der einzigen, himmlischen Musik dieses 'Sicher'!"

Hier bricht der überlieferte Teil der Memoiren ab. Wir erfahren nur noch, daß die erste Begegnung nicht folgenlos blieb: "Ich ließ den Anlaß zum Besuch auf den Abend nicht vorübergehen; ging hin und war nun alle Abende da."

Schon diese wenigen Auszüge erschließen einen Zugang zu Sprickmanns Gesamtwerk und zu seinen Briefen, in denen ebenfalls nur eine Sprache, die des Gefühls, dominiert. Zugleich erhalten wir Anknüpfungspunkte, die zu weiteren autobiographischen Texten Sprickmanns hinführen – eine Fortsetzung seiner Lebensgeschichte, diesmal allerdings in Versen.

Eine Jugendtragödie in Versen

1770, zwei Jahre nach der Rückkehr von Bonn, wurde Sprickmann bei der bischöflichen Regierung zur Advokatur zugelassen, ein Jahr später war er Referendar der Fürstbischöflichen Regierung und Privatsekretär Fürstenbergs, dessen Vertrauen er erwarb.

Doch der berufliche Erfolg wog wenig angesichts der Tatsache, daß er bei der Klärung seiner 'Herzensangelegenheiten' noch immer nicht weitergekommen war. An eine eheliche Verbindung mit Mariane war nach wie vor nicht zu denken. Da sie, wie Sprickmann, unvermögend war, hatte seine Mutter einer Heirat entgegengewirkt. Sprickmann mußte sich fügen und auf "Riana" <=Mariane>, "das einzige Weib", das er "je geliebt", verzichten.[53]

Um sich Luft zu verschaffen, griff er zur Feder, schrieb seiner Angebeteten Liebesgedicht auf Liebesgedicht. Diese Verse in Sprickmanns Nachlaß[54] machen das ganze Ausmaß der "Jugendtragödie" (so Johann Heinrich Voß[55]) deutlich. Es sind keine literarischen Meisterleistungen, die sich Sprickmann abrang, sondern sehr persönliche, schmerzlich hingegossene Liebesträumereien.

Erneut kommt die Allmacht des Materiellen zum Ausdruck:

"Riana, nein: ich weine nicht,
Daß uns kein Reichtum glänzet!
Mit Rosen, die die Liebe bricht,
Seh ich mein Loos umkränzet."

Am Beispiel eines reichen Misogyns führt er "Riana" vor Augen, wie der Freund durch die Treulosigkeit seines Mädchens zum einsamen Freudenhasser wird:

"Riana, könntest Du, auch Du ihn brechen,
Ihn, unsrer ew'gen Liebe hohen Schwur?
Riana, zittre! zittre, welch Verbrechen!
Sieh, diese schöne heilige Natur,

Die würd' ich dann, von Dir verlassen,
Ganz aus der Welt der Freuden weggebannt,
Ein Abbadona unter Menschen, fliehen!
Riana, halte, halte mich an treuer Hand!"

Doch es half nichts. Mariane mußte ebenso eine Vernunftheirat eingehen wie Sprickmann, der zweiundzwanzigjährig im Dezember 1771 die verwaiste Tochter des Domsekretärs Hermann Kerkerinck heiratete. Mit ihr verband ihn, wie er in "Die Untreue aus Zärtlichkeit" schreibt, eine freundschaftliche, aber leidenschaftslose Beziehung. Wie schwer ihm der Abschied von "Riana" gefallen war, hat er in weiteren Versen zum Ausdruck gebracht:

"Heil', o heile mich, Riane,
Heile mich doch von dem Wahne,
Daß Dein Herz noch an mir hängt!
Hast Du über meine Tage
Die ich nur wie Last noch trage,
Nicht des Jammers g'nug verhängt?
...
O es schlug einst eine Stunde,
O da hing von Deinem Munde
Für mich Leben oder Tod;
Und da hast Du's ausgesprochen,
Hast das arme Herz gebrochen!
'Sterben' hieß Dein hart Gebot."

Jahre später heißt es in dem Gedicht "Nur Sie":

> "Ihrer Lippen holde Rosen sind verblüht!
> Ihres süßen Auges Feuer ist verglüht!
> Um mich her seh ich auf tausend Wangen
> Hochgefärbt nun jene frischen Rosen blühn,
> Aus den Augen jene Liebesfunken sprühn,
> Wähle! sprach der freundlichste der Träume,
> Führt im Schatten meiner Pappelbäume
> Mir das schönste Chor von jungen Grazien zu.
> Frage nun Dein Herz, was wiedergeben
> Ihm noch kann das früh erstorb'ne Leben
> Zeig' in Deiner Wahl ihm endlich seine Ruh'!
> Frage nur Dein wundes Herz und wähle!
> Und das wunde Herz erseufzte tief: o quäle
> Mich nicht so! Hat Erd' und Himmel noch Genuß,
> O so laß mich nur Rianens Seele
> Einmal wiederfinden in der matten Augen Gruß,
> Wiederfinden in der welken Lippe Kuß!"

Trost als 'Hofdichter'

In einer von Fürstenberg ins Leben gerufenen Theaterreform fand Sprickmann Trost und Ablenkung.[56] Sein erstes 'offizielles' Dichteramt führte ihn aber auch auf unsicheres Parkett: Er tauchte tiefer in die Literatur ein, und in dem Maße, wie sich Erfolg und Bestätigung einstellten, erhielt auch seine schwärmerische Ader neue Nahrung.

Die Förderung des Theaters war Teil eines umfassenden Reformwerks, das Fürstenberg eingeleitet hatte. Das Fürstbistum Münster besaß damals zwar ein blühendes Musikleben, war aber in literarischer Hinsicht weit zurück. Erst unter Fürstenberg erfuhr das geistige Klima neue Impulse, in denen freilich noch viel restriktiver Geist wehte.

In Fürstenbergs staatspolitischem Denken spielte der Bildungsgedanke eine zentrale Rolle. Fürstenberg prägte den Satz: "Menschen bilden bleibt allezeit die wichtigste Staatsangelegenheit." Seine Schulordnung von 1776, die in ganz Deutschland Beachtung fand, enthielt auch einen Passus über die Dichtkunst. Sie sollte der Verfeinerung des Geschmacks und der Verbreitung des "Erhabenen und Schönen" dienen und außerdem "die Empfindsamkeit erhöhen". Fürstenberg versuchte sogar, Klopstock nach Münster zu holen, um, wie er sagte, eine Erziehung zu verwirklichen, bei der "das Herz nicht austrockne". Modephilosophie und poetische Schwärmerei lehnte er dagegen ab, weil sie am "Unheil" der Zeit größten Anteil hätten. Einen Lehrstuhl für "Schöne Wissenschaften" sollte es deshalb an der Universität Münster nicht geben: "Dieser Lehrstuhl vermehrt die Zahl von Dichterlingen, Romanschreibern und dergleichen Belletristereien, womit der Welt nicht gedient ist."

Es war also ein gemäßigter Kurs, den er anstrebte. Würde sich Sprickmann einordnen?

Fürstenberg hatte schon im ersten Jahr seiner Regierung (1763) eine italienische Operngesellschaft nach Münster eingeladen. Sein Ziel aber war die Errichtung eines ständigen "Komödienhauses".

Der Gedanke, durch ein stehendes Theater "das Licht der Schönen Wissenschaften" auch in Münster zu entzünden, stammte schon von dem schöngeistigen Kurfürsten Maximilian Friedrich, der von 1761 bis 1784 regierte. Aufgeschlossen gegenüber der neuen deutschen Theaterbegeisterung, die von Hamburg aus unter Lessing ihren Anfang genommen hatte, wollte auch er dazu beitragen, die Schauspielkunst zu einer Sittenschule für das deutsche Volk zu erheben.[57] Fürstenberg hatte die Verwirklichung solcher Pläne zunächst hinter seine sozialen und politischen Aufgaben zurückgestellt. Erst nach 1770 erhielten sie durch den Umgang mit Sprickmann und seinem Kreis neue Nahrung. Als im Herbst 1773 die Truppe "Josephi", die Stücke wie "Miß Sara Sampson", "Minna von Barnhelm" und "Emilia Galotti" in ihrem Repertoire führte, in Münster gastierte, war dies ein erster Höhepunkt im Theaterleben der Stadt. Zwei Jahre später wurde das neue münsterische Theater eingeweiht, drei Jahre darauf baulich vollendet. Damals gründete sich in Münster der älteste Theaterverein Deutschlands.

Der Start des neuen Theaters war verheißungsvoll. Jeder, der in Münster etwas auf sich hielt, war zugegen. Sprickmann verfaßte ein allegorisches Vorspiel mit dem bezeichnenden Titel "Tempel der Dankbarkeit". Programmatisch heißt es darin:

"Als noch in Deutschland unbeschützt
Die deutsche Schauspielkunst den Spott
der Fremdlinge erduldete,
Schon damals tröstete mich der Gedanke,
Daß einst in diesen Gegenden ein Fürst,
Nicht mehr vom vaterländischen Accente
Beleidiget, auch mir das Glück vergönnte,
Die Sitten seines Volkes zu bilden."

Daneben betätigte er sich auch als 'Zeitschriften-Korrespondent'. Regelmäßig berichtete er in der "Clevischen Theaterzeitung" über Neuigkeiten von der münsterischen Bühne. Gleichzeitig gelangten hier seine Theatervorspiele zum Abdruck. In seinem "Epilog. Münster 1774" brachte er erneut die Hoffnung zum Ausdruck, daß es mit dem Theaterleben in Westfalen aufwärts gehe:

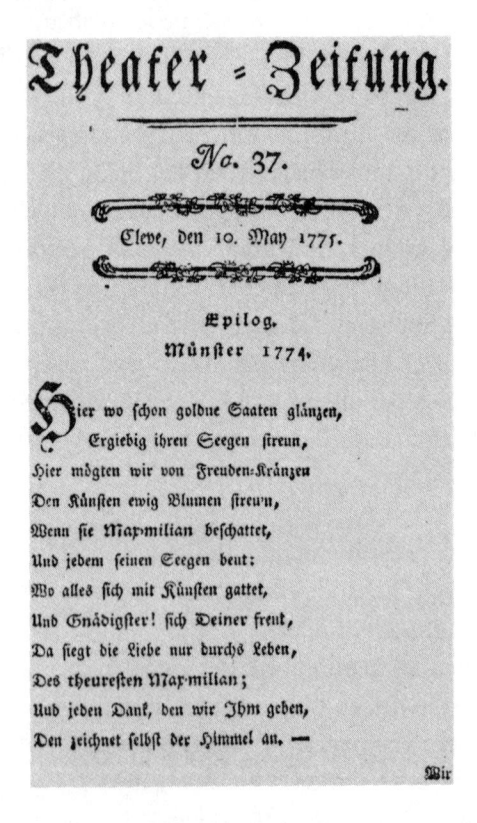

> **Theater-Zeitung.**
>
> No. 37.
>
> Cleve, den 10. May 1775.
>
> Epilog.
> Münster 1774.
>
> Hier wo schon goldne Saaten glänzen,
> Ergiebig ihren Seegen streun,
> Hier mögten wir von Freuden-Kränzen
> Den Künsten ewig Blumen streun,
> Wenn sie Maximilian beschattet,
> Und jedem seinen Seegen beut:
> Wo alles sich mit Künsten gattet,
> Und Gnädigster! sich Deiner freut,
> Da siegt die Liebe nur durchs Leben,
> Des theuresten Maximilian;
> Und jeden Dank, den wir Ihm geben,
> Den zeichnet selbst der Himmel an. —
>
> Wir

Titelseite aus der Clevischen Theater-Zeitung, an der Sprickmann 1775 mitarbeitete

"Hier wo schon goldne Saaten glänzen,
Ergiebig ihren Seegen streun,
Hier mögten wir von Freuden-Kränzen
Den Künsten ewig Blumen streu'n
Wenn sie Maxmilian beschattet,
Und jedem seinen Seegen beut:
Wo alles sich mit Künsten gattet,
Und Gnädigster! sich Deiner freut,
Da siegt die Liebe nur durchs Leben,
Des theuresten Maxmilian;
Und jeden Dank, den wir Ihm geben,
Den zeichnet selbst der Himmel an."[58]

Für die münsterische Bühne lieferte Sprickmann damals – gleichsam auf Bestellung – ein Theaterstück nach dem anderen. Im Zeitraum Oktober 1773 bis 1775 gelangten folgende Stücke zur Aufführung:[59] das verschollene Lustspiel in zwei Aufzügen "Der neue Menschenfeind", das rührende Lustspiel "Die natürliche Tochter", die Operette "Die Wilddiebe", das Schauspiel "Das Fischer-Fest"[60], die Operette "Der Brauttag" (Musik von Waldeck), das Lustspiel "Das Avancement" sowie ein Vorspiel mit Arien (Musik von Marcelli).[61]

Das wenig verwöhnte Publikum spendete reichlich Beifall, auch wenn die Stücke inhaltlich konventionell waren und noch fast ganz in der Tradition der Gellert-Weißeschen Rührstücke standen. Sprickmann wurde über die Grenzen Münsters hinaus bekannt. Friedrich Ludwig Schröder erwarb die heute verschollene Operette "Der Brauttag" für die Hamburger Bühne, Christian Gottlob Neefe erbat sich die ebenfalls verschollene Operette "Der Geburtstag" (Musik von Nicolai) für Aufführungen in Bonn.[62] Auch dieses Stück wurde – nach Sprickmanns Worten – "lange und oft" in Münster gespielt.

Damit hatte Sprickmann seine ersten Gehversuche als 'Hofdichter' erfolgreich gemeistert. Er selbst war jedoch am wenigsten zufrieden. Den Wert seiner Stücke schätzte er so gering ein, daß er im Oktober 1777 von 17 (!) noch ungedruckten Werken nur noch ganze drei besaß.[63]

Persönliche Motive ließ er in den überlieferten Texten kaum anklingen. Für seine Lebensgeschichte sind sie deshalb nur von marginalem Interesse.

Herz und Kopf eines Freundeskreises

Nach dem Vorbild des Göttinger Hain begann Sprickmann damals, einen Kreis poesiebegabter Freunde um sich zu sammeln. Die 1773 gegründete "Münsterer Literarische Gesellschaft" war die erste literarische Vereinigung Westfalens überhaupt.[64] Sprickmann war unbestritten Herz und Kopf dieser "ersten literarischen Gesellschaft ohne Statuten". Über ihn verliefen später auch alle Fäden zum Freundeskreis in Göttingen.

Die lockere Dichtergemeinschaft erlangte freilich nie herausragende Bedeutung. Nennenswerte Talente brachte sie nicht hervor – die Namen der Mitglieder, Walter Anton Schwick, Johann Eustach Hosius, Clemens August Schücking, Christoph Anton Groeninger, Jakob Heinrich Krebs und Franz Kaspar Bucholtz, sagen heute kaum noch etwas. Immerhin aber gelang es Sprickmann, einige Beiträge der "Münstermänner" (wie sie von den Göttingern gerufen wurden) an größere literarische Organe zu vermitteln.[65]

Daß solchen Unternehmungen auch mancher Illusionismus innewohnte, zeigt das Beispiel des Franz Kaspar Bucholtz. Sprickmann hatte mit ihm hochtrabende Pläne, die jedoch allesamt scheiterten: "er <Sprickmann> hatte gewähnt, dieser <Bucholtz> müsse einst in Wissenschaft und Poesie eine Revolution machen wie Goethe. Aber er ward ein kränkelnder Hypochonder, versenkte sich zunächst unter Lavaters Einfluß in religiöse Grübeleien, hielt sich eine Zeit lang für Christus, der da wiederkommen soll, bis er diese wahnsinnige Idee dahin auflöste, daß er Hamanns Sendung in höherem Sinne fortsetzen müsse".[66] Auch dies ein Charakterzug Sprickmanns: Ein vom Kollegialitätsdenken gespeister Förderergeist, den er sich bis ins Alter bewahrte.

Ein weiteres Feld. Das zweite Mal in Göttingen (1775-1776)

Das Wohlwollen seines Gönners Fürstenberg eröffnete Sprickmann neue Entfaltungsmöglichkeiten. Auf Fürstenbergs Wunsch hin sollte er sein Studium in Göttingen fortsetzen und sich dort auf eine Laufbahn an der Universität Münster vorbereiten. Sprickmann ging gern – allerdings mehr von der 'schönen Literatur' angezogen als von der trockenen Juristerei.

Hinsichtlich seiner literarischen Kontakte kam er nicht ganz unvorbereitet nach Göttingen. Mehrere Verbindungsfäden waren bereits geknüpft. Besonderen Stellenwert nahm dabei seine briefliche Bekanntschaft mit Klopstock ein.

Sprickmann lag das "Hinfliegen an die Herzen".[67] Auch hierin war er ganz Kind der empfindsamen Epoche. Im Jahrhundert der literarischen Freundschaftsbünde (erinnert sei an den Hallenser Dreibund von Johann Wilhelm Ludwig Gleim, Johann Peter Uz und Johann Nikolaus Götz, den Bremer Kreis um den jungen Klopstock, das Tübinger "Philosophenbrünnle" mit Hölderlin als Mitglied) gehörte Sprickmann gleich in mehreren Städten (Göttingen, Münden, Lübeck, Wandsbeck, Hamburg und Münster) solchen Zirkeln an.[68] Der Göttinger Hain war dabei sein großes Vorbild. Hier wurde Freundschaft geradezu kulthaft und auf schwärmerische Art und Weise gepflegt.

Zum Freundschaftsbund gehörten die Teilnahme an gemeinsamen literarischen Unternehmungen, die gegenseitige Kritik und Förderung, die Vorliebe für bestimmte Dichter, vor allem aber das bewegte Herz. Zum Bundesleben zählten auch zahlreiche Rituale, an denen sich Sprickmann beteiligte, so z.B., daß man füreinander Eichen pflanzte – nach dem Vorbild der "heiligen Bäume", unter denen sich die Göttinger 1772 ewige Freundschaft geschworen, die Bundesgesetze gegeben und dabei Mond und Sterne als Zeugen angerufen hatten – oder daß man die Patenschaft für das Kind eines Freundes übernahm (so Sprickmann im Falle von Gerstenbergs Sohn Wilhelm).

Und welch ein Höhepunkt, wenn es zu einer Begegnung oder gar zu einer Freundschaft mit einem der 'Großen' kam. Als Sprickmann seinem Freund Christian Adolf Overbeck von seiner ersten Begegnung mit Claudius und Gerstenberg berichtete, erwiderte jener: "Hui! C l a u d i u s! – Aber nur Eine Stunde, sagen Sie? höchstens nur E i n e n Abend? Das ist ja nur Raum zu einer ersten Betäubung, wo man noch nicht genießen kann! ... Sie haben nun auch G e r s t e n b e r g gesehen. O! was werden Sie mir nicht alles noch erzählen müssen."[69]

Solche Bekanntschaften wurden häufig auf brieflichem Wege geebnet: Später erinnerte sich Sprickmann: "In meiner Jugend war ich doch ein so gar rüstiger, allzeit fertiger Briefsteller ... Und wenn dann einmal ein Brief von Klopstock kam, das war ein hohes Pfingstfest für mich. Aber auch Briefe von Bürger, Claudius, Gerstenberg, Hölty, Voß, Overbeck, Boje, usw. machten mir doch immer einen Festtag."[70] Die überlieferten Zeugnisse belegen übereinstimmend, wie sehr Sprickmann in diesem Kreis geschätzt wurde. Gerstenberg brachte dies Overbeck gegenüber einmal mit den Worten zum Ausdruck, daß er mit Sprickmann lieber als mit "hundert andern" korrespondieren wolle.[71]

Für Sprickmann und seine Freunde war Klopstock der große Dichtergenius (nach einer Ode Klopstocks hatten die Göttinger ihren Bund benannt). Die Briefbekanntschaft mit Klopstock[72] war also zweifellos eine Referenz für Sprickmann, als er im Dezember 1775 zum zweiten Mal nach Göttingen kam. Schon um 1772 hatte er Kontakt zu einigen Hainbündlern aufgenommen, die wohl wiederum Klopstock auf ihn aufmerksam gemacht hatten.

Jener nahm die Gelegenheit wahr, über Sprickmann in Münster Subskribenten für seine "Gelehrtenrepublik" (1774) zu sammeln. Sprickmann brachte die stattliche Zahl von 56 Abonnenten zusammen, wofür sich Klopstock brieflich bedankte. Der Grundstein für eine persönliche Freundschaft war gelegt, die ihren Höhepunkt am 12. März 1776 mit einem Besuch Sprickmanns bei Klopstock in Hamburg fand. Im Überschwang der Gefühle berichtete Sprickmann in einem 15seitigen (!) Brief seiner Frau und seinen Freunden nach Münster: "Ich habe nie ein Gesicht so voll Seele gesehen! In sein ganzes Antlitz hat sich die seinige, diese hohe, patriarchalische Seele ausgegossen! Sein Auge sah einmal die Herrlichkeit des Unendlichen, und dieses Gesicht ist nicht daraus verschwunden. Eine so erhabene Ruhe, eine so stille Größe! so ein hoher Ernst! und wiederum, wenn er als Freund sich an einen schmiegt, so viel gefällige Süße, so eine herzliche Freundlichkeit."[73]

Während Klopstocks Ruhm in den 70er Jahren des 18. Jahrhunderts, spätestens seit Erscheinen der "Gelehrtenrepublik", zu verblassen begann, blieben Sprickmann und seine Göttinger Freunde ihrem Idol zeitlebens in sentimentaler Anhänglichkeit verbunden. Noch im Alter las Sprickmann jährlich zu einer bestimmten Jahreszeit im "Messias".[74] Klopstocks Emotionalität des lyrischen Sprechens und seine Gabe, Empfindungen zu wecken, rührte ihn auch dann noch, als Klopstocks Stern längst gesunken war, jener als Langeweiler verspottet wurde.

Seit 1774 bestand eine briefliche Verbindung zwischen Sprickmann und Johann Heinrich Voß, Gründungsmitglied des Göttinger Hains.[75] Voß' organisatorische Verdienste, seine zurückhaltende Art und sein ausgewogenes Urteil hatten den Göttinger Hainbund zusammengehalten. Von 1774 bis 1800 lag die Redaktion des Göttinger "Musenalmanachs" in seinen Händen. Sprickmann war einer der Beiträger, die er angeworben hatte.

Wirtschaftliche Gründe – Voß hoffte durch Sprickmann auf Absatz seines Musenalmanachs in Münster – leiteten auch hier den Briefwechsel ein. Bald war eine literarische und persönliche Freundschaft begründet. "Es hat mir leid getan, Sie im <weniger bedeutenden> Leipziger Almanach gedruckt zu finden", schrieb Voß am 8. Januar 1775 an Sprickmann,[76] was diesem geschmeichelt haben wird. Im Mai 1775 schon war Sprickmann Voß' "liebster Freund". Sprickmann trug sich sogar mit dem Plan, den Ottendorfer Rektor an die Universität Münster zu ziehen.[77] Beide begeisterten sich für den "Wandsbecker Boten", den Sprickmann ebenfalls in Münster vertrieb. Über Voß ergaben sich weitere, vorerst indirekte Kontakte zu den Hainbündlern Hölty und Johann Martin Miller. Immer öfter wurde Sprickmanns Name in diesem Kreis genannt.

In Göttingen angekommen, fand Sprickmann schnell Anschluß an den geselligen Kreis derer, die dem Göttinger Hain verbunden geblieben waren (Overbeck, Karl August Wilhelm von Closen, Ludwig Philipp Hahn, Johann Christoph Gatterer, Johann Thomas Ludwig Wehrs). Zwar hatte der Kern des Bundes die Stadt bereits verlassen (1773 die Brüder Stolberg, 1774 Miller, 1775 Voß und Hölty), doch lebte er als ideelle Gemeinschaft, in Briefen oder durch die Beteiligung an gemeinsamen Publikationen weiter. Das Jahr 1776 sollte für Sprickmann die Zeit bedeutender literarischer Bekanntschaften werden. Dieses und das folgende Jahr waren seine literarisch produktivste Zeit.

Am 1. Februar 1776 überraschte er in Hannover Boie, mit dem er seit Oktober 1775 korrespondierte, mit einem Besuch. Weitere Begegnungen begründeten eine nahe Freundschaft. Am 12. März kam es zum erwähnten Besuch bei Klopstock in Hamburg. Auf dem Hinweg besuchte er den kranken Hölty in Mariensee.[78] Über Klopstock wiederum lernte er in Wandsbeck Claudius kennen, in dessen Haus er Voß erstmals persönlich begegnete. Von Wandsbeck aus unternahm Sprickmann einen Abstecher nach Lübeck zu Gerstenberg, dem Verfasser des Geniedramas "Ugolino" (1768). Auch mit ihm verband ihn bald Sympathie. Wiederum bezeugt ein Brief Sprickmanns Ergriffenheit.[79]

Ende März reiste er gemeinsam mit Claudius' Familie von Hamburg nach Darmstadt. In den April fiel die Bekanntschaft mit Bürger, der als Amtmann in Wölmershausen nahe Göttingen wohnte. Im Mai wurde Sprickmann in Bürgers Freimaurerloge aufgenommen. Einen Monat später unternahm er eine Reise nach Gotha und Weimar.

In Gotha besuchte er Friedrich Wilhelm Gotter, der 1769 mit Boie den "Deutschen Musenalmanach" gegründet hatte. In Weimar scheiterte der Versuch, Lenz kennenzulernen. Enthusiastisch urteilte Sprickmann über Goethe, in dessen Garten er wiederholt lustwandelte: "Eine der größten Glückseligkeiten meines Lebens, daß ich ihn sah! Sehen Sie, Boie, ich liebe, wie ich gewiß weiß, daß wenige lieben, und so ganz ohne Hoffnung, daß mir wohl nie ein Augenblick wahren innigen Frohseyns in der Welt mehr werden kann, aber wenn ich zu wählen hätte, geliebt zu werden, oder Göthes Busenfreund zu seyn,- ich möchte das von keinem Sterblichen in der Welt sagen – ich würde mich nicht gleich zu entschließen wissen."[80] Die Verehrung blieb jedoch, wie bei zwei weiteren, späteren Begegnungen, unerwidert.

Von August bis Oktober wohnte Sprickmann nur eine halbe Stunde von Bürger[81] entfernt in dem etwa 10 km vor Göttingen gelegenen Benniehausen. Das fast tägliche "Zueinanderstreichen" förderte den persönlichen und literarischen Kontakt. Bürger gehörte dem Göttinger Hain zwar nicht unmittelbar an, stand ihm aber nahe. Für die Hainbündler war "Lenore" das Musterbeispiel für die Erneuerung der Ballade aus dem Geist der Volkspoesie. Sprickmann begann damals – literarisch wie brieflich –, den ungeschliffenen, kraftgenialischen Stil des Freundes zu kopieren. Nach seiner Rückkehr aus Göttingen Ende 1776 blieb er mit Bürger für etwa ein Jahr in regem Briefwechsel, der dann jedoch einschlief. Erst im Spätsommer 1776 begann Sprickmann, sich auch um sein Studium zu kümmern.

Die nähere Freundschaft mit Boie und Bürger zahlte sich für ihn aus. Im Oktober 1775 schon hatte ihn Boie zur Mitarbeit am "Deutschen Museum"[82] eingeladen, das Boie von 1776 bis 1791 gemeinsam mit Christian Conrad von Dohm in Leipzig herausgab.

Mit der Beteiligung an den klangvollen Musenalmanachen endete Sprickmanns auf die lokale Sphäre bezogenes Werk. Er war endgültig aus der Regionalität herausgewachsen.

Dichter-Triumphe

Mit Boie und Voß fand Sprickmann gleich zwei Mentoren. Auf Voß' Anregung, er möge sich – nach dem Muster von Voß' "Mecklenburger Idyllen" – in "westphälischen Originalgedichten" versuchen,[83] ging er freilich nicht ein. Hatte er 1775 dem Leipziger Musenalmanach noch neun, dem Göttinger nur ein Gedicht beigesteuert, so trat nun eine Verschiebung ein. Der weniger renommierte Leipziger Almanach erhielt nur noch ein Gedicht, der Vossische hingegen drei. Bis 1778 erschienen in den größeren Almanachen 22 Gedichte Sprickmanns.[84]

Die Freunde beurteilten diese Gedichte wohlwollend. Gerstenberg lobte besonders Sprickmanns Hymne auf Klopstock im Vossischen "Musenalmanach auf das Jahr 1778"[85].

Bürger fand das Gedicht "Trudchen", das im selben Jahrgang erschien, "über die Maaße" schön.[86] Ebenso Boie: "Was schöners und korrekteres hat seine Muse noch nicht geboren."[87] Voß stieß sich hingegen an dem Mißverhältnis von Metrik und Inhalt sowie am Geniemäßigen: "Was gewinnt ihr Leute damit, daß ihr eure Mädchen so ungewaschen und ungekämmt darstellt?"[88]

Für Aufsehen sorgte Sprickmanns Ballade "Ida". Dieses "wohl ... stürmischeste Erzeugnis der ganzen aufgeregten Epoche des Sturmes und Dranges"[89] gereute Sprickmann im Nachhinein von allen "Jugendsünden" am meisten. Die Ballade erschien 1777 anonym im "Deutschen Museum" und wurde nur aus Mangel an Beiträgen aufgenommen.[90] Als Boie später Sprickmanns Verfassersiglen im "Deutschen Museum" auflöste,[91] war er so rücksichtsvoll, es bei der Anonymität zu belassen.

Offensichtliches Vorbild für "Ida" war Bürgers "Lenore". Was an Bürgers Ballade schauerlich war, steigerte Sprickmann zu einem Zerrbild. Ihm kam es – unter Mißachtung aller literarischen Regeln – auf eine grell-aufschäumende Gefühlswirkung an: Aufgegriffen wird das im Sturm und Drang beliebte Kindsmordthema. Die von ihrem inzwischen verheirateten Geliebten verlassene Ida liegt in einer Felsenhütte, den winselnden Säugling im Arm. Von Gewissensbissen gepeinigt, irrt der Verführer umher und findet die Hütte. Er wird Zeuge eines von Ida im Wahnsinn gesprochenen Monologs und sieht mit an, wie sie das Kind an einem Felsen zerschmettert und Blut und Hirn aufleckt. Er stürzt hinein und erdolcht sich. Inzwischen hat auch seine Gemahlin die Hütte erreicht. Sie findet ihn, ein "faulend Gerippe", bei der Geliebten und stimmt in das Sterbegejammer ein. Das an Übersteigerung kaum zu überbietende monströse Machwerk rief bei den Zeitgenossen in hohem Maße Beifall hervor.[92] Bürger fand dagegen neben Lob auch Tadel, er kritisierte die unpassende Form und "Sprachverhunzung".[93]

Sprickmanns lyrische Beiträge waren im Grunde nur Gelegenheitsarbeiten. Sein eigentliches Talent entfaltete er auf dem Gebiet des Dramas und der Prosa, auf die er sich zusehends konzentrierte. Im Sommer 1778 auf weitere Beiträge angesprochen, schrieb er lapidar an Boie: "Voß wird diesmal von mir wol keinen Reim bekommen, ich mache nichts mehr in dem Fache".[94] Im Alter erwog Sprickmann allerdings noch einmal, seine Gedichte zu einer Sammlung zusammenzustellen.[95]

Der Lebensbeichte zweiter Teil
Die Erzählung "Die Untreue aus Zärtlichkeit"

Von Göttingen nach Münster zurückgekehrt, befand sich Sprickmann in einer Phase der Orientierungslosigkeit. Wiederum versuchte er, die Krise literarisch zu meistern. Um die Jahreswende 1776/1777 entstand seine – nach Boies Urteil – "beste Erzählung",[96] "Die Untreue aus Zärtlichkeit. Eine Konversation und ein Brief". Bald darauf war sie im "Deutschen Museum" zu lesen.

In dieser Lebensbeichte der Jahre 1769 bis 1776 blickte Sprickmann noch einmal auf den Beginn seiner Liebe zu Mariane zurück. Erneut ist – wie in "Meine Geschichte" – von jenem Ball die Rede, mit der die Liebesbeziehung ihren eigentlichen Anfang nahm. Ein unmittelbarer Anschluß an

"Meine Geschichte" ist damit hergestellt: Die Fortsetzung von Sprickmanns großem Lebensroman steht vor uns.

Ein Dokument der Werther-Mode. Das Porträt-Medaillon Werthers bildet das Frontispiz von "Goethens Schriften. Erster Theil. Berlin 1772"

Dichtung und Wahrheit

Die Personenkonstellation ist gegenüber "Meine Geschichte" unverändert. Erneut steht Sprickmann Mariane gegenüber, und erneut versucht er, sie für sich zu gewinnen. Die Voraussetzungen hierfür waren insofern gegeben, als Mariane – nach wenigen Ehejahren – Witwe geworden war. Möglicherweise dachte Sprickmann daran, sich von seiner Frau scheiden zu lassen. An seiner Lebenssituation werde sich, schrieb er Bürger am 25. Januar 1777,

"nun hoffentlich etwas ändern, wenn sich's mit meiner Liebe erst einmal entschieden hat. und das wird bald kommen, Gewißheit, daß ich geliebt, oder daß ich gehaßt werde. Ich habe meine Geschichte mit dem einzigen Weibe, das ich je geliebt habe, so wie mans eigentlich lieben nennen sollte, in eine Erzählung gebracht; sie kommt ins Mus<eum>. Ich hab es so deutlich gemacht, so viele geheime Züge, so viel wahre Umstände hineingebracht, daß sie sich und mich gleich erkennen muß. Das Ding will ich ihr selbst vorlesen, und allein, will mir das Stündchen recht dazu abpassen, daß es sie überraschen soll, ehe sie contenance fassen kann; ich habe dabey der Geschichte eine Entwicklung gegeben, wie ich Tag und Nacht davon träume; So will ich auf sie los, und, wie gesagt, Liebe oder Haß! Lieber Haß, als das schale Ding Freundschaft, mit dem sie mich nun zu Tode martert."[97]

Wie in "Meine Geschichte" wählte Sprickmann die Ich-Erzählform. Diesmal versteckte er sich jedoch hinter der literarischen Figur des "Willberg". Marianes Namen behielt er bei. Ansonsten halten sich reale und fiktive Elemente die Waage. Sprickmanns Zeit als Komödiendichter in Münster, seine Liebschaft mit einer Wanderschauspielerin, seine Heirat, sein zweiter Studienaufenthalt in Göttingen, neue Liebesabenteuer, die Verarmung seiner Familie[98] – all dies entsprach der Wahrheit. Hinzugedichtet war Willbergs Aufenthalt in einem Kloster, "im wesentlichen wohl ein Zugeständnis an die literarische Mode der Zeit".[99] Die größte Abweichung bestand darin, daß die Handlung den Tod von Sprickmanns Frau voraussetzt. Hierdurch war er frei geworden und konnte um Marianes Hand anhalten. Das fragwürdige Modell erwies sich freilich als überspannte Phantasieprojektion. Die 'reale' Mariane blieb unbeeindruckt und versagte Willberg/Sprickmann auch diesmal das Ja-Wort.

Die (Ohn-)Macht der Verhältnisse

In der Erzählung begründet Sprickmann, warum die beiden Königskinder Willberg und Mariane nicht zusammenkommen konnten. Die Hauptschuld hieran trugen die materiellen Verhältnisse. Die im Text geäußerte Ansicht, daß "Lieben in Armut doppelt Lieben seyn müsse", entpuppte sich als Illusion, weil die Wirklichkeit dies "Lieben in Armut" gar nicht erst zuließ.

Vor allem Mariane hatte die Macht der materiellen Verhältnisse zu spüren bekommen. Ihre Familie war, wie im Text eindringlich geschildert, derart in Armut verfallen, daß es für sie offensichtlich keinen anderen Ausweg gegeben hatte, als den Sohn des reichen Schuldners R*** zu heiraten. Sie opferte sich damit nicht nur für ihre eigene, sondern auch für Willberg/Sprickmanns Familie auf, der mit der

Heirat ebenfalls ein Großteil der Schuldenlast genommen wurde.

Willberg/Sprickmanns Situation war hingegen weniger ausweglos. Er hatte eine Stelle bei einem Advokaten antreten können und es schon bald "zu einem kleinen Ruhm" gebracht. Später erledigte er einen ministerialen Auftrag <seines Gönners Fürstenberg> zur allseitigen Zufriedenheit: "Ich war nun reich und lebte in dem vollen Glanze meines Glücks, geehrt oder beneidet von allen, aber selbst unglücklicher als jemals."

Willberg erweist sich in allen Zügen als getreues Spiegelbild seines Schöpfers. Wie Sprickmann wurde er immer wieder auf sich selbst zurückgeworfen. Er konnte ohne die Liebe der verheirateten Mariane nicht leben, konnte diese Liebe aber nicht erzwingen. Sosehr er sich auch in Ablenkungen flüchtete (Liebesabenteuer, Theater, Lektüre) und sosehr er auch an beruflichem Prestige gewann, die Gewißheit "Ich bin ohne Liebe" ließ ihn schier verzweifeln.

In der Person Willbergs stehen sich positive und negative Wesensmerkmale gegenüber. Er ist hitzköpfig, sprunghaft, vernachlässigt (weil ihm alles "Trockene" "unerträglich" ist) seine Amtsgeschäfte, ist leichtsinnig (das Abenteuer mit einer Acktrice stürzt ihn in Schulden) und in seiner Selbstverliebtheit egoistisch bis zur Verwerflichkeit. Als ihn wieder einmal Todesgedanken quälen, wählt er als Ausweg die "wütende Leidenschaft": Er wendet sich an den Minister und nimmt einen diplomatischen Auftrag an. Seine Frau verläßt er in den letzten Monaten der Schwangerschaft, "und es war mir, als wenn mich die Ahndung ergriff, daß ich sie nicht wiedersehen sollte. Ich war kaum sechs Wochen abwesend, als ich die Nachricht erhielt, daß die Freude mich zum Vater zu machen ihr das Leben gekostet hatte." Den fiktiv ausgemalten Tod seiner Frau überwindet er schnell, er flüchtet sich in neue Liebschaften.

Dem stehen an positiven Charaktermerkmalen gegenüber: Reumütigkeit, Aufrichtigkeit, Spontaneität. Als Willberg angesichts seiner familiären Situation zu sozialer Verantwortung gerufen wird, ist er bereit, sie zu tragen: Der "Gedanke, daß der Selbstmord am Ende aller Noth aushelfen könne, war mir so geläufig, und durch mein Lieblingsgefühl von Freyheit so werth geworden, daß ich nach aller Wahrscheinlichkeit mir selbst Gewalt angethan hätte. Aber der Anblick so vielen Elends, eine Mutter so voll Liebe, und so tief, tief herabgebeugt, ihre einzige Hoffnung auf mich, das fing an dem Gefühl meines eigenen Elends das Gleichgewicht zu halten."

Vor allem aber bringt er die Befähigung zur unbedingten Liebe auf. Nur so gelingt es ihm, Mariane aus der Lethargie ihrer ersten Ehe zu 'retten' ("Gott! in welchem Zustande fand ich sie! Wie ungleich der Mariane, die ich geliebt hatte, und doch, wie noch so ganz sie selbst!").

Zuletzt haben sich in Sprickmanns halb realistischem, halb utopischem Entwurf zwei 'einzigartige' Seelen gefunden, die in ihrem Denken und Fühlen vollständig übereinstimmten. Auch Mariane erglüht in "wahrer Raserei", wenn sie ihrem Geliebten entgegenfiebert. Sie wird mit den Worten zitiert: "Ich blieb liegen, wie ich lag, ohne Thränen, ohne Laut, das Aug starr auf die Thüre geheftet, bis sie aufging, und – Gott! daß du mir das noch bestimmt hattest! er – er selbst herein trat!"

Die Seelenpein hat ein Ende, die Harmonie hätte vollkommener nicht sein können. Willberg: "es war mir unaussprechlich süß von ihr geliebt zu werden." "Engel! Erhabene! – Ich schloß ihren Mund mit tausend Küssen." Unter diesen Küssen blüht Mariane wieder auf wie "die welkende Blume im Morgenthau".

"Da sitzt sie schon, die arme Frau, / Und liest in Werthers Leiden". Abb. aus dem "Königlich Grosbritanischen Historischen Calender für 1790"

Über die brotlose Kunst

Bevor es jedoch soweit kommt, hat Willberg eine gefährliche Krankheit zu überstehen, die Bücherkrankheit. In Phasen der Depression findet er allein bei 'seinen Dichtern' Trost.

Wie in "Meine Geschichte", übt die Lektüre einen lebensbestimmenden Einfluß aus. Als ihm ein Advokat anbietet, in seine Dienste zu treten, heißt es:

> "Meine Neigung zu Büchern, wie er sie natürlich nun gerade gar nicht leiden konnte, war ihm vor meiner Abreise <zum ersten Studienaufenthalt in Göttingen> ein Aergerniß gewesen; desto werther ward ich ihm, da er die Anstrengungen, womit ich unter ihm anfing zu arbeiten, als ein Zeichen ansah, daß ich selbst so klug geworden einzusehen, wie kindisch die Beschäftigung mit Wissenschaften sey, für die die Welt kein Brod habe."

Doch er hält nicht durch, erleidet einen Rückfall, entwickelt sich zum Komödiendichter. Bald darauf: "Ich las sehr viel, las Dichter, wie ich sie nie gelesen hatte; aber, was ich las, überall der glühende Ausdruck einer Empfindung, von der ich einst und so lang all das Glück meines Lebens erwartet hatte!"

Es hält ihn nicht mehr in der Studierstube, drängt ihn hinaus, um an den Freuden des Lebens teilzuhaben. Doch auch dies ist nur von kurzer Dauer. In der 'äußeren Welt' verliert er sein Gleichgewicht, büßt seine "ganze Ruhe und Standhaftigkeit" ein. Erneut sucht er Hilfe bei seinen Büchern.

Um sich "abzukühlen", zieht er sich zeitweilig sogar hinter Klostermauern zurück. Er verschließt seine Dichter und wendet sich der abstrakten Philosophie zu. Aber auch dies bleibt nur Episode. Im Leben des Schwärmers, so wird deutlich, ist das Buch ein beständiger Gefahrenherd, stets dazu angetan, ihn aus der Bahn zu werfen.

Sprachliche Höhenflüge

Sprickmanns Neigung zur sprachlichen Übersteigerung tritt überall zutage. Er dramatisiert, wann immer sich ihm Gelegenheit dazu bietet.

Die Situation, in der sich Willberg bei seiner Rückkehr aus Göttingen befindet, hätte kaum drastischer ausgemalt werden können. Er wird unverhofft Zeuge, wie seine Familie in völlige Armut verfallen war ("Ich ritt nach unserm Hause. Man sagte mir, daß meine Mutter da nicht mehr wohne ...") und wie seine Mutter ihr letztes Hemd "für kaum die Hälfte seines Werths verkauft". Sein Bruder liegt sterbenskrank darnieder. Als er dann noch von Marianes plötzlicher Heirat erfährt, ist die Schockwirkung vollkommen, er ist außer sich.

Sprickmann trägt dick auf. So etwa, wenn er schildert, wie sich Willberg der vermeintlichen Untreue Marianes erinnert:

"Damals machte mich der Gedanke ruhig, aber izt! – wenn sie todt wäre, dacht' ich. Schrecklich, schrecklich must es seyn zu denken, was man liebt, wie es hinfällt in Tod und Verwesung! Aber, wenn sie todt wäre – ich dürfte sie lieben, dürfte Gott das sagen in meinem feyerlichsten Gebete! wüste, daß sie mich liebte, und würde das fühlen bey jedem Blicke zum Himmel! würde denken, daß sie mich sähe, und was ihr das seyn müste, daß ich die

Welt nicht mehr wollte, wo sie nicht mehr war! Was würde meine Zelle mir seyn! Da zu leben, wo ich gewiß wäre sie wiederzufinden! Aber so, so! Untreu! Trennung auf ewig! Alle diese Bande so ganz, ganz zerrissen!"

Daß sich solche Übersteigerungen auch verselbständigen (und dadurch abnutzen) können, zeigt die Szene im Kloster, die von der Handlung her kaum motiviert ist und im Erzählganzen indisponiert wirkt:

"Ich drang sogar in einen dieser Männer, an den sich mein Herz gleich bey der ersten Bekanntschaft am nächsten gefesselt hatte; ich fand, was ich vermutete; ich konnte meine Thänen nicht zurückhalten, und hingezogen mit einer Macht, so unwiderstehbar, als je die Liebe auf mich gewirkt hatte, fiel ich an seinen Hals und weinte laut. Er drückte mich fest an sich, denn er verstand mich; und dieser Augenblick – o, so süß und so schmerzlich sind wenige Augenblicke meines Lebens zugleich gewesen!"

Gut und Böse sind schwarz-weiß-malerisch verteilt. So war Marianes Vater durch seine "äußerste Gutherzigkeit für verarmte Bauern" und durch die "äußerste Strenge des Unbarmherzigen, dessen Güter er verwaltete", in Schulden gestürzt worden.

Dem kontrastieren Szenen, die in strahlendsten Farben geschildert sind. Die von Sprickmann entworfenen empfindsamen Naturszenarien, die häufig mit eigenen Gemütsstimmungen korrespondieren, zeigen dabei seine Anfälligkeit für jede Art von Rousseau- und Werther-Schwärmerei. So, wenn Willberg bei einem Landaufenthalt im Frühling Zeuge wird, wie die Landbevölkerung arm, aber doch in "Seligkeit" lebt. "Ich sah oft Scenen der Liebe; sah den jungen Landmann, wie er so alles vergaß bey seinem Weibe, des sauersten Schweisses nicht achtete, der sie nährte, und den sie abwischte. So hatt' ich einst mit Marianen leben wollen!"

Angesichts seiner unerfüllten Liebe schmerzen ihn solche Phantasievorstellungen doppelt:

"Was wir <Mariane und Willberg> uns so oft gesagt hatten in jenen goldenen Tagen des Traums der Liebe, wenn wir den Bauern hinter dem Pflug sahn in seiner Ermüdung, in der Ferne seine Strohhütte vor uns lag, die Gefährtin seines Elends heraustrat mit lieben Kindern um sich her, so emsig kühlende Milch und sauerverdientes Brot unter die Eiche an der Hütte zu tragen; dann ihm alles entgegen lief in wetteifernder Liebe: bis sich alles nebeneinander hinsezte zum Abendbrod, und dann zusammen war, so vertraulich, so voll Herz – was wir uns dann so oft gesagt hatten: wie wenig die Liebe bedürfe, wie Lieben in Armut doppelt Lieben seyn müsse, und wie wir nicht reich seyn mögten, um das nicht zu entbehren, von uns selbst zu leben – alles das erwachte so lebhaft und so quälend."

Letztlich sind es jedoch diese übersteigerten Bilder, die im Gedächtnis bleiben.

Der übergeordnete Handlungsknoten ist – auch dies fällt negativ ins Gewicht – nicht sehr überzeugend geknüpft. Mariane ist von Anfang an so positiv gezeichnet, daß ihr Untreue kaum zuzutrauen ist. Als sich zuletzt herausstellt, daß ihre Heirat mit R*** ein Akt der Barmherzigkeit war, ist dies für den Leser keine Überraschung mehr, sondern nur die Fortführung eines Gedankens, dessen Spur schon zu Beginn der Geschichte gelegt wurde. Für eine Komödie hätte die Aufdeckung eines solchen 'Mißverständnisses' nicht ausgereicht.

Für das damalige Publikum zählten solche Schwächen indes wenig. Sprickmann hatte wieder einmal ergreifend und erzählerisch ansprechend dargestellt. Zugleich war es ihm gelungen, das Gedankengut der Empfindsamkeit und des Sturm und Drang beispielhaft zu illustrieren. Und zu guter Letzt: Er hinterließ seiner Nachwelt ein Dokument, das das Mosaik seines Lebens ein weiteres Stück ausfüllt.

Ein Prometheus unter Biedermännern

Eine Ehe mit Mariane sollte Sprickmann über seine alptraumhafte Lebenssituation hinweghelfen. Bald nach der Rückkehr aus Göttingen hatte er einen Schlaganfall erlitten. "Das Ding hat mich abgespannt, daß ich nichts mehr wert bin", schrieb er am 25. Januar 1777 an Bürger, dem er sich in dieser Zeit wiederholt anvertraute.[100] Hinzu gesellten sich Zweifel an seiner literarischen Befähigung: "Es ist mit meinen Kräften im Grunde doch nur Lumperey."[101]

Sprickmann fühlte sich gefesselt wie einst Prometheus, "ja wohl, wie Prometheus, auch mit dem Geyer, der mir das immer wieder wachsende Herz zerfrißt, das er nicht abfressen kann".[102] Und an anderer Stelle: "Die böse Wetterlaune nimmt täglich über mich überhand, daß mich jedes Wölkchen am Himmel schrecken kann. Überhaupt fühl ichs täglich, wie ich grämlicher, fühlloser, einsamer werde! es ist als wenn mit meinen Kräften ein ewiges sterben und Auferstehen vorgeht; so viel die Freude verliehrt, gewinnt der Verdruß."[103]

Ein weiterer Beichtfreund war ihm Boie,[104] an dem Sprickmann "die stetige, oft fast pedantische Ruhe" bewunderte, mit der jener "die Chikanen seines Berufes und die Bürde oft kleinlicher Arbeiten gleichmütig ertrug".[105] Ihm gegenüber sprach sich Sprickmann über eine erschreckende Richtung aus, die er in seinem Charakter zu erkennen glaubte,[106] und ihm vertraute er auch seine Liebeswirren an. Ein Bild seiner wechselnden Gemütsstimmung bietet sein Brief vom 8. Januar 1877:

"So ein heiterer Wintertag wie der heutige, wie mir das so wohl macht! Da war ich hinaus im Schnee und sah die liebe Sonne untergehn und noch ist meine Seele hell wie die Abendröthe. Wenn ich immer so leben könnte unter heiterm Himmel, immer einathmen eine Luft so rein, so frisch, täglich wandeln in Morgen- und Abendröthe und im Glanze der Sterne, – ich glaube, dann wäre ich ein ganz anderer Mensch. In diesem Augenblicke ist mir's so behäglich: ich bin so frey und so groß! ich könnte mich losreißen von aller Welt, alles vergessen und mich einquartieren in die einsamste Zelle auf dem einsamsten Felsen und mir selbst sagen: dort unten ist alles eitel, Ehre und Liebe! Und, Thörichter, der du Gefühl hast, das sich ausbreiten kann durch die ganze weite Schöpfung, empor dringen bis hoch zu all den tausend und tausend Welten und Höhen nah zu dem, der diese Welten dahin setzte, Seelen wie der deinigen zur Leiter bis hoch zu seinem ewigen Throne! – Thörichter! all das Gefühl so zusammen zu drängen auf ein einziges Geschöpf, dem es nicht drum ist, das es mishandelt und wegwift! Kannst so frey seyn und trägst so geduldig all die schmählichen Ketten von Verhältnissen, Subordination und jämmerlichem Wohlstand! – Aber ach! Der Himmel wird wieder trübe, eine dicke, beängstigende Luft spannt alle die Nerven wieder ab, daß kein Ton mehr zum andern stimmt. Und wenn das noch das einzige wäre, so wärs noch Trost, wärs Schuld der Natur, die diese Saiten so schwach aufzog. Aber daß ich so mein eigner Sklave bin, so viel raisonnirt habe und so bündig raisonniren kann, und mit allem doch so blutwenig über mich selbst vermag, des mögt ich rasend werden. Jetzt bin ich so groß und über ein Stündchen, dann stehe ich vor ihr in der Comödie und schnappe nach Luft und kehre wieder hierher zurück so jämmerlich zusammengepreßt, als wenn außer mir und ihr nichts geschaffen wäre."[107]

Und im selben Brief: "Bedauern Sie zuweilen den armen Jungen, den die Vorsicht in Westfalen hinwarf zum Schleifstein für Neid und Bosheit ... Alles bellt mich an wie einen Fuchs an der Kette."[108]

Beigaben des Jahres 1776

Als "Die Untreue aus Zärtlichkeit" im "Deutschen Museum" erschien, war Sprickmann bereits bestens in dieses Organ eingeführt. Von September bis Dezember 1776 waren hier drei weitere Texte von ihm erschienen.

In "Das Neujahrsgeschenk. Eine Klosteranekdote" erzählt er eine melodramatische Geschichte: Das Mädchen Eulalia wird von ihrem Geliebten wegen "einer andren, einer reicheren" verlassen. Die blühende Seele entschließt sich, in ein Kloster einzutreten. Dem Erzähler läßt sie als Neujahrsgeschenk das Bildnis der leidenden Mutter Maria zukommen – noch immer hat ihr Herz keinen Frieden gefunden.

Alle Fäden dieser einfachen Geschichte laufen beim Ich-Erzähler zusammen. Die ihm zu Gebote stehenden Freiheiten nutzt er weidlich. Seine Ergriffenheit ("O! manche, manche bittre Thräne hab ich seitdem davor geweint") überträgt er auf den Leser. Er macht ihn zu einem Vertrauten, gibt ihm ein Geheimnis preis.

Eulalia ist – natürlich – eine "Engelsseele in einem Engelskörper". "Sie hatte geliebt, wie so ein Herz liebt; an dem Einzigen gehangen mit allen Kräften ihrer liebsamen Seele." Der Erzähler wohnt dem Moment ihres Klostereintritts bei. Er bittet das Mädchen inständig, seinen Schritt rückgängig zu machen. Allein, es nützt nichts, "die Thüre ward auf ewig hinter ihr verriegelt". Es kommt noch schlimmer. Der Novellist: "Als ich aus der Kirche trat, sah ich zum leztenmal das Kloster an, und bemerkte, was ich noch nie bemerkt hatte, daß am ganzen Gebäude kein einziges kleines Fensterchen auf die Strasse ging."

Eine Empfindsame, wie Sprickmann sie in seinen Werken porträtierte. Abb. aus dem "Rheinischen Taschenbuch auf das Jahr 1838"

Der Erzähler sieht das Mädchen nicht wieder. Kaum drei Jahre später erfährt er von ihrem Tod; "den andern Morgen brachte mir der Arzt des Klosters ein kleines Migniaturgemälde jenes Menschen, das die Schwestern bey'm Auskleiden auf ihrem Herzen gefunden hatten. Der Arzt hatt' es für das Bild des Bruders ausgegeben, der im vorigen Kriege in kaiserlichen Diensten erschossen war ..." In Wirklichkeit handelte es sich um das Porträt des früheren Geliebten.

Ohne Zweifel hat es Sprickmann auch hier verstanden, anrührend darzustellen. Alles an dieser "Anekdote" scheint sich wirklich so zugetragen zu haben. Eulalias Schicksal mutet erschütternd an. Sie stand vor einer Entscheidung, die sie mit radikaler Konsequenz und scheinbar wider jede Vernunft traf. Wie andere "schöne Seelen" Sprickmanns bewies sie dabei auf ihre Weise Vollkommenheit.

In "Nachrichten aus Amerika" (Deutsches Museum, November 1776) ist der Handlungsfaden weiter gesponnen und erstreckt sich über mehrere Jahrzehnte. Der Erzählfluß ist ruhiger als sonst. Der Erzähler, bei dem erneut die Fäden zusammenlaufen, wahrt diesmal mehr Zurückhaltung, geht auf Distanz.

Im Mittelpunkt der recht umfänglichen Novelle (der längste veröffentlichte Text Sprickmanns bis dahin) steht mit dem Kaufmannssohn Fritz Fleckmann ein wahrhaft edler Charakter. Gefühlswirren und Unbesonnenheit kennt er nicht. Er weiß, was er will, und vertraut auf ein Weltbild, das er sich selbst zurückgelegt hat. Wenn er das Hausmädchen Marie (ein "Engel in seiner ganzen Unschuld und Schönheit") liebt, folgt er darin seinem Herzen und nicht den Standesgesetzen, wie sie seine hochmütige Mutter repräsentiert.

Er verzichtet auf das Familienvermögen und flüchtet mit Marie nach Amerika. Dort baut er mit Hilfe eines englischen Kaufmanns ein eigenes Geschäft auf. Die Erzählung schließt: "Noch vor einem halben Jahre ließ er <Fritz> mich durch einen holländischen Kaufmann grüssen, und versichern, daß er in seiner Familie, in den Armen seiner Marie den Himmel auf Erden geniesse." Die wahre Moral hat den Sieg davongetragen, die bürgerliche Scheinmoral unterlag.

Im Vergleich zu Sprickmanns anderen Arbeiten ist "Nachrichten aus Amerika" 'harmlos' und 'zahm'; ein für ihn untypisches, fast halbherziges Stück. Dem Realismus der Geschichte hatte er die Leidenschaft geopfert und sich Mäßigung auferlegt, während er sonst seinem Ungestüm freien Lauf ließ.

Hierdurch fehlt der Geschichte die emotionale Durchschlagskraft seiner übrigen dramatisierten Episoden. Nur eine Stelle ragt heraus: Bei Fritz' Rückkehr von einem Englandaufenthalt eilt er Marie auf den "Flügeln der Liebe" entgegen. Im Heimatdorf angekommen, wird er Zeuge eines Volksauflaufs, bei dem Maries Mutter unter dem Johlen der Menge wegen Diebstahls ausgepeitscht wird. Als er zu Hause eintrifft, wird Marie gerade von seiner Mutter aus dem Haus geprügelt. Fritz macht die Szene "rasend" und "sinnlos". Er eilt Marie nach, die sich entschlossen hat, "ihrer Mutter in all ihrem Elend zu folgen", und findet sie in einer Bauernhütte vor der Stadt. Es kommt zu einer ergreifenden Wiedersehensszene.

Die technischen Schwächen der Erzählung sind augenscheinlich. Sprickmann fehlt der ruhige und lange Atem des Epikers, "seine Phantasie ist zu unruhig, er dachte zu anschaulich, zu wenig reflektierend. Seine Komposition ist nicht geschlossen genug, sie löst sich meist auf in mehrere Situationsbilder, die nur lose miteinander verknüpft sind ..."[109]

Im dritten Text, den Sprickmann 1776 in das "Deutsche Museum" gab, war er wieder ganz er selbst. Die Handlung von "Das Strumpfband" führt erneut in ein Kloster. Ein strenger Vater hatte seine Tochter Anna gezwungen, in dieses Kloster einzutreten, weil sie mit Wilhelm einen Mann liebt, der ihm nicht genehm ist. Als Anna ihr Gelübde ablegt, hört sie im Moment höchster seelischer Erregung einen Schuß. Sie vermutet, Wilhelm habe Selbstmord begangen. Vor den Augen ihres Vaters erhängt sie sich an einem Strumpfband, das ihr Wilhelm geschenkt hatte.

Die Allmacht der Liebe hat auch in diesem theatralisch-düsteren "Geschwirr abgerissener Worte im Geniestil"[110] gesiegt. Verlierer ist die gefühlskalte, rationale Moral, wie sie der Vater verkörperte.

Ein Potentat auf Abwegen
Das Trauerspiel Eulalia

Im Herbst/Winter 1776 vollendete Sprickmann mit "Eulalia" seinen ersten größeren Versuch im Trauerspiel. Im Hintergrund standen nicht zuletzt materielle Motive. Sprickmann wollte das Stück mit Unterstützung Boies an die Wiener Nationalschaubühne verkaufen, was jedoch scheiterte. Spielte er mit dem Gedanken, ganz ins Theaterfach zu wechseln?

Den dramatischen Konflikt gestaltete Sprickmann ganz aus eigener Sicht. Diesmal ist der leidenschaftliche Charakter ein mit allen Insignien der Macht ausgestatteter Herzog. Sein weiblicher Widerpart ist die "schöne Seele" Eulalia, eine verheiratete Gräfin.

Aus Gutgläubigkeit und Naivität verschuldet sie die Katastrophe des Stückes. Sie will den am französischen Hof sittlich verdorbenen Herzog – einst ein tugendhafter Jugendbekannter – auf den Pfad der Tugend zurückführen. Bei einem Gespräch mit ihm entfacht sie die Liebe des sinnlichen, jedoch durch seine Heirat und eine Mätresse gleich zweifach gebundenen Herzogs. Das Gespräch wird von einem französischen Marquis, einer Ausgeburt an Boshaftigkeit, belauscht. Der Herzog ist anfangs gewillt, sein Leben zu ändern; als ihm jedoch der Marquis einen verruchten Plan unterbreitet, wie er Eulalia gewinnen kann, bricht sein Widerstand: Eulalias Gemahl soll in diplomatischer Mission ins Ausland geschickt werden. Als dieser die Intrige wittert und sich weigert, wird er des Hochverrats angeklagt und verhaftet. Eulalia wird vor die Wahl gestellt, sich dem Herzog hinzugeben – dann sei ihr Mann gerettet – oder sich ihm zu versagen, was zum Tod ihres Mannes führe. Eulalia gibt vordergründig nach, faßt jedoch den Entschluß, im Gefängnis an der Seite ihres Mannes Selbstmord zu begehen. Ihr Tod soll dem Herzog ein Signal zur moralischen Besserung sein. Ein letzter Versuch von ihrer Seite, den Herzog zu bekehren, scheitert – sie nimmt sich das Leben.

Mehr als eine politische Anklage – die grausigen Szenen spielen an einem deutschen Hof und geißeln despotische Willkür – ist das Stück ein Aufschrei menschlicher Leidenschaft. Die Rolle des Genies (personifiziert durch den Herzog) ist doppelt problematisch, im individuellen wie im staatstragenden Sinn.

Der Verführer wird jedoch nicht gänzlich verdammt. Erst unter dem Einfluß des Marquis wird er zum Unmenschen. Jener hat es geschickt verstanden, die sinnliche Veranlagung und Labilität des Despoten auszunutzen.

Eulalias Mission hatte anfangs Erfolg. Der Herzog schwärmt: "In ihrer Gegenwart bin ich so ruhig, mein ganzes Herz ist im Himmel ..., die ganze Natur um mich her Himmel in ihrem Abglanz!"; sein Streben ist von nichts anderem erfüllt als von aufrichtigem, unschuldigem Liebesbedürfnis ("Sie zeigen mir den Berg in der Ferne: ich möchte ihn ersteigen, aber den Weg hinauf! – den Weg! – ... Ich weiß nicht, war's ein Engel, der mir sprach? ich schäme mich in mir selbst"). Dagegen steht die Schreckensvision, ohne Eulalias Liebe leben zu müssen ("eine Einöde ohne Grenzen!"; ein "langsames, quälendes Verglühen"). Er schwankt zwischen Gut und Böse. Sein Widerstand gegen die Einflüsterungen des Marquis ist jedoch gering. Als er Eulalia wiedersieht, ist er "jetzt nicht mehr schwankend, nur noch brutal und von sinnlicher Glut gepeitscht".[111]

War Eulalias Märtyrertod letztlich folgenlos? Der Herzog scheint sein Unrecht einzusehen. Er läßt den schlangenhaften Marquis ins Gefängnis werfen. "Theure! Heilige", lispelt er Eulalia zuletzt zu, bevor er sich schuldbewußt von der Bühne zurückzieht. Indes: Wann wird er das Opfer seines nächsten intriganten Beraters?

Die Aufmerksamkeit des Zuschauers wird jedoch nicht allein auf den Herzog und Eulalia gelenkt, sondern auch auf Eulalias Mann und die Frau des Marquis, "das grandioseste Machtweib, das die an ähnlichen Gestalten so reiche Epoche des Sturmes und Dranges unserer Literatur beschert hat".[112] So erschuf Sprickmann ein "Gemälde menschlicher Leidenschaften",[113] das Hauptelemente des Sturm-und-Drang-Dramas vereinigt. Der Handlungsverlauf lebt von Raseszenen, Turbulenzen und dramatischen Monologen.

Die Person des Herzogs bietet in vielem ein Selbstporträt Sprickmanns. Erneut steht der charakterschwache, im Kern jedoch gute, von seinen Emotionen verwirrte Mensch im Zentrum eines Konflikts. Waren es solche autobiographischen Bezüge, die Sprickmann davor zurückschrecken ließen, das Werk zu publizieren? Am 8. Januar 1777 schrieb er an Boie: "Meine Eulalia, nein, die werd' ich nicht auf's Theater geben. Ich wanke, ob ich das Stück drucken lasse." Am folgenden Tag fügte er hinzu: "Da schickt mir Weygand meine Eulalia schon gedruckt."[114]

"... in der Einsamkeit meines Elends"

Das Jahr 1777: Für Sprickmann war es ein Jahr voller Qualen, Stimmungsschwankungen, hypochondrischer Anfälle. Zugleich ein literarisch produktives Jahr – als bedinge das eine das andere.

Eine ärztlicher Befund liegt vor. Sprickmann sei von der Dichterkrankheit befallen, mehr nervlich überspannt als körperlich angegriffen. Dazu der ärztliche Argwohn: "aber es ist schrecklich schwer, die Dichter zu einem methodischen Verhalten zu bringen"[115].

Allein der Briefwechsel mit den auswärtigen Freunden gab Sprickmann Trost und die Gelegenheit, sich auszusprechen. Und aussprechen m u ß t e er sich. Über die

Freunde erfuhr er auch literarische Neuigkeiten – Lebenselixir, das für Sprickmann in Münster nicht erreichbar war.

Als die Göttinger merkten, daß Sprickmann nicht nur wertherisch nacheiferte, sondern wahrhaftig litt – fast sogar zugrundeging –, befiel sie Besorgnis. Boie riet Sprickmann: "Seyen Sie ein Mann, so sehr Sie können! Gehn Sie hinaus ins Freye, und lassen Sie mit der frischen Winterluft Freude in Ihre Seele strömen."[116]

Um sich zu zerstreuen, unternahm Sprickmann 'Erholungsreisen'. Im September 1777 besuchte er Freunde in Osnabrück und Boie in Hannover. Der Mangel an geeignetem Umgang und geistiger Stimulanz wurde ihm nach der Rückkehr um so bewußter:

"O Boie, Boie, möchten Sie es doch so ganz wissen, was mir Hannover war! aber dann müßten Sie meine Wirtschaft hier auch einmal gesehen haben; müßten sich das vorstellen können, wie ich hier lebe, aber das erreicht Ihre Fantasie nicht halb. Hätten Sie mich gesehen in der Einsamkeit meines Elends, dann erst würden Sie fühlen, was Sie an Ihrem Armen gethan haben. Da bin ich nun kaum 24 Stunden wieder hier, habe viel Liebes und Gutes wiedergesehen, und doch! Da siz ich schon wieder gelähmt an Seele und Körper und denke dahinaus und dorthinaus, und wo ich hinsehe, dämmert mir die Hoffnung weg; ich habe schon eine Scene ausgehalten, die mich hingeworfen hat, daß ich nicht weiß, wie ich durchkam ... Indem ich dies schreibe, fallen mir die letzten Strahlen der untergehenden Sonne aufs Papier, und sieh! Da malen sie mir das Bild des herrlichen Abends, den ich auf dem Zimmer Ihrer Freundin war! Da sitzt sie nun vielleicht auch so, diese Abendröthe in Blick und Seele, ausgegossen in heiliger Liebe über die Schöpfung Gottes! – ... Boie, Ihren Zirkel und ich könnte Alles entbehren! oder vieles doch! wenn ich mich da herumgeschleppt hätte in meiner Herzensnoth und nun käme der Abend, und Sie führten mich in die Gesellschaft Ihrer Lieben, ich säße da zwischen Herzen, die mich fühlten und bedauerten, da legte sich der Sturm, ich ergriff einen teilnehmenden Blick wie ein Brett im Schiffbruch, und ich hätte mich gerettet ..."[117]

In Hannover war er dank Luise Mejer, Boies Freundin, wenigstens etwas zur Ruhe gekommen. "Sie vermochte durch ihre sanfte Ruhe die Wogen in der Brust des leidenschaftlichen Menschen zu glätten ..."[118]

Wieder in Münster, stürzte sich Sprickmann "in einer Art von Wut" in seine Prozeßgeschäfte. Sie wurden ihm Mittel zum Zweck. Sobald wie möglich wollte er in dienstlicher Mission nach Wetzlar flüchten, die Stadt des Reichskammergerichts.[119] Ende November 1776 war es endlich soweit.

Wie immer, nutzte Sprickmann solche Reisen zu literarischen Stippvisiten. Am 28. November machte er in Pempelfort nahe Düsseldorf bei Friedrich Heinrich Jacobi, dem Philosophen und Schriftsteller, Station. Zwei Tage später besuchte er in Neuwied Sophie von La Roche, die Verfasserin der "Geschichte des Fräuleins von Sternheim" (1771). Die bald angebahnte Freundschaft fand später auch brieflichen Widerhall.[120]

Sprickmanns Stimmungsbarometer war weiterhin schwankend. Am 30. November schickte er Boie aus Koblenz einen vorläufigen Bericht:

"wenn der Schmerz einem so schwer aufs Herz drückt, da soll man Gesellschaft suchen ... Was die Seelenärzte für Charlatane sind! – Mir war die Nacht recht wohl! Wenn ich so durchs Düstere den Rhein entlang fuhr, die hohen steilen Felsen links, und rechts den breiten Fluß und das dumpfe Getöse seiner Wellen, unter mir das Gepolter der Räder über den Steinen, zu mir herein dringend den kalten Odem der Nacht, und dann hoch in der Luft das herrliche Geheul des Sturms, daß ich sah, wie er zusammenrollte die Wolken und wieder auswickelte, daß nun Sterne am Himmel waren und nun keine, wie er mit Macht schlug an die Felsenwand und faßte die Eichen, daß es nur Schonung war, daß er das nicht alles zusammenschmiß, Wolken und Gebirg und Häuser und Eichen – Ich weiß nicht, das wühlte mich so auf, von Grund auf, daß ich hätte rufen mögen: ich würde nicht schonen, wär ich, Herrlicher, Mächtiger! wie Du; könnte herumfahren wie Du, würde anpacken die Felsen und sie herumschleudern und zusammenschleudern und wüthen, und wüthen, und so ausrasen über das Chaos meiner Wuth, das sollte mir! – Ich weiß nicht wie mich das hob auch in meiner Eingeschränktheit."[121]

"... unter dem schutt von Versäumnis..."
Eine Affäre in Episoden

Mitentscheidend für Sprickmanns desolate Stimmungslage während der zweiten Hälfte des Jahres 1777 war eine neue Affäre. Die "Hexe Liebe" hatte ihn wieder in ihren Bann gezogen. Sprickmann war hingerissen von einer ehrsamen münsterischen Bürgerstochter, und "beide waren der Glut ihrer Sinne erlegen".[122] Für den verheirateten Familienvater eine Episode, die bedrohlich lange währte.

Die ersten Andeutungen über die Liebschaft hatte Sprickmann bereits im Juli 1777 gemacht:

"Aber schreiben, Bürger! müßt Ihr mir, bey Gott! bald! Lieber auf einandermal in einem halben Jahre nicht! Sehr, es sind Zufälle über mich gekommen, Zufälle, über die ich keiner Seele in der Welt beichten kann, als der Eurigen; seht nur, das Ding, das wie Wind im Meer ist, hat mich angeweht, ach, angebraust im Sturm. Bürger, was ist Das? und wohin wirds nun fahren? – Das drängt, das wälzt sich in mir wie Wogen in wilder Empörung; ich fühle mich, wie ich mich kaum geahndet hätte; mir schwindelt vor mir selbst, wenn ich das so fühle, was ich kann! – Stellas sind keine Träume; aber weiß Gott, auch Fernandos nicht! und wer weiß – Bürger, schreib mir doch um Gotteswillen!"[123]

Im Sommer des folgenden Jahres half Bürger dem unglücklichen Freund dadurch, daß er "Lina" in der Nähe Göttingens bei einem alten Bauernpaare unterbrachte und sich um sie kümmerte.[124] Sprickmann "wollte von ihr los, aber sie hielt ihn fest; das Bewußtsein gemeinsam begangener Schuld kettete beide zusammen."[125] Als sie ihm dann noch mitteilte, daß sie sich "Mutter fühle", war er doppelt erschüttert und niedergeschlagen.[126]

Erneut versuchte Sprickmann, sich literarisch zu befreien. Es entstanden die autobiographisch gefärbten Texte "Das Wort zur rechten Zeit" und "Mariens Reden bei ihrer Trauung". Mit beiden Werken bleiben wir Sprickmanns Lebensgeschichte auf der Spur, entdecken weitere Bausteine seines Lebensromans. Andere Werke aus dieser Zeit ("Das Intelligenzblatt" und "Das Misverständnis") sowie lyrische Versuche[127] bewegen sich dagegen ganz in konventionellem Fahrwasser.

Man vergegenwärtige sich nur die folgende, mit allen Stilmitteln der Empfindsamkeit ausgestaltete Mondschein-Szene in "Das Wort zur rechten Zeit":

"Es war eine schöne Herbstnacht, und wir fuhren daher im Schimmer der Sterne. Wilhelms Seele war in hoher Spannung. Malchen saß neben ihm, aber er hatte ihr Gesicht noch nicht gesehn; sie war eingehüllt gegen die Kälte der Nacht; aber seine Fantasie hatte an wenigen Worten, die das Mädchen von Zeit zu Zeit zu dem Kinde, oder zur Alten sprach, schon genug, ihre Gestalt und ihre Seele zu erkennen. Er sagte mir das in fremder Sprache.
Bald ging der Vollmond auf, der Freund der Liebe, und goß seinen dämmernden Glanz über die Natur aus. Wilhelms Fantasie hatte seine Stralen erhascht, flog umher, und kehrte dann reich und arbeitsam auf seine Gefährtin zurück. Er sprach mit ihr, sprach aus der Fülle seiner Seele, und jeder Laut von ihren Lippen war ihm leise Sympathie. Es war ein Herz voll Jugend, das bestrickt lag, wie das seinige, in süssen Liebesbanden, und mächtiger aufpochte unter dem allumwebenden Zauber ... Da sah er im hellen Anglänzen des Mondes – das Antlitz des Mädchens, schöner, holder, höher in Grazie, als alles, was seine Fantasie vermogt hatte. Seitdem sprach er nicht mehr."

Die Postkutschenfahrt entschied über ein ganzes Menschenleben. Wilhelm verliebt sich in Malchen und bindet sie an sich. Der Ich-Erzähler verharrt dagegen auf dem Pfad der Tugend. Pflichtgemäß beendet er die Tändelei, indem er dem Mädchen aufdeckt, daß Wilhelm bereits verheiratet und

Familienvater sei. Gewaltige Affekte folgen, Wilhelm reist sofort ab.

Das "Wort zur rechten Zeit" löst bei Malchen einen Schock aus. Der Erzähler erinnert sich: "Gott! das arme Geschöpf! da lag sie, hingeworfen aufs Bett, in wildem Jammer. Sie hatte geweint, aber sie weinte nicht mehr; ihre Mutter sprach ihr zu, ohne Antwort. Sie sezte sich neben ihr ans Bett, nahm ihre Hand, küste und drückte sie mütterlich an ihre Brust, fragte, weinte."

Jahre später besucht der Erzähler Malchens Familie: "Ueber Malchens Jugend war der Herbst gekommen; die Blume ihres Lebens welkte zum Grabe." Weitere Heiratsanträge hatte sie abgelehnt. Eine Freundin hatte sie nicht. Aber "so oft es Vollmond war, wanderte sie um Mitternacht einsam ... eine Strecke des Weges nach Giessen" - jene Strecke, auf der sie einst ihrem Liebhaber begegnet war.

An Wilhelm richtet der Erzähler schwerste Vorwürfe: "Mann, schrecklicher Mann; mit dem unbändigen allverschlingenden Gefühl! Du konntest es! Und der erste Druck ihrer Hand – Wilhelm der erste Kuß! Das Herannahen, das Entgegenkommen in all der sorglosen Liebe! Das Hingeben, das Anvertrauen ihrer Jugend, ihres Lebens, so ganz, so unbefangen! Du konntest es?" Mit zweimaligem vorwurfsvollen und anklagenden "Wilhelm! Wilhelm" schließt die Novelle.

Das empfindsame Element, die Charaktere (Malchen ist "eine schöne Seele im Zauber der Liebe", ihr "Herz war eine Quelle, rein und unverzehrbar"), der tragische Ausgang – all dies konnte seine Wirkung nicht verfehlen. Auch die Rolle des Erzählers, der erneut unter dem Eindruck starker Emotionen erzählt ("ich weinte ihnen nach mit brechendem Herzen"), ist geschickt eingebracht. Hinzu kommt ein gelungen aufgefächerter Handlungsverlauf, der sich erst durch das Einblenden der Vor- und Nachgeschichte erschließt. Der Schluß dürfte den damaligen Leser angesichts von Malchens Schicksal erschüttert zurückgelassen haben.

Wenn wir über Wilhelm erfahren, daß er "seinem Herzen eine Zeitlang Luft" machen und "sich von einer Frau losreißen" mußte, "an die er ohne Liebe gekettet war", denken wir unwillkürlich an Sprickmann. Auch er mußte sich der Untreue gegenüber seiner Frau anklagen, auch er ließ mit der Geliebten ein Opfer zurück. Die "Lina"-Episode steht in Umrissen vor uns. Wieviel Vorwürfe mochten Sprickmann gepeinigt haben?

Um die Figur des eigennützigen Verführers geht es auch in dem Monodrama "Mariens Rede bei der Trauung. Ein Fragment". Karl hat Marie ihren Eltern entführt und sie in einem Dörfchen untergebracht. In der Einsamkeit hat sie ihm einen Sohn geboren. Aber Karl hat sich inzwischen von ihr abgewandt und liebt eine andere. Marie verzeiht ihm, sie versteht: "Wenn ich denke, so ein armseliges Geschöpf, ein Mädchen! und da steht dann ein Mann vor ihm, wie Du, dem sich alles Gefühl beugen muß ... Du mustest müde werden, mustest fort, wie die Biene von der Blume, der sie alles ausgesaugt hat." Allein die Sorge um das gemeinsame Kind erfüllt sie, das Karls Namen tragen soll. Sie bittet ihn um ein letztes Stelldichein.

Hier setzt die Szene ein. Maries Rede ist ein einziges, wirres Gestammel. Raserei und Schwärmerei wechseln schon zu Beginn einander ab: "Hab' ich dich, Karl? Lieber, Lieber! hab ich dich? Ja ja, ich bins! Ja, sieh, ich bin wieder hier; ich kann nicht helfen ..."

Marie ist keine passive Seele wie Malchen im vorigen Stück. Sie spricht von der "Wut" ihrer Liebe zu Karl und gebärdet sich dabei regelrecht liebestoll. Von allem anderen hat sie sich losgesagt, ihre Eltern haben sie verstoßen: "Sie hatten sich ein kleines hülfloses Geschöpf erzogen in ihrem Schoos, und wolten ihre Freude daran haben ihr Lebelang; und hattens dann auch anfangs; aber das Mädchen wuchs heran, ... aber das Mädchen brach die Thür auf und lief seinem Schmetterling doch nach, und wolte da nicht wieder heim, weil sich's vor dem Verriegeln fürchtete. Da zogen die Alten ihre Liebe von ihm, gewis, Karl, ganz von ihm!"

Daß sie "kein Mädchen ... wie jedes andere" ist, beweist sie in der Art und Weise, wie sie sich Karl aufopfert. In ihrer Hingabe bis zum Äußersten wird sie für den Leser zu einem warnenden Beispiel der grellen Auswüchse des Geniegebarens.[128]

Damit Karl sieht, daß sie nicht aus eigennützigen Motiven den rechtlich geschlossenen Ehebund will, trinkt sie in seiner Gegenwart Gift. Hierauf wird die Ehezeremonie vor dem Pfarrer und zwei Zeugen vollzogen.[129] Das Gift beginnt zu wirken. Von Qualen gefoltert, stürzt Karl auf sie zu: "Nicht den Mund, Karl, um des Giftes willen! aber die Wange! – So! – recht fest! – ich schlumre ein! fester! – ich fühl's nicht mehr! – fester, fester an dich! – Karl, es ist aus! O! o! – Gute nacht! – Karl!"

Erneut hat Sprickmann mehrere Elemente eingeflochten, die an seine "Lina"-Episode erinnern. Auch er hatte seine Geliebte in einem Dorf versteckt, es war ebenfalls von einem unehelichen Kind die Rede. In dem Mann, "dem sich alles Gefühl beugen muß", und der Person des Verführers, der sich einer anderen zugewandt hat, ist unschwer der Autor selbst zu erkennen.

Abermals wird die Problematik des Genies deutlich. Seine Gefühlsbestimmtheit und Schrankenlosigkeit verursachen alptraumhafte Szenarien. Innerhalb des gesellschaftlichen Gefüges ist das Genie ein Außenseiter, isoliert und geächtet.

Andererseits ist es allein das Genie, das innere Gefühlswahrheit aufbringt. Hierdurch ist es seiner Umwelt weit voraus. Sprickmann gelang es, solche Konflikte literarisch zu gestalten – während er sie in persönlicher Hinsicht nicht zu bewältigen verstand.

Der Handlungsverlauf war auch in dieser Episode einzig darauf ausgerichtet, eine aufschäumende Gefühlswirkung zu erzielen. Hier erwies sich Sprickmann als Meister seines Fachs. Dies bestätigt unter anderem ein Urteil Sophie von La Roches, die über seine Beiträge der Jahre 1775 bis 1778 resümierte:

"aber ich habe Sie indessen geleßen – im Museum – u[nd] im almanach von Voss Sie haben auch einen eigenen Weeg für Ihr Hertz gebahnt – u[nd] lassen es auch eine eigene sprache reden – Sie geben antheil großen antheil – an vielen bemerkte ichs – Fahren Sie fort – u[nd] suchen Sie immer die spuhren deß übersehenen elends auf – deß elends das vorurtheile aufgiessen u[nd] ausbreitten – u[nd] verewigen – gemüths leiden können durch nichts als die feine empfindung deß edel gütigen geheilt werden – Ihr Ton ist in einem großen Creyß hörbar".

Sie schließt: "adieu Werther neuer Freund! denn ich denke Sie sind Freund."[130] Über "Mariens Reden bei der Trauung" urteilte sie: "Sie hätten mich ihre Marie lieben bewundern u[nd] beweinen sehen – Sie tief wühlender Mann – wie jemand Sie nante – aber es ist gut – graben Sie nach, in die grundlaage der Herzen, es liegt gutes herrliches unter dem schutt von versäumnis."[131]

Nicht ganz so dramatisch geht es in Sprickmanns Erzählung "Das Intelligenzblatt" zu. In ihrem Mittelpunkt steht das empfindsame Liebespaar Minna und Durbach. Minna erfährt, daß Durbach von einer Reise im Zustand größter Erregung zurückgekehrt sei (er hat die ganze Nacht "geseufzt, geweint, geschrieben, zerrissen, Fenster aufgeschlagen, zugeschlagen, die Hände gerungen, umhergegangen, auf den Stülen herumgerutscht und so wieder von vorne an, bis es Tag ward"), erfährt aber den Grund hierfür nicht. Es folgt die Vorstellung Durbachs. Einige Züge erinnern erneut an Sprickmann. Auch Durbach hat Jura studiert, auch er hat sich als Advokat niedergelassen und sich "von den verdrieslichen Geschäften seines Amtes" losgerissen. Nun hat er sich in ein kleines Landstädtchen zurückgezogen und sich bei einer armen Offizierswitwe eingemietet.

Wir erfahren nun etwas über eine enttäuschte Liebe Durbachs (eine auffallende Reminiszenz an Sprickmanns "Mariane"-Episode): "Durbach hatte schon geliebt; aber betrogen und aufgeopfert, hatt' er sich selbst versprochen, nie wieder das Spiel des Eigennuzes, oder einer kleinen Eitelkeit zu werden. Die Erste und Einzige, die sein Herz gefesselt hatte, stellt' ihm die Liebe als die beste, die vortreflichste ihres Geschlechts dar ..." Um so mehr ist er verbittert, als die Verbindung nicht zustande kommt. Alles in der Welt schien "seine Verachtung, seinen Haß täglich zu rechtfertigen". Mitschuldig an seiner "Bitterkeit" und seinem "Leiden" sind auch Erziehung und "städtische Verhältnisse". Rousseausche Natursehnsucht und wertherische Schwärmerei haben folgenreiche Spuren hinterlassen.

Alles ändert sich, als sein Auge auf das 'Naturkind' Minna, die Tochter seiner Vermieterin, fällt: "die Liebe nahm seine ganze Fantasie ein, mischte sich selbst in seine erhabenste Schwärmerey ..." In seinen "Gedanken an Zukunft" steht Minna "wie ein Engel" vor ihm, er will sie zu seiner Gefährtin "im Leben der Ewigkeit" machen.

Die Hoffnung auf eine Erbschaft, die Durbach in Wesel antreten soll, hatte eine Heirat in greifbare Nähe gerückt. Von dort kehrt Durbach jedoch, wie gehört, äußerst verstört zurück. Er hatte erfahren, daß die Erbschaft nicht ihm zustehe, sondern einer unbekannten Familie, die er nun mit einer Anzeige im Intelligenzblatt ausfindig machen will.

Der Gedanke, Minna nicht heiraten zu können, treibt ihn fast zur Verzweiflung, er will in fremde Kriegsdienste treten. Da stürzt in der Abschiedsstunde die Mutter herein, ein Intelligenzblatt in der Hand: "Und ich! – Durbach! – Minna! – Kinder! – Gott! Gott! wir diese Erben!" Der Erzähler überläßt es dem Leser, sich den Schluß der Geschichte selbst auszumalen. "Lebt wohl, die Ihr diese Szenen fühlen könnt, und vollenden! Ihr würdet ohnehin nicht weiter lesen!"

Daß die Handlung manche Ungereimtheiten aufweist – "die ganze Entwicklung der Geschichte hängt in der Luft" –,[132] fiel für die Zeitgenossen wenig ins Gewicht. Wegen ihrer bühnenwirksamen Elemente wurde die Novelle mehrfach für das Theater bearbeitet und diente anderen Autoren als Vorbild.[133]

Im Land der Musenfeindlichkeit

Sprickmann stand damals am Beginn einer vielversprechenden literarischen Karriere; in persönlicher Hinsicht befand er sich jedoch noch immer in einer schweren Krise. Er fühlte sich in Münster nicht mehr wohl, wünschte sich fort aus dieser Stadt, die ihm weder geistige Anregung noch literarische Möglichkeiten bot. Auf Freigeistigkeit, wie er sie in Göttingen kennengelernt hatte, durfte er schon gar nicht hoffen – daran hatte auch das vermeintlich aufgeschlossenere Klima der Fürstenberg-Ära nur wenig geändert.

Die Grenzen der Toleranz waren in Münster weiterhin eng abgesteckt. So hatte Fürstenberg beispielsweise die Gründung von Lesegesellschaften – die anderswo, auch in westfälischen Städten, zahlreich entstanden waren – kurzerhand verboten. Auch bei den Leihbibliotheken übte er kleinliche Zensur aus: Literatur, die nicht der Verbreitung des 'Guten und Schönen' diente, nicht religiösen oder aufklärerischen Mustern gehorchte oder gar politisch angehaucht war, wurde konfisziert. 'Meinungszensur' wurde verdeckt, aber nicht minder rigoros ausgeübt.

Der 'Kreis von Münster' um die Fürstin Amalia von Gallitzin (die seit Sommer 1779 in Münster wohnte)[134] und Fürstenberg war überhaupt nur mäßig literarisch interessiert, obwohl ihm Dichterpersönlichkeiten wie Klopstock, Friedrich Leopold von Stolberg, Mathias Claudius, Johann Kaspar Lavater, Johann Georg Hamann und sogar Goethe nahestanden. Mehr als die Literatur beschäftigten den Kreis religiös-philosophische Fragen. Unter wachsendem Einfluß der Fürstin Gallitzin hielt die schwärmerische Religiosität

Einzug, der 'Kreis von Münster' wurde zur 'Familia sacra'. Sprickmann erscheint in diesem Zirkel wie ein Fremdkörper.

E i n Dichter wurde jedoch enthusiastisch verehrt – Klopstock,[135] zu dem Fürstenberg in Briefkontakt trat. Für Fürstenberg war er der größte deutsche Dichter. Er las Klopstock, zitierte Klopstock, versuchte selbst, im Tone Klopstocks Verse zu schmieden. In den münsterischen Wochenblättern und literarischen Taschenbüchern sind zahllose Klopstockjünger anzutreffen, die ihrem Vorbild treuherzig nacheiferten.

Verstärkt wurde die Klopstock-Verehrung Anfang des 19. Jahrhunderts durch den Grafen Friedrich Leopold von Stolberg. Sein Übertritt zum Katholizismus im Jahre 1800 sorgte in ganz Deutschland für Aufsehen. Mit seiner von der 'Familia sacra' angeregten, weithin wirksamen Konversionsschrift "Geschichte der Religion Jesu" (1806-1818) wurde er zum bedeutendsten religiösen Erbauungsdichter seiner Zeit. Stolbergs Urteil über Goethe ist charakteristisch für die 'Familia sacra': "Voll Genie. Sein Werther sehr gefährlich für die Jugend, so wie manche andere seiner Schriften."[136] "Vorbildlich" und "empfehlenswert" sei dagegen ein Werk wie die geläuterte "Iphigenie".

Unter solchen Vorzeichen konnte es nicht verwundern, daß Fürstenberg seinen "Sohn" Sprickmann zur Ordnung rief, als dieser immer ambitionierter zur Feder griff. Auch Sprickmanns literarische Erfolge stimmten ihn nicht um, sie wurden eher als Warnzeichen registriert. In Münster wurde Sprickmann verspottet und selbst von Fürstenberg als "Schönschreiber" denunziert. Sprickmann hatte schon 1771 gedichtet:

"Wie glücklich, Freund, wie zu beneiden
Bist du in bessren Gegenden
Wo für der Musen sanftre Freuden
Ein jedes Herz empfänglich ist. –
Das ist, o Freund, das schönste Glück,
Das Dir Dein reizend Lied belohnt!
Auch mir, auch meinem Lose fiel
Ein sanft gestimmtes Saitenspiel!
Doch hier, wo zärtliches Gefühl
Noch nicht in wilden Herzen wohnet,
Wo Dummheit ungestört noch thronet,
Was hilft mir hier mein Saitenspiel?
Es traurt hier einsam unbelauschet.
Im Tal, wo keiner zarten Brust
Ein Zeuge neugefühlter Lust,
Ein Seufzer, eine Trän' entrauschet.
Und ist nicht hier, wo sanfte Freude
Ein heilges Vorurteil noch schilt,
Unwissenheit in goldnem Kleide
Und Dummheit, eingehüllt in Seide,
Mehr als der Musen Freundschaft gilt,
Wo Gold, wo ein berauchter Schild
Des Menschen höchsten Wert bestimmt,
Schon meine Leier fast verstimmt?"[137]

Seine Schüler faßten dies später in noch drastischere Worte. Allen voran Franz von Sonnenberg.[138] Er hielt seinen Landsleuten vor: "Wollt ihr denn ewig in euren Sümpfen und Sandwüsten mit thiergleich nach Futter gebeugtem Kopfe, um nur voll zu fressen, durch die Dünste des Aberglaubens und die Nebel der Mönchsdummheit herumschleichen, und nie einen Ätherzug aus höheren Regionen schöpfen? Ist Fressen und Goldhäufen denn das Paradies eures Herzens, das Heimweh eurer Wünsche? Wollt ihr denn ewig Geistesgabe und alles Große in Wissenschaft und Kunst, alles in kaufmännischem Bagatellgeiste, nur nach Maaß und Elle messen und schätzen? Alles zur Handwerkerei herabwürdigen?"[139]

Von Wien und Paris nach Münster zurückgekehrt, kam Sonnenberg die Stadt "liliputanisch" vor, "und das Eingreifen Preußens betrachtete er als Erlösung von dem Fluche der Kleinstaaterei ... Nun sah er doch einen Ausweg aus der erdrückenden Enge und Eintönigkeit, aus dem Banausen- und Lotophagentum, aus allem, was ihn als drohendes Gespenst schon auf der Rückreise aus Paris geschreckt hatte."[140] Was "hat denn das ehemals krummstäbische Münsterland zu befürchten", fragte Sonnenberg rhetorisch nach, die "Verwandlung unserer Wüsten in Äcker? Verbreitung und Allgemeinheit erhöhter Industrie? Verdrängung aller Klassen des Jesuitismus? Fortdringende Aufklärung? Bessere Polizei? Vertilgung des Wuchers? Minder kostbare Justiz? Vollkommenere Regierung? Gehörige Schätzung und Beförderung des Talents, der Wissenschaften? Freiheit, klüger sein und reden zu dürfen, als der Ältervater und seine Haushälterin?"[141] Über die münsterische Zeitungswelt goß er die Schimpfkanonade aus: "Gallizinaden und travestirte Overbergs und verwandelte Stolberge mönchisiren schon wieder durch's Münstersche Wochenblatt immer mehr in die späteren Klassen hinab, durch's Wochenblatt, diesen Barometer im Narrenhause der Münsterschen Literatur und Thermometer ihrer Censoren unter Aschendorfs Inspektion, der sich und unser Westfalen hier so unverschämt vor Deutschlands Augen an den Schandpranger der Dummheit stellt, und jede Blüthe der Aufklärung, wenn sich eine darin verirrt, für Unkraut ansieht und zertritt."[142]

Wie Sonnenberg dachte auch ein anderer Schüler Sprickmanns, Friedrich Raßmann.[143] Er klagte in einem Brief an Sprickmann: "Viele Menschen in Münster, die auf Bildung

Anspruch machen, wissen von der vaterländischen Literatur höchst wenig, oder sie achten es unter ihrer Würde, mehr, als höchst wenig davon zu wissen. Das sind in meinen Augen Flegel."[144]

Alle Versuche Raßmanns, in dem damals etwa 15.000 Einwohner zählenden Münster – es galt damit als größere Stadt[145] – selbst die Fäden anzuspinnen und der schönen Literatur Leser zu erobern, schlugen fehl. Die literarische Landschaft blieb hier noch lange rückständig. Raßmanns Projekte – Zeitschriften, Taschenbücher, sein "Münsterländisches Schriftsteller-Lexicon" (1814ff.) und vieles andere – waren zum Scheitern verurteilt, weil das 'gebildete Publikum', an das er sich wandte, in Münster kaum anzutreffen war. Literarische Bildung gehörte hier längst nicht – wie anderswo – zum 'guten Ton'.

Hieran sollte sich vorerst wenig ändern. Selbst die vermeintlich stockwestfälische Annette von Droste-Hülshoff wünschte sich von Münster fort, einer Stadt, in der sie von ihrer ersten Gedichtausgabe ganze 74 Exemplare absetzte: "Es ist seltsam, wie man an Einem Orte (hier in Oberdeutschland, Sachsen et cet) so gut angesehn und zugleich an einem andern (Westphalen) durchgängig schlimmer als übersehn seyn kann! – ich muß mich mehr als ich selber weiß der schwäbischen Schule zuneigen ..." Und noch Ende des 19. Jahrhunderts hielt der Wegbereiter der Literarischen Moderne, Heinrich Hart, in seiner Reminiszenz "Wir Westfalen" fest: "Das alte Münster und das neue Berlin. Die räumliche Entfernung überwindet man heute mit einer Eisenbahnfahrt von acht Stunden. Die geistige zu durchmessen, dazu war noch vor einigen Jahrzehnten eine Weltreise nötig ..."[146]

Otahitische Lesefrüchte

Ende 1777, Sprickmann war mittlerweile 28 Jahre alt, wurde ihm ein verlockender Plan unterbreitet.[147] Es war ein Vorhaben, das sein Leben für mehr als einen Moment ins Wanken brachte. Er sollte an einer Expedition nach Tahiti teilnehmen, sein bürgerliches Leben in Münster buchstäblich über Bord werfen; eine Poetenkolonie sollte gegründet, neue Lebensformen sollten entwickelt werden – wie würde Sprickmann reagieren?

Aufgebracht hatten den Plan seine Dichterfreunde Overbeck und Gerstenberg. Die Einladung erging auch an andere, beispielsweise an Voß, Claudius und Stolberg. Sprickmanns literarische Freunde in Münster sollten ebenfalls mit von der Partie sein. Jedem Teilnehmer der engeren Wahl stand es frei, weitere Mitstreiter zu berufen. Eine Beteiligung Klopstocks sollte den Reiseplan krönen: "Könnten wir Klopstock anwerben, das wäre der Triumph unseres Ruhmes."

Hinter solchen Fluchtplänen verbarg sich vor allem ein Werk, das damals in aller Munde war, Georg Forsters 1776 erschienene, packend geschriebene "Entdeckungsreise nach Tahiti und in die Südsee 1772-1775". Hierin malt Forster verführerisch die Erlebnisse einer Weltreise an der Seite von James Cook aus. Die Beschreibungen setzten die Phantasie der damaligen Schwärmgeister hoffnungslos in Brand.[148]

Forster hatte geschildert, wie die Entdecker von den Insulanern gastfreundlich, ja sogar mit "lautem Freudengeschrei" empfangen worden waren. Inmitten der Inselbewohner, die ein scheinbar sorgenfreies Leben führten, sei er Zeuge "wahrer Volksglückseligkeit" geworden, habe kindliche Anmut und Güte in Reinkultur erlebt. Für Forster bewahrheitete sich Rousseaus Wahlspruch, daß der Mensch von Natur aus gut sei; erst die Auswüchse der Zivilisation hätten die "allmähliche Verderbnis der Sitten" in die Welt gebracht.

Aufgabe des Europäers sei es nun, die Saat der Aufklärung ins gelobte Land zu bringen. Der Gedanke an Erziehung wurde wach: "Da nun alle Lebensmittel leicht zu haben und die Bedürfnisse dieses Volkes sehr bescheiden sind, ist natürlicherweise auch der Endzweck unseres Daseins, die Hervorbringung vernünftiger Kreaturen, hier nicht mit so vielen drückenden Lasten überhäuft und beschwert wie in zivilisatorischen Ländern ..."

Solche Gedanken fanden Eingang in eine Einladung, die am 11. November 1777 an Sprickmann erging. Overbeck schrieb ihm:

"Horch Sprickmann! Horch Freund Sprickmann! Eine Erscheinung ganz neuer Art! Wir gelobten doch, zusammen einmahl etwas zu thun das unser würdig wäre! Wohlan, hier ist Stoff zu grossen Thaten! – Gerstenberg und ich, wir sind uns einig geworden, unsere besten Freunde allesamt aufzubieten, um mit uns die falsche Europaeische Welt zu verlassen, und den glückseligen Gefilden eines zweyten Paradieses entgegen zu eilen. Du hast von O-Taheiten gehöret: hier ist das zweyte Paradies; hier ist Eden, Gottes Lustgarten, wo man des Schöpfers Güte aus ungetrübter Quelle trinkt, und wo man wiederfindet sein Bild in dem Menschen, dies Bild, welches Adam zwar verlieren, doch nicht für sein ganzes Geschlecht verlieren konte. Hast du Muth, Freund, so theile mit uns den edlen Enschluß, der verderbten Brut Europens den Rücken zu kehren, und ein Land unser besseres Vaterland zu nennen, wo ein seligers Leben uns erwartet, als sich selbst die Patriarchen der Vorwelt rühmen konten.

Wir werden zu einem Volke kommen, welches sehr reine Begriffe einer natürlichen Religion besitzt: Laß uns ihnen unsere erhabeneren Begriffe mittheilen: Laß uns Apostel und Gesezgeber der besten Nation unter der Sonnen werden. Unsere ausgebreitetern Einsichten werden uns den Weg zu der schönsten und freyesten Herrschaft über ihre Seelen bahnen. Diese gutgearteten Menschen werden uns die wir mit Liebe, Friede und Wohlthat zu ihnen kommen, den vorzüglichsten Genuß ihrer schwelgerischen Güter zugestehen. Unter einer Lebensart, wie sie Arkadiens Schäfer sich in ihren schönsten Träumen zu träumen pflegten, mit dem Bewußtseyn eines Verdienstes, das seit Jahrtausenden der Welt unerhört geworden ist, mit der beseelenden Kraft eines Enthusiasmus, der himmlischer Bürger nicht unwerth seyn kann, werden wir unser Leben auf ein halbes Jahrhundert verlängern. Und welch ein Geschlecht werden wir auf diese Insel pflanzen! Ein zweytes Braminengeschlecht! Unsere Nachkommen erben von ihren Stammvätern die Einsichten der kultivirten Menschheit, und empfangen von den Eingebohrnen Unschuld und Güte des Herzens, nationelle Tugend, zu einer Aussteuer, die ihnen auf eine ganze Ewigkeit den Vorrang in der Glückseligkeit verspricht."[149]

Aus einer anderen, an Voß adressierten Einladung geht noch deutlicher hervor, daß die Tahiti-Reise keine reine Vergnügungsexpedition sein, sondern auch ethische Ziele verfolgen sollte:

"In Tahiti singen wir, wie in Europa: aber unser Eingeweide brummt nicht vor Hunger, und unsre Zähne klappern nicht vor Kälte. Auf zartem Grase betten wir uns: reiner Himmel und das flisternde Laub des Bananas, des Brodbaums und des Cocosbaums sind unsre Decke; wenn wir erwachen, haben alle Aeste ihre reifen ambrosischen Früchte auf uns herabgeschüttet, die wir, wie Hölty, mit dem Maule um uns her erschnappen; raffen uns dann auf von unsrer Lagerstatt, und baden uns mit allen den Graziengestalten des Landes unter buschigen Abhängen und über uns herstürzenden Felsbächen: indess Gottes Sonne aus dem weiten Meer hervorgeht und sich in den Glanz ihrer eignen Morgenröthe taucht, von tausend duftigen Wölkchen empfangen, die sich vor ihrem holdseligen Antlitz verschönern und sanft verschwinden. In Europa würden wir nur unsre Beinkleider ausbessern, unsre Strümpfe stopfen und unsre Haarbeutel schwarz färben: drüben in Tahiti werfen wir das Gewand des Papierbaums um unsre Schultern und gehn in Purpur gekleidet, wie der König von Tiarrabu. Wenn wir von dieser ersten Arbeit des Tages zurückkehren, finden wir ein gebackenes Schwein, eine Hundsfricassee, und eine Torte von Eddowurzeln in unsrer Halle aufgetischt, womit uns die verwittwete Königin O-porvera oder die Prinzessin Tadua-Taurai in unsrer Abwesenheit ein Geschenk gemacht haben; wiewohl es uns an keinem dieser Artikel fehlt, und wir selbst, unter anderm, zahlreiche Hutungen von Schweinen halten, um darstellender zu dichten. Doch alle diese Beweggründe möchten Ihnen schwach und selbstsüchtig dünken, wenn nicht ungleich höhere Betrachtungen hinzukämen. Die Tahitier stehen, wie Forster zur Genüge bewiesen hat, auf einer hohen Stufe der sittlichen Cultur, genau so hoch wie Homers Griechen, sind dabey ein besseres Menschengeschlecht, führen ihre Schauspiele auf ohne Theorie und ihre Seegefechte ohne Grausamkeit. Was liesse sich aus so einem Volke nicht bilden? Und müssen wir es nicht für eine Gewissenspflicht halten, ihre Regierung zu formen, ehe Wieland seinen goldnen Spiegel bei ihnen einführt? Dies ist ein Argument an Sie gerichtet, mein Freund Voss, und hoffentlich wird es Ihnen einleuchten."[150]

Hinsichtlich der Verwirklichung dieses kühnen Unternehmens hatte man sich bereits erste Gedanken gemacht:

"Unser Plan zur Ausführung des Projektes ist dieser: Wir wenden uns an Forster in London, sagen ihm unsere Absicht, bitten ihn als Kundigen der Reise und als unsern Landsmann unser Anführer zu seyn, vorher aber eine von uns allen unterzeichnete Schrift dem Könige von England zu übergeben, damit unter seinem Schutze die Reise geschehe und auf allen Fall unsre Subsistenz in O. Taheiten uns gesichert werde. Sobald eine günstige Antwort vom Könige kömmt, versammeln wir uns sämmtlich an einem zu seiner Zeit zu bestimmenden Orte, und ziehen von dannen."[151]

Es ist bezeichnend, daß Gerstenberg und Overbeck, als der Gedanke an die Südseeexpedition aufkam, gleich an den überspannten Sprickmann als Teilnehmer dachten. Aber nicht nur er war mit seinen Lebensumständen unzufrieden. Seinen Freunden ging es, wie Briefzeugnisse zeigen, nicht anders. Ende 1776 hatte Bürger an Sprickmann geschrieben: "Es ist ein elend jämmerlich Ding um das MenschenLeben. Warum hab ich doch keine Einsiedeley auf dem Pico!"[152] Wenig später wandte er sich mit den Worten an Sprickmann:

"O Sprickmann! Sprickmann! Ist es denn gar nicht möglich, daß wir l e b e n können? – Denn man lebt ja nicht, wenn man nicht so leben kann, wie man zu leben wünschet. Ich sinne und sinne Tag und Nacht, wie ichs anfangen soll, glücklicher zu werden; aber ich erschlaffe unter allem Sinnen, ohne daß ich was ersinne ... Ich befinde mich fast nie in einem Gefühl vollkommener Gesundheit; werde auch wohl nie wieder dazu gelangen, es wäre denn, daß dieser oder jener Traum erfüllt würde. Einer von diesen Träumen ist: befreyet von allen meinen Hand- und Beinschellen, als ein vollkommener Hans ohne Sorgen unter den Hirten der Alpen, so lange es mir behagte, meinen Aufenthalt aufschlagen zu können."[153]

Sprickmann antwortete: "O ja, Mann Gottes, so in die Welt hinein, nach den Alpen hin, das wäre so was! Da muß es wol seyn, aber es ist nirgend! – ich denke oft, so eine plötzliche Revolution im ganzen Kreise der Gedanken, so ein völlig Losreissen von allem, Neue Welt, neue Gefühle, neue Zukunft, wie sollte das nicht neues Leben geben?"[154]

Im Sommer des Jahres 1777 suchte Bürger bei einem anderen Gedanken Trost:

"O Sprickmann, hab ich eüch wohl von Robinson Crusoe's Insel jemals gesagt. Wie herrlich, wenn wir da wären! Tausend Meilen weit rings umher von den Wogen des Weltmeers umströmet! In süßer seeliger Ruhe und Einsamkeit! – Ha! – Doch was hilfts? Man muß die Zähne zusammen beißen, die Augen zudrücken und mit zerfetzter Stirn vorwärts durch die sperrigen Dornenhecken dringen."[155]

Am 2. Oktober 1777 unterbreitete Bürger Sprickmann den Vorschlag, sich mit ihm auf ein Weingut zurückzuziehen:

"Hör einmal, Pursche, ich habe einen gar verdammten Gedanken. Nehmlich den: Alles zusammenzuraffen, in Ordnung zu bringen, mein Haus zu bestellen, die Meinigen zu versorgen, und dann ... erwerthern nicht! aber allenfals bewaschingtonen. Denn unsere Weiber, wenn wir sie versorgen, verliehren nichts an uns. Oder, was meint Ihr, wenn wir so viel noch zusammenkrazen und mitnehmen könnten, um uns am Rhein oder einer andern anmuthigen geseegneten Gegend ein Häuschen und einen Weinberg zu kaufen. Darinn als ein Bauer zu arbeiten, zu leben und zu sterben, stelle ich mir gar paradiesisch vor! Aber ach! wird der Wurm unserer Qual dort sterben?"[156]

An Boie schrieb Sprickmann am 10. Juni 1776:

"Ich bin jetzt damit aufs reine gekommen, daß nun einmal der ganze Plunder hier auf der Welt, so weit sie mir ohne Gewalt zu brauchen offen steht, keinen Dreck werth ist; ich kann mir keine Stelle denken, auf der mir wohl sein könnte. Alles ist verdreht und nirgends Genuß für den ganzen Menschen, wenn nicht in Amerika Friede mit Freyheit kömmt – freyer Bürger auf eignem Acker, das ist das einzige! da ist Beschäftigung für Körper, für Gefühl und Verstand zugleich – alles andre, Wissenschaft und Ehre, und was wir sonst noch für schöne Raritäten haben, ist alles einseitig und barer Quark ..."[157]

Angesichts der Anfeindungen, die Sprickmann in Münster wegen seines dichterischen Schaffens zu erdulden hatte, schrieb er Bürger am 3. Januar 1777:

"So raisonnirt hier alles, und wenn ich mich einmal selbst fühle, und mirs denn in den Mund kömmt, so stehn die Kerls da, die sich selbst nicht fühlen, weil sie nichts an sich zu fühlen haben, mit so spöttischem Mistrauen in ihren HundsMinen, daß mir das kalte Fieber drüber ankömmt, und wenn ich Hund mit werden mögte, und um mich beißen und bellen, was hilfts? Und dann den Verdruß, den ich immer drüber habe! Leute, von denen ich nun einmal abhänge, und die mir wohl zutrauen, daß ich sonst eben kein SchafsKopf seyn mag, scheinen es auch dem weyland Prinzen-, nun DichterInformator zu W[eimar] glauben, daß es mit meinem Dichteln nichts ist; und dann soll ich meine Zeit lieber besser anwenden, und thun was ihnen lieber wäre. Sie können nicht begreifen, daß man in einer lieben Stunde, wo einem das Herz warm ist, doch sonst nichts gescheidtes thun könnte! Und was man mir sonst noch für Schwernoths-Chikanen macht! stellt Euch vor, in dem Lauseding im Allmanach, V e r s a g t e H e r b e r g e, soll ich mit den Fürsten unsern Kurfürsten, und mit den Pfaffen unser hohes D u m m k a p i t e l gemeynt haben. Einer von unsern Geheimräthen, ders noch gut mit meynt, ließ mich deshalb rufen, sagte mir alles, wie die Affen drüber die Zähne geblöckt hatten u.s.w. Da hatte er mich vertheidigen wollen; Ihr solltet euch freuen, hatte er gesagt, daß Ihr einen hier hättet, wie ihn, und ihn nun nicht gleich unterdrücken! Oui, ce seroit dommage, hatte die Mad. la Comtesse drauf gesagt; und mein Freund: Vous m'avouerez pourtant – Die Gräfin: Oui, qu' entre les aveugles le borgne est roi. Alle Teufel, wie mir das Ding auf die Galle fiel! Madame la Comtesse avoue donc, sagt ich, que c'est ici le Pays des aveugles.

Mein Freund lachte, aber ein Schurke der dabey war, brachte das bonmot weiter, und nun hezt mich alles, und

die mir noch gut sind, rathen mir bey ihrer Gnade, ich soll mich moderieren! – Sehr Bürger! das ist nur so ein kleines Beyspiel, und solche Auftritte hab ich alle Tage; und muß mich moderieren, daß ich drüber zu Grund gehe; das saugt einem die Markknochen aus, daß ich stampfen könnte Jahr und Tag, ohne so viel heraus zu stampfen, ein MatiesSemmel damit zu beschmieren! Balgt Ihr Euch indeß mit den Schurken brav herum! ich hasse sie alle; sie könnten ihr Unwesen mit Jungens treiben, für die es mehr Schade wäre.
Manchmal denk ich, ich mögte wol wieder nach Beniehausen, mögte da wohnen en Bauer, und in Ruhe leben; aber dann denke ich auch wieder, es ist überall Hundsvötterey; man lebt nur von wollen, und kann nicht wollen was man hat, und so, – etc., und überall etc., und so lange man lebt etc. ... es ist mir doch Labung, wenn Leute, wie Ihr, doch nicht so ganz abscheulich klein von mir denken."[158]

Und wiederum Boie öffnete er am 8. Januar 1777 sein Herz: "Wenn ich immer so leben könnte unter heiterem Himmel, immer so einathmen eine Luft so rein, so frisch, täglich wandeln in Morgen- und Abendröthe und im Glanze der Sterne – ich glaube, dann wäre ich ein ganz anderer Mensch ... Aber ach! Der Himmel wird wieder trübe, eine dicke beängstigende Luft spannt alle Nerven wieder ab, daß kein Ton mehr zum andern stimmt."[159]

Ein Jahr später, also etwa zu der Zeit, als der Tahiti-Plan aufkam, schrieb Sprickmann an Boie:

"es ist ein wühlen und dunsten in mir, ich fasse an, ich werde umher geschleudert – ich kann es Ihnen nicht sagen. Ich baue mir meine Welt, baue auf und reiße ein und hab in meiner eigenen Schöpfung keine Rast. Alles was ich noch gemacht habe, wird mir täglich mehr zum Ekel, und arbeiten, festhalten zum anschauen, bis es hingemahlt ist, kann ich in dem Wirbel nicht."[160]

Alle Fluchtgedanken blieben freilich eine fixe Idee, waren vom bloßen Wunschdenken beflügelt. Schon bald erkannten die Freunde, daß zwischen dem Wollen und Können Welten lagen. Im Falle Sprickmanns war es Fürstenberg, der ihn aus allen Träumen riß. Kurz nachdem Overbecks Brief mit den Tahiti-Plänen in Münster eingetroffen war, wurde Sprickmann von Fürstenberg zur Klärung eines Rechtsstreits nach Wetzlar gesandt.

Wertheriana aus der Stadt des Reichskammergerichts

An einem der ersten Dezembertage 1777 traf Sprickmann in Wetzlar ein. Vor ihm lag ein äußerst schwieriger Prozeß, auf dessen schnellen und glücklichen Ausgang Fürstbischof und Minister drängten.[161]

Sprickmann stand zweifelsohne unter Zugzwang. Er sollte Prioritäten setzen, seine ganze Kraft auf den Rechtshandel verwenden, entschied sich aber einmal mehr für ein Doppelleben zwischen Literatur und Beruf: "der besonnene Jurist gewann diesen Rechtshandel; der unbesonnene Schwärmer phantasirte in seinem Gartenasyl, ging in den Freistunden enthusiastisch allen Spuren Werther's nach, ... feierte Gedenkfeste und wühlte in seinen Wunden".[162]

Die erste Zeit vergrub er sich in seiner Wohnung, dem sogenannten Stahlschen Garten, den vor ihm Gotter bewohnt hatte. "Ich geh in keine Gesellschaft, geh mit keinem

Menschen um, wenn ich nicht muß", schrieb er am 13. Januar 1778 an Boie, "oft vergehen Tage, ohne daß ich mit einem Menschen ein Wort rede ..."[163]

Die Einsamkeit war ihm nicht eben zuträglich. Sie trieb ihn in abstruse Gedankenspielereien:

"Boie, als ich meine vorigen Briefe schrieb, war ein gewisser Grad von Unglück für mich nur noch Furcht, jetzt ist er Gewißheit. Wol mir! Denn wissen Sie, Lieber: Unglück hat eine Gränze, über die hinaus es mit jedem Grade gegen uns verliert. Man kann in einem Grade unglücklich sein, daß es ein Glück ist, noch unglücklicher zu werden. Ich müßte jetzt nur noch die Gnade Fürstenbergs verliehren, dann könnt ich mich, glaube ich, mit Wollust hinsezen da in meinen Lehnstuhl, und lachen dem Glück in die Zähne."[164]

Damals war das Werther-Fieber noch in vollem Schwange. Es lag nicht in der Absicht der Zeitgenossen, zwischen Wahrheit und Fiktion zu unterscheiden. So blieb Jerusalem der Held des Romans und Charlotte Buff die Heldin. Jeder Fremde in Wetzlar fragte nach Werthers Grab, empfindsame Damen ließen sich auf das kleine Zimmer führen, in dem sich Jerusalem durch einen Pistolenschuß das Leben genommen hatte, man ließ sich das Haus zeigen, in dem Lotte gewohnt hatte, "und die Einwohner Wetzlars, indem sie Inhalt und Idee des Romans überspringen, geben, so viel sie können, Aufschlüsse über das Wahre der alten Geschichte, und vergessen die Schwierigkeit, dieselbe mit der Dichtung in Uebereinstimmung zu bringen, ..."[165]

Auch Sprickmann benahm sich wie ein Literatur-Tourist. Er vervollständigte seine Werther-Andenkensammlung, wann immer sich Gelegenheit dazu bot. Keine Werther-

Stätte ließ er aus. Und da er selbst unter den Nachwirkungen des Trennungsschmerzes von seiner "Lina" litt, ging ihm der werthersche Weltschmerz besonders nahe.[166]

Er suchte Personen auf, die Goethe nahestanden, verwickelte sie in Rede und Antwort. Mehrfach kehrte er in Gießen bei Professor Höpfner ein, der einst Goethe und Klinger beherbergt hatte, und er lebte auf, als von Juni bis August die Familie Kestner in Wetzlar weilte. Endlich lernte er Werthers/Goethes Lotte näher kennen, mit der er "echte" Freundschaft schloß. Wiederholt waren die Familien Buff und Kestner Gäste in Sprickmanns "reizender ländlicher Wohnung" im Stahlschen Garten.[167]

Sprickmann verlebte nun wahre Festtage. Zu Lotte blickte er auf. Er bewunderte an ihr "das stets sichere weibliche Gefühl".[168] "Aber es ist doch wahr, Boie, was diese Lotte für eine Frau ist! je mehr ich so sehe ihr thun und lassen – immer und überall so ganz! so innig und wahr! so herzlich und warm! es ist doch in der Natur kein Kleinod wie Weibessinn!"[169] Und schnell war Sprickmann wieder bei der Lebensphilosophie: "Mannessinn ist wohl groß, aber zu oft Überspannung; sein Freuen ist rasen, rasen seine Liebe, und all sein Gefühl rasen: aber Weibessinn! immer die süße Morgenkühle, nie der furchtbare Kontrast zwischen Mittagshitze und Nachtfrost! Und wie unser Wißen und Verstehen so ein trauriges unsicheres Ding ist, gegen Weibesgefühl!"[170] Als die Familie Kestner abreiste, begleitete Sprickmann sie bis Mainz.

Während einer zehntägigen Stippvisite in Frankfurt besuchte er Goethes Mutter und war wieder einmal hingerissen.[171] Außerdem lernte er Heinrich Leopold Wagner kennen, den Verfasser der "Kindermörderin" (1776): "Herzlichkeit und liebe offene Laune hab ich an ihm gefunden über mein Vermuten!"[172] Auch verkehrte er in Frankfurter Schauspielerkreisen (namentlich der Seylerischen Gesellschaft) und besuchte den Operettenkomponisten Neefe. Wieder einmal erlebte er, was es hieß, wirklich zu leben, "so wie man eigentlich leben nennen sollte".[173] Die Erinnerungen an Zuhause verblaßten dagegen, traten ins zweite Glied.

Ein "Paroxismus von Wertherfieber"

Zu allem Überfluß wurde Sprickmann in Wetzlar Hauptfigur eines kleinen Skandals, für den er sich später vor Fürstenberg rechtfertigen mußte. Ihm gegenüber spielte er die Angelegenheit verständlicherweise herunter. Was war wirklich geschehen?

Gleich nach seiner Ankunft hatte er sich Jerusalems/Werthers Grab zeigen lassen. In der Folgezeit war es wiederholt Ziel seiner Ausflüge. Bei einem ausgelassenen Abend im Freundeskreis ereignete sich dann die von Sprickmann in einem Brief an Boie wie folgt beschriebene Szene:

"Da heißts denn: gehn wir zu Werthers Grab und bringen ihm Musik. Wir gehn hin, nehmen das gemiethete Musikantenvolk mit, ohne ihnen zu sagen was wir wollen oder wohin? Als wir am Gottesacker kommen und sie mit über die Bretter sollen, die ihn einschließen, da wollen sie nicht. Da hat der eine da einen Sohn liegen, den er nicht in der Ruhe stören will, und der andre was weiß ich? Der dritte sieht sogar Werthern plötzlich zwischen uns im blauen Frack und Stiefeln, und nun davon alle Hals über

Kopf. Wir lassen die Hasen laufen und lachen ihnen nach. Den andern Tag ist das Ding durch den ganzen Ort und ich bin nun der Geisterbeschwörer, der Belletrist, der Freygeist, der Teufelsbanner, und Gott weiß was alles."[174]
Der Vorfall wurde als besonders ungehörig empfunden, weil die Karwoche vor der Tür stand. "Der Magistrat hielt Verhöre, machte dem Kammerrichter Anzeige, der es sehr wichtig nahm, und da Sprickmann als Anführer galt, ihn bei dem Minister in Münster <Fürstenberg> denuncirte."[175]

Sprickmann blieb nichts anderes übrig, als sich Fürstenberg zu erklären. Am 25. Mai 1778 schrieb er ihm den folgenden, nüchternen Bericht:

"Ich hatte mir an einem Abend im Winter Jerusalems Grab zeigen lassen. Den – April hin bin ich bey einem Konzert, wo ein langes und breites über Jerusalem gesprochen wird; da wird dann beschloßen, daß die Musikanten an seinem Grabe ein Adagio spielen sollten. Als wir an den Gottesacker (vor dem Thore) kommen, hat der eine der Musikanten da einen Sohn liegen, den er nicht in der Ruhe stören will, und der andere fürchtet sich vor einem Gegenbesuche von Jerusalem. Sie wollen nicht spielen, wollen gehen, und wir lassen sie gehen. Das ist die ganze Geschichte insofern sie wahr ist; aber den folgenden Tag heißt es unter dem Pöbel, wir hätten Jerusalems Geist beschworen, man hätte ihn gesehen zwischen uns, erscheinen in blauem Rock und gelber Weste, wir wären Freygeister und Belletristen. Der Magistrat läßt die Musikanten zitieren und abhören; ich habe es nie der Mühe werth gehalten, über die Untersuchung Nachricht einzuziehen; nach dem ersten Verhör blieb die Sache liegen, vermuthlich wie die Musikanten nichts haben aussagen kön-

nen, als daß wir sie gebeten hatten, am Gottesacker zu spielen, und sie es abgeschlagen hatten. Das Protokoll muß das ausweisen, wenn E. Exz. den Magistrat darum requirieren werden.
Ob übrigens die Sache vernünftigen Leuten das Ärgernis gegeben habe, das einige fromme Pharisäer, denen Leute um Glück und Ruhe zu bringen wegen so einer Posse eine Kleinigkeit zu seyn scheint, daran genommen haben mögen, darüber kann ich mich auf den Geheimen Rath Hofmann berufen, der zu der Zeit da war, auch nachher noch länger blieb, und täglich zu den Leuten kam, an deren Achtung mir, zwar für mich selbst nichts, aber doch wenigstens in Rücksicht auf meinen hiesigen Auftrag etwas gelegen seyn kann. Ich erkenne die ganze Schadenfreude dieser Leute an der Art, wie die Geschichte muß berichtet seyn, in dem Gebrauch, den diese Leute von den Umständen der Zeit scheinen gemacht zu haben, an die gewiß keiner von uns gedacht hat. Ich kann den Tag nicht genau bestimmen; aber so viel ich weiß ist gewiß, daß die Sache weder in der Karwoche noch in die Woche vorher fällt."
Ein drittes Zeugnis liegt von unbeteiligter Seite vor. Unter anderem auf einen Artikel aus den "Rheinischen Provinzial-Blättern" zurückgreifend,[176] heißt es da:
"Im Frühling 1776 wurde zur Mitternachtsstunde eine förmliche Procession auf den Gottesacker veranstaltet, um dem 'unglücklichen Opfer des Selbstgefühls und der Liebe' eine rechte Ehre anzuthun. Herren und Frauen, Fremde sowohl als Wetzlarer, vereinigten sich an einem festgesetzten Abend zu dieser Feier, und es waren nicht etwa 'junge Laffen', Altersgenossen Jerusalem's, sondern

wohlgesetzte Männer, Kammergerichtsassessoren und Damen von Stande. Jeder Theilnehmer trug ein brennend Wachslicht, jeder war schwarz gekleidet. Als der Zug auf dem Kirchhofe angekommen war, schloß man einen Kreis um das Grab und sang das: 'Ausgelitten hast Du, ausgerungen' etc. Nach Beendigung des Liedes trat ein Redner auf und widmete dem theuren Märtyrer einen Sermon, wobei er sagte, daß der Selbstmord aus Liebe, wenn auch nicht zu rechtfertigen, doch hier zu entschuldigen gewesen sei. Dann wurden Blümchen auf das Grab gestreut, und die Versammelten wanderten in die Stadt zurück. Dieser nächtliche Grabbesuch wurde nach einigen Tagen wiederholt; da aber die Stadtobrigkeit es ziemlich deutlich merken ließ, daß sie im abermaligen Wiederholungsfall thätlich einschreiten würde, so unterblieb die Fortsetzung."[177]

Fürstenberg nahm den Vorgang nicht sonderlich ernst (mußte er bei Sprickmann nicht immer auf solche Eskapaden gefaßt sein?). Er hätte aber, wie er sagte, wäre er selbst zugegen gewesen, der "kleinen Schwärmerey" wohl "mißrathen"; im übrigen wundere es ihn nicht, daß sich dieser "Paroxismus von Wertherfieber" so weit herumgesprochen habe ...

"... näher meinem Himmel auf Erden"

In Ungnade fiel Sprickmann bei Fürstenberg jedenfalls nicht. Es überwog die ministeriale Genugtuung über den glücklichen Ausgang des Rechtshandels. Selbst der Fürstbischof schickte Sprickmann aus Köln einen Dankesbrief.

Damit hatte Sprickmann seine berufliche Bewährungsprobe bestanden. Fürstenberg glaubte, ihn mit weiteren diplomatischen Aufgaben betrauen zu können. Ende August 1778 beorderte er ihn nach Regensburg. Sprickmann sollte dort den Winter über den 'politischen Himmel' beobachten.

Am 11. September reiste er von Wetzlar ab. Zunächst besuchte er noch einmal Höpfner in Gießen und Plitt, Kästners Freund, in Friedberg, hielt sich auch noch einige Tage in Frankfurt auf, wo er erneut in Schauspielerkreisen verkehrte. Er lernte jetzt auch Schlosser, Goethes Schwager, kennen, der ihn nach Emmendingen einlud. Mit Agnes Klinger, einem "echten Mädchen der Geniezeit",[178] schloß er eine brieflich bezeugte Freundschaft.

In Ansbach besuchte er den alten Anakreontiker Uz. "Den Mann hab ich so lieb gewonnen! ich war ihm sehr willkommen und wir waren gleich bekannt. Ich kann nicht glauben, daß der Mann den Musen so ganz sollte entsagt haben. Er lebt noch immer zwischen Dichtern, hat eine herrliche Bibliothek und kennt und schätzt ohne allen Eigensinn und Verdruß auch neue Verdienste; aber nach seiner Physiognomie scheint er unter seinen Arbeiten erschlafft zu sein."[179] Unter solcherlei Zerstreuungen brauchte Sprickmann etwa zweieinhalb Wochen, bis er in Regensburg ankam.

Doch was sollte er hier? Die Stadt bot ihm keinen Ersatz für Wetzlar. Er fand hier weder neue Freunde noch literarische Anziehungspunkte. Nach einem Monat wurde es ihm zuviel. Schon im Begriff, die Stadt auf eigene Faust zu verlassen, erhielt er die Order, den ganzen Winter über dort zu bleiben.

Ohne nur einen Gedanken an eine glänzende diplomatische Karriere zu verlieren, ergriff er die Flucht und eilte mit der Extrapost – nicht nach Wien, sondern über Wetzlar und Gießen nach Hannoversch-Münden, seinem "kleinen Entzücken" Lotte von Einem[180] in die Arme – eine jener "psychologisch fast unbegreiflichen Begebenheiten, an denen sein Leben reich ist".[181]

Sprickmann hatte Lotte von Einem 1776 durch die Hainbündler Closen und Overbeck in Münden kennengelernt. Sie war von einer heftigen, unglücklichen Liebe zu ihm ergriffen worden, von der ihre "mit heißer Liebe geschriebenen Briefe" in Sprickmanns Nachlaß Zeugnis ablegen.[182] Beide hatten sich "gewissermaßen durch Ströme von Tinte hindurch in den Rausch der Liebe hineingeschrieben, ohne sich während dieser Zeit gesehen zu haben."[183]

Seine Herzensmotive legte Sprickmann in einem Brief an Boie dar:

"Ich harrte in Regensburg auf die lezte Ordre, zum Aufbruch nach Wien. Manchsmal war mirs, als wolt ich gern hin, und oft träumt ich von Glückmachen und solchem albernen Zeug. Aber die lezte Zeit – ach Boie, wenn ich Dir sage, daß es mein Herz packte, daß ich weg mußte aus der Gegend; daß ich nicht bleiben konnte, gar durchaus nicht – Alter, Du kennst mich ja, Du weißt, wie ich bin. Sieh, da kam ein Sonntag! Und der Sonntag war ein Geburtstag – ach Boie! – Da wars aus! ich feierte ihn mit Einpacken, und mag daraus werden, was da will und kann, sagt' ich: ich gehe. Als ich eingepackt hatte, nämlichen Tages, den 18. Oktober, kam ein Brief, daß ich bleiben sollte, den ganzen Winter, und observieren den jezigen Lauf des politischen Firmaments! – Da wars Zeit. Extrapost her – und so fort. Da bin ich denn geflogen in Herzensnoth! In Frankfurt holt ich wieder Athem; mir war besser; ich war auch nun näher meinem Himmel auf Erden."[184]

Schmuck und Leid

In literarischer Hinsicht war die Wetzlarer Zeit für Sprickmann nicht sehr produktiv. Es kamen nur der Einakter "Das Misverständnis" und das fünfaktige Lustspiel "Der Schmuck" zum Abschluß. "Der Schmuck" war bereits in der ersten Zeit des Aufenthalts entstanden.[185]

Bei "Das Misverständnis" (Deutsches Museum, Bd. 2, 1778) handelt es sich um eine in England spielende bürgerliche Komödie. Handlungsort ist der Salon des Fräuleins Fanny Trulove. Sie steht im Verdacht der Erbschleicherei, weil sie den kranken westindischen Narob Verricht in dessen Todesstunde geheiratet haben soll. Dies vermutet auch ihr Geliebter, der Offizier Fäteston, als er von einem Auslandsaufenthalt zurückkommt und sie der Hurerei bezichtigt. Ein hinterlassener Brief von Verricht an Fanny klärt das Mißverständnis auf:

"Ich trug Ihnen <Miß Fanny> meine Hand an, ohne Furcht Sie unglücklich zu machen; obschon mich meine Jahre mehr zu Ihrem Vater, als zu einem Wohlthäter von einem süsseren Namen zu bestimmen schienen. Sie schlossen mir Ihr Herz auf; es war das Herz, das ich lange umsonst gesucht hatte; ich fand es, aber fand es nicht für mich. Sie werden sich aus der Geschichte meines Lebens erinnern, daß ich einmal geliebt habe; aber in Armut! So

wie Sie, meine Beste, lieben ... Indeß sind meine Reichthümer nun einmal für die leidende Liebe gesammelt, und ich sterbe vergnügt, da ich mit der Hofnung sterbe, daß die Mühseligkeiten meines Lebens diesen Endzweck wenigstens nicht ganz verfehlen werden. Ihnen, theureste Miß, hinterlasse ich diese Reichthümer. Ihr Herz hat gewählt; es kan keinen Unwürdigen gewählt haben ... Ich habe Sie in meinem Testamente meine Frau genant. Darf ich eine Bitte zu meiner Verordnung hinzufügen, so tragen Sie meinen Namen bis zu dem Augenblick, wo Sie ihn mit einem süsseren vertauschen können."
Es folgt, was folgen mußte, das Happy-End, Fäteston und Fanny liegen sich glücklich in den Armen.

Das angeführte Zitat verdeutlicht die Rührseligkeit der ganzen Szene. Ohne reichlichen Tränenfluß ging es auch diesmal nicht ab, und erneut waren die häufigsten Interpunktionszeichen Ausrufe- und Fragezeichen.

Miß Fanny vereint viele Eigenschaften einer "schönen Seele" in sich, bleibt aber gegenüber anderen weiblichen Hauptpersonen Sprickmanns farblos, wie sich die Szene überhaupt sehr im konventionellen Fahrwasser bewegt.

Von den männlichen Hauptpersonen kommt der 'rasende' Fäteston Sprickmann nahe. Bürger merkte aber zurecht an: "Fäteston macht mich etwas unwillig. Ich hätt' ihm lieber mehr thränenlosen Schmerz, als Wut gegeben."[186] Bürgers Vorwurf, die Charaktere seien eher halbherzig angelegt, trifft einen der Hauptmängel des Stückes. Es ist zu spüren, daß Sprickmann innerlich nur wenig beteiligt war. In seinem Gesamtschaffen ist das Stück eher in die Kategorie der Gelegenheitsarbeiten zu verbannen, eine Einschätzung, die er selbst teilte. Dennoch konnte Sprickmann bald nach dem

Druck Boie melden, daß ihm "Das Misverständnis" viele Gratulationen eingebracht habe. Verantwortlich hierfür war erneut der günstige Bühneneffekt des Stückes. Belegt sind Aufführungen in Mannheim, Frankfurt, Mainz und Wien.[187]

Der Schmuck.

Ein Lustspiel

in

fünf Aufzügen.

von

A. M. Sprickmann.

Originalausgabe.

Münster,
bey Philipp Heinrich Perrenon. 1780.

Sprickmanns erfolgreichstes Bühnenstück war sein Lustspiel "Der Schmuck"

Das Lustspiel "Der Schmuck" kam durch Vermittlung Boies im Sommer 1779 bei der Wiener Nationalbühne unter, die es in den dritten Band der Schauspielsammlung des Kaiserlich Königlichen Nationaltheaters aufnahm. Weil – zum Leidwesen Sprickmanns – einige Passagen der Zensur zum Opfer fielen (schwangere Mädchen hatten auf Wiens "keuscher Bühne" keinen Platz[188]), ließ er das Stück 1780 noch einmal als "Originalausgabe" in Münster drucken.

Wie "Eulalia" entstand "Der Schmuck" nicht allein aus künstlerischen Motiven. Das Werk sollte Sprickmann Geld "zur Bezahlung von Winkelschulden, zu Reisen und dergl." einbringen.[189] Es durfte deshalb (anders als "Eulalia") kein Werk für die Schublade bleiben. Sprickmanns 'bühnenhandwerkliche' Fähigkeiten waren gefragt.

Hauptfigur des Stückes ist Fritz. Sein Lotterleben hat seinen letzten Heller verzehrt. Eine Heirat mit der Tochter eines Präsidenten, Julie, die er seinem tugendhaften Bruder Karl ausgespannt hat, soll die Finanzen wieder ordnen. Sein Herz aber hängt an der verarmten Unschuld Louise, die ein Kind von ihm erwartet. Sie ist daraufhin von zu Hause geflohen. – Im Mittelpunkt des zweiten Handlungsstranges steht der heruntergekommene Hauptmann Wegfort, Louisens Vater. Er spekuliert darauf, einer Präsidentin, mit der er einst liiert war, seinen Familienschmuck vorteilhaft zu verkaufen, erhält von ihr jedoch nur einen geringen Preis. – Als Karl seine Heiratschancen bei Julie schwinden sieht, will er nach Italien. Hiervon bringt ihn seine Schwester Franziska ab. Vom Präsidenten erfährt Karl, daß ihm eine gut dotierte Stelle als Regierungsrat zugefallen ist, wodurch seine Heirat mit Julie wieder in ein günstigeres Licht rückt. Gegen diese Heirat ist jedoch die Präsidentin, die Fritz favorisiert, der ihr galant den Hof macht. Julie selbst fühlt sich ebenfalls zunächst mehr zu dem Verführer und Schmeichler Fritz hingezogen als zu dem frommen und zögerlichen Karl. – Die Präsidentin überläßt Fritz den Wegfortschen Schmuck, mit dem er Julies Herz gewinnen soll. Nun treibt Franziska die Handlung weiter. Sie hat erfahren, daß Wegfort im Hause und seine Tochter anwesend sei. Sie überredet Karl, dies als Trumpf bei seiner Werbung um Julie auszuspielen. Der Präsident, der, anders als seine Frau, für Karl eintritt, bestimmt, daß Julie in ein Kloster müsse, wenn sie Karl nicht heiraten wolle. Er gewährt einen Tag Bedenkzeit. Die Präsidentin will daraufhin gemeinsam mit Fritz Julie entführen, ein Plan, in den sie Julie einweiht. Julie ist von dem Plan verwirrt. Ihre Zweifel an Fritz verstärkt zusätzlich ein Gespräch mit Franziska. – Fritz führt ein Gespräch mit Louise im Gasthof herbei. Er stellt sie vor die Entscheidung: seine ewige Liebe und Heiratsverzicht oder sein Haß und ein Leben an seiner Seite. Louise verfällt in Raserei und wird sich ihres Verstoßenseins bewußt. Sie entschließt sich, Fritz ganz zu entsagen. Als sie den von Fritz erhaltenen Ring aus dem Familienschmuck erkennt, hält sie ihren Vater für tot und sich selbst aufgrund ihrer moralischen Verfehlung für seine Mörderin. – Nachdem sie die Bühne verlassen hat, tritt Wegfort auf. Der Wirt bietet ihm den Ring zum Kauf an und erfährt, daß Louise Wegforts Tochter sei. Die folgende Wiederbegegnungsszene zwischen Wegfort und seiner Tochter ist ergreifend und führt zur Versöhnung. Wegfort verzeiht ihr das uneheliche Kind, verstößt sie aber, als sie den Namen des Vaters nicht preisgeben will. Dies übernimmt nun der Wirt gegen gute Entlohnung. Er kommt aber nur dazu, den Nachnamen von Fritz auszusprechen, worauf

Wegfort hinausstürzt und Karl für den Vater hält. – Der letzte Auftritt spielt im Saal des Präsidenten. Julie bereut den Leichtsinn, der sie Fritz in die Arme getrieben hat, und sehnt sich nach Karl. Sie versöhnt sich mit ihm. Die Idylle wird jäh von Wegfort gestört, der dem nichtsahnenden Karl ein Geständnis seiner Vaterschaft abpressen will. Fritz und Louise stürzen herein, klären das Mißverständnis auf und bitten Wegfort auf Knien um Verzeihung. Fritz gelobt, ein neues Leben an der Seite von Louise anzufangen. Karl läßt Wegfort vom Gewinn eines Prozesses wissen, der Wegforts Finanzen auf einen Schlag saniert. Das Liebesglück ist vollkommen, am nächsten Tag soll Doppelhochzeit sein.

Die gelungenen Verwicklungen und Enthüllungen des Schauspiels fallen auf den ersten Blick auf. Auch die Gestaltung der Personen verrät eine glückliche Hand.[190] Sprickmann ging diesmal auf 'Nummer Sicher' und griff auf 'bewährte Charaktere' zurück. Die Nähe zu "Minna von Barnhelm" ist augenscheinlich. Sie ist auch im Grundmotiv zu erkennen: Hier wie dort ist es der Schmuck, der den dramatischen Knoten löst. Analog zum Lessingschen Lustspielmodell ließ auch Sprickmann ernste und komische Szenen einander abwechseln.

Weitgehend eine Eigenschöpfung ist jedoch die Figur des hitzköpfigen und gefühlsverwirrten Fritz, der dem genialischen und leidenschaftlichen Charakter in Sprickmanns Dramaturgie nahesteht. Weil er Louise verführt hat und das Opfer von Glücksspiel und Alkohol geworden ist, hat er Schuld auf sich geladen. Andererseits weist er auch positive Seiten auf und fällt deshalb nicht ganz in Ungnade: So hat er Louise die Treue gehalten, ihr geschrieben und ihr Elend mit Geldzuwendungen zu lindern versucht; zu guter Letzt nutzt er seine Chance zur Umkehr.

Auch die tugendhafte Unschuld Louise hat Vorgängerinnen in anderen Stücken Sprickmanns. Sie hat zwar nur wenige, wenngleich wirkungsvolle Auftritte. Ihre Liebe ist rein und unzerbrechlich. Aufgrund ihrer Willensstärke ist sie zum Äußersten fähig. Ihr leidenschaftlicher Monolog vor Wegfort ist ein Muster an Theaterwirksamkeit. Die Raserei, in die sie verfällt, ist eine typisch Sprickmannsche Zutat.

Satirische Züge trägt die Gestaltung der Präsidentin, die selbstgefällig den hohlen Schmeicheleien von Fritz erliegt. Der Präsident beweist eine starke Hand und letztlich das richtige Gespür, wenn er auf Karl setzt. Der Status des Präsidenten bleibt unangetastet. Er verkörpert die zwar etwas tumbe und rohe, aber letztlich verläßliche Staatsgewalt. Wenn dem Stück überhaupt eine politische Botschaft abzugewinnen ist, dann diese: der wahre Staat baut auf Moral und Tugend, hier kommt es auf einen integren und strebsamen Charakter wie Karl an. Doch auch Karl hat Schwächen: Er ist zögerlich, will, als ihm die Geliebte ausgespannt wird, ins Ausland gehen. Wie Fritz ist er ein 'Mischcharakter' und psychologisch differenziert angelegt.

Die im Hintergrund stehenden sozialen Konflikte (der verarmte Offizier Wegfort; Louise, die einer Reicheren Platz machen muß) sind ebenfalls thematisch bekannt. Wenn zum Schluß die Liebe über die materiellen Verhältnisse siegt, dann nur, weil der Zufall glücklich mitspielte – das Lustspiel macht es möglich.

Die Lösung ist jedoch nicht befriedigend, sondern 'weit hergeholt'. Auch die Anklage bleibt blaß und verhalten. Sprickmanns Plädoyer für Verantwortung ist erstaunlich gesellschaftskonform. Der reuige Verführer Fritz steht wie ein Schwächling da, während der recht farblos gezeichnete Präsident die Maßstäbe setzt.

Die Problematik des Genies war dagegen in den Hintergrund gerückt. Sprickmann, so wird deutlich, war viele Konzessionen eingegangen. Er befand sich auf dem besten Weg, sein Hauptthema dem seichten Publikumsgeschmack zu unterwerfen.

Dem Regelwerk der Bühne hatte er etwas Entscheidendes geopfert: die Darstellung seiner Lebensproblematik. Der Schwärmer trat als Charakter zwar noch in Erscheinung, im differenzierter gesponnenen dramaturgischen Ensemble wurde er jedoch zur Randfigur. "Der Schmuck" ist deshalb eher ein 'mechanisches' und von daher halbherziges Stück.[191]

Von der 'handwerklichen' Seite her war "Der Schmuck" zweifellos Sprickmanns reifstes Werk. Die Bühnentauglichkeit steht außer Frage. Sprickmann hatte es sogar bis zum Routinier gebracht. Vor allem hatte er es verstanden, Fremdes zu adaptieren und für sich nutzbar zu machen.

Von der Kritik günstig aufgenommen, ging "Der Schmuck" mit großem Erfolg über fast alle deutschen Bühnen.[192] Zahlreiche literarische Adaptionen lassen sich nachweisen.[193]

"Vagabundieren auf dem Felde der Wissenschaften"

Nach Münster zurückgekehrt, wurde Sprickmann wegen seiner 'Flucht' aus Regensburg von Fürstenberg endgültig zur Ordnung gerufen. Fürstenberg ließ seinem Günstling gar nicht erst Zeit zum Luftholen. Gleich im Dezember mußte sich Sprickmann ans "Hefteschmieren" begeben, wie er die Vorbereitung seiner Kollegien an der Universität nannte. Im Monat darauf begann der 29jährige als Professor für Reichsgeschichte, Staats- und Lehnsrecht seine Vorlesungen. Die 'Therapie' gelang, Sprickmann wurde von der Literatur fortgezogen.

Fürstenberg ließ sich noch anderes einfallen. So lud er Sprickmann in adlige Gesellschaften ein, zu denen sonst kein Bürgerlicher Zutritt hatte.[194] Auch zog er ihn auffallend ins Vertrauen. Und damit sein Schützling die neuen Aufgaben auch gewissenhaft erfüllte und auf keine abschweifigen Gedanken kam, mischten sich Fürstenberg und die Fürstin Gallitzin unter seine Hörerschaft an der Universität. Für Sprickmann war dies alles (besonders der fortwährende Umgang mit Fürstenberg) zunächst recht strapaziös. Auch gegenüber der Fürstin wahrte er anfangs Distanz.

Er ächzte unter dem neuen Amt und der neuen Arbeitslast. "Das Collegienhalten ist eine so dumme Aufgabe, daß es nicht auszuhalten sein muß, wenn man nicht wenigstens sich die Freude dran zu schaffen sucht, sich selbst genug zu thun", klagte er Boie am 3. Dezember 1778.[195] Ein anderes Mal seufzte er über das "professorliche Elend", das "diesem generi hominum die akademischen Furchen in die Gesichter schneidet, über das langweilige einförmige Wiederkäuen und das vorlieb nehmen müssen mit jedem Gesicht, das einen Louisd'or abdrücken kann".[196]

Mit der Zeit legte sich der Widerwille. "Dank Gott und Fürstenberg, daß sie mich auf den Weg brachten", heißt es im Brief an Boie vom 16. Juli 1779.[197]

Übereifrig wie eh und je, wurde Sprickmann das Opfer seiner hochtrabenden Pläne. Er wollte ein Monumentalwerk, eine Reichsgeschichte in philosophischer Schau, schreiben:

"Was ich sonst für ein Kerl werde das glauben Sie nicht; ich wollte Sie könnten sich einmal in meinem Kopfe umsehen, meine Schatzkammer wächst täglich an ... Im Anfang des September ist mein 30. Geburtstag. Den Tag will ich dadurch feiern, wenn ich ihn erlebe, daß ich das Werk meiner Seele dann anfange; den Titel und ein Blatt will ich den Tag niederschreiben. Ich bestimme dem Werk zehn Jahre, und in all der Zeit soll Niemand im Publikum von mir sehen und hören, und dann auf einmal will ich da hervortreten, und wer deutschen Sinn hat, deutschen Kopf und deutsches Herz, der soll mir – Ich sage Ihnen, Boie! wir haben noch nichts von Geschichte! es fehlte den Leuten allen entweder an Kopf oder an Herz ... Boie, ich bin trunken in der Idee ...".[198]

Das Vorhaben scheiterte ebenso wie der von Sprickmann im Dezember 1779 aufgeworfene Gedanke, ein "Compendium juris publici" zu veröffentlichen. Den ersten Band hatte er schon Ostern 1780 vorlegen wollen.

Er schwenkte jedoch um, als ihn das Interesse für deutsche, griechische und sogar arabische Geschichte ergriff. Seine ersten Geschichtsvorlesungen im Winter 1780/1781 fanden freilich vor wenig imponierender Kulisse statt, wie er Boie Ende Februar 1781 wissen ließ:

"Bedenket meine Lage! Ein Professor, der zum ersten Male über die deutsche Geschichte liest, und der nun einmal ebenso wenig lesen kann, wie man so liest, als leben wie man lebt, und jenes um so weniger kann, da er vor solchen Menschen liest ... ein Rath – ein Hausvater, der über eine kränkelnde Frau und zwei gesunde, wilde, rasche, lebensvolle Kinder zu regieren hat ein Umgangsgenosse von Fürstenberg, dessen freundschaftlicher Alltagsumgang Anstrengung kostet, mit der Gallitzin, bei der nur immer die Uhr stehen bleibt – ein Mann mit einem luxuriösen Kopfe, der immer empfängt und dafür denn auch immer in ewigen Geburtsschmerzen taumelt und trachtet – mit einem Herzen, an dem er immer zu bändigen, viel gebändigt hat, aber viel auch nicht – – ein Kränkler mit einem Barometer am Körper, den jedes Lüftchen verstimmt – – ein Freund, der denn doch auch alle Ansprüche auf sich nicht abweisen darf, da er so viele abweisen muß – ein – o es ließe sich eine ganze Litaney von mir abbeten!"[199]

Damit nicht genug. Auch die neuere Philosophie zog Sprickmann in ihren Bann. 1777 war er ein Verehrer des Schleswiger Philosophen Johann Nikolaus Tetens, eines Vorläufers von Kant. Als Kants Werke erschienen, wollte Sprickmann – wie Hamann berichtete – "mehrs als einmal ... zu Fuß" nach Königsberg gehen, um Kants Schüler zu werden. Über Fürstenberg und die Fürstin Gallitzin kam er zudem mit den Schriften des Platonikers Frans Hemsterhuys in Berührung. Ende 1779 schrieb er: "Ich habe alle Schriften von Hemsterhuys gelesen und besitze sie bis auf eine Broschüre."

Die vielseitigen neuen Interessen zerstreuten Sprickmann vollends. Das Teilhaben an der literarischen Welt war für ihn nicht mehr lebenswichtig, sondern nur noch ein Spurenelement. Er hatte sich entschieden, sich entscheiden müssen. Ihm war deutlich geworden, daß ihn seine literarischen Ambitionen in Münster immer mehr isoliert hatten. Es fehlte ihm hier "die leicht empfängliche und anregende

Umgebung, der Freundeskreis, welcher an seinem innersten Leben verständnißvoll Theil nahm."[200] Weitere 'Fluchtmöglichkeiten' – wie die Aufenthalte in Göttingen und Wetzlar – lagen außerhalb jeder Reichweite. Es war nur zwangsläufig, daß er der literarischen Welt immer mehr den Rücken zuwandte.

Letzte literarische Federstriche

Mit dem "Schmuck" verstummte Sprickmann für die literarische Welt. Weder im "Deutschen Museum" noch in einem anderen Organ war er mit weiteren Beiträgen vertreten. Und dies, obwohl er sich damals auf dem Höhepunkt seiner Karriere befand. Zumindest einiges hiervon wird auch nach Münster gedrungen sein, stand hier "Der Schmuck" doch noch am 4. April 1780 auf dem Spielplan.

In der ersten Zeit nach seiner Rückkehr von Regensburg hatte Sprickmann noch geglaubt, beruflich-familiäre Pflichten und literarische Interessen miteinander vereinbaren zu können. Im Dezember 1778 berichtete er Boie von dem Plan zu einem Trauerspiel, "das sehr viel gutes, viel besseres hat, als ich sonst noch gemacht habe", dem aber noch "die zweite Hand" fehle:

"Sonst ist die letzte Szene ein Meisterstück und neu. Ein Mädchen, das Mutter von einem Kinde von sechs Wochen ist, und ihr Geliebter, der Vater des Kindes, der schon an eine andere verheyrathet ist, sind allein auf der Bühne. Sie ist vergiftet. Auf die Nachricht läuft alles fort. Sie ergreift ihr Kind, hängt sich ihrem Geliebten, der in Ohnmacht da liegt, an den Hals. Das Gift wirkt, sie kann sich nicht mehr halten, stürzt auf sein Knie herunter, liegt da, stirbt. Ihr Geliebter erwacht, siehts, ersticht sich. Dann fällt das Kind aus ihrem Schoße, jetzt das einzige lebende Geschöpf; noch ein Geschrey dieses Kindes in der Einsamkeit! Darauf fällt die Gardine. Das müßte doch erschüttern, dünkt mich."[201]

Das "Zerrbild einer Tragödie"[202], wohl als Einakter gedacht, erinnert auffallend an Sprickmanns wüste Ballade "Ida" – nach dem "Schmuck" ein überraschender Rückfall in seine hitzigste Sturm-und-Drang-Periode.

Als Sprickmann Anfang des Jahres 1780 ein anderes Drama begann, fügte er der Ankündigung an Boie gleich hinzu: "Ich hoffe aber, es sollen Fragmente bleiben."[203] Seine Berufspflichten ließen ihm damals jedoch kaum noch Mußestunden. Erst in den Osterferien 1780 machte die "Paartagsruhe" wieder "so manche halb eingeschlafene Theater- und Romangedanken" in ihm rege:

"Besonders liegt mir ein Komödienplan recht nahe, gegen den der Plan des Schmucks keine Schmuckarbeit ist. Zu viel und zu wenig solls heißen; Sechs ausstechende ausgezeichnete Charaktere, von denen, glaube ich, zwei noch gar nicht auf der Bühne sind. Ein Murx, der immer widerspricht, Sie kennen doch solche Leute?: Es ist heute schönes Wetter. – "Ich weiß eben nicht; man kann sich aufs Wetter nicht verlassen" – Es ist wahr, in dieser Jahreszeit. – "Doch heute möchts doch wohl heiter bleiben." – "In der Tat kein Wölkchen am Himmel" – "o, Wolken kommen auf, eh man sichs versieht," und so weiter – und dann eine Coquette! eine ordentliche Coquette, die aber alle Welt lieb haben soll, die Coquette ist, weil sie den Mann nicht fand, der ihr Herz ausfüllen könnte, die am

Ende einen Rousseauisten zu rechte kriegt! – Dieser Rousseauist selbst, ein Mensch, der nach der jetzigen Lage der Dinge in der Welt es der Mühe nicht werth hält, mit seinem Pfunde zu wuchern und es vergräbt; der an dem Werth aller öffentlichen Menschen und Bürgerthätigkeit anzweifelt; eine fürchterliche Seuche, die uns jetzt manchen herrlichen Kopf entreißt. – Dann ein Familienhöflichkeitspedant, der jeden Augenblick, um ja nicht anzustoßen, jeden ehrlichen Mann vorn Kopf stößt. – Ein liebes Mädchen, das liebt, sich selbst hingiebt, zuvorkömmt, aufdringt – das alles in Ein Stück nebst noch manchen andern Nebenoriginalen! So einen Plan habe ich ganz helle hier vor mir; inwendig am Stirnknochen über den Augen, da spielt das Völkchen sein Drama vor mir Tag und Nacht."[204]

Es hat den Anschein, als wollte Sprickmann nun überlegter ans Werk gehen. Er war nicht gleich hin- und fortgerissen wie früher, die Distanz zu seinen Stoffen war größer. Nun stand ihm auch eine originellere Besetzung vor Augen. Ein Anflug von Selbstkritik, auch Selbstironie, schimmert auf, wenn der einstige Rousseau-Schüler den Rousseauismus nun als "fürchterliche Seuche" geißelt, die dem Gemeinwohl "manchen herrlichen Kopf" entreiße. Der Schwärmer war zusehends zur Räson gebracht worden.

Etwa in diese Zeit fielen auch die Anfänge von Sprickmanns Bemühungen, sein Leben in Form einer Autobiographie ("Meine Geschichte") und im Roman ("Mornach") aufzuarbeiten. Die Texte waren jedoch nicht mehr für die Öffentlichkeit bestimmt, sondern in erster Linie für Sprickmann selbst und einen kleinen Kreis von Gleichdenkenden und Gleichfühlenden. Doch was machte das für einen Unterschied? Insgeheim blieb Sprickmann der Literatur treu und mithin der Anschauung, daß sie zur Lebensbewältigung beitrug.

Auf der Suche nach "innerer Konsistenz"

In den Jahren 1779/80 rang Sprickmann noch immer um die, wie er es nannte, "innere Konsistenz". Es war beinahe ein Erzwingen-Wollen, ein Abtöten jeder Leidenschaft. Er verordnete sich Überarbeitung und strenge Berufsauffassung.

Freund Boie bestärkte ihn: "Mich freut, daß Sie so eifrig das Staatsrecht studieren. Das ist, glaube ich, Wasser fürs Feuer, und beschäftigt müssen Sie seyn, oder Sie machen tolle Streiche."[205] An anderer Stelle: "Ihnen ist doch der Zwang gut. Sie müssen regelmäßig beschäftigt sein, um ruhig und dadurch endlich glücklich zu werden. Daß Sie's noch werden, dafür ist mir fast nicht mehr bange. Wie lieb ich Ihren vortrefflichen Minister so ganz, auch Ihretwegen. Der große Mann kennt Sie so ganz und beschäftigt Sie so aus weiser Absicht und Freundschaft."[206]

Wie immer, lehnte Sprickmann Halbheiten ab. Er glaubte, daß ihn nur ein radikaler Bruch mit der Vergangenheit vor Rückfällen bewahren könne. 1781 faßte er endgültig den Entschluß, nicht mehr öffentlich als Schriftsteller aufzutreten; zugleich gab er den Kontakt mit sämtlichen Dichterfreunden auf, selbst mit dem 'gemäßigten' Boie. Dies implizierte, schloß notwendig mit ein, daß er fortan fast ohne Nachricht über das war, was sich auf der größeren literarischen Bühne abspielte.

Ein Datum spielte dabei eine besondere Rolle, Sprickmanns dreißigster Geburtstag. Er sollte den Anfang eines neuen Lebensabschnitts markieren. Fortan wollte sich Sprickmann nur noch der Geschichtswissenschaft widmen – systematische Theorie statt rhapsodischer literarischer Entwürfe lautete die Devise.

Er mußte jedoch einsehen, daß ein beschwerlicher Weg vor ihm lag. Weihnachten 1779 schrieb er Boie: "Sonst bin ich noch immer das elende Barometer, das ich längst war, kann auch nicht zu der innern Konsistenz kommen, die ich in meinem 30. Jahr mir so fest versprochen hatte, immer noch zwischen Zagen und Wagen herumgeschleudert. Aber, Boie, was doch fürs erste gut ist, meine Begriffe über Menschenwesen sind doch geläutert geworden, nicht so wild mehr. Wenn die Besserung im Kopf anfangen kann, so hab ich Hoffnung: aber mein Herz taugt noch nicht viel."[207]

Im Februar 1780 berichtete er dem Freund: "Übrigens ist dieser Winter für den inneren Sprickmann entscheidend gewesen, von gewissen Seiten werden Sie mich kaum noch kennen", und fügte hinzu: "Beten Sie zuweilen für mich, wenns Ihnen so recht warm ums Herz wird und Ihre Freunde in Ihrer Seele sind, daß doch noch etwas aus mir werde auf Erden."

Sprickmann hatte endgültig begonnen, sein Leben neu zu ordnen. Er hatte erkannt, daß ihm vieles über den Kopf gewachsen war. Hierzu gehörten auch seine immer neuen Liebesabenteuer. Als seine Briefe an Lotte von Einem ihrem Vater, dem Konsistorialrat Einem, in die Hände gefallen waren, drohte ein Skandal. Lotte selbst wollte die Beziehung jedoch aufrecht erhalten; "... aber vor dem Tor Weib und Kind! Da galt's dem Helden!" schrieb Sprickmann an

Boie.²⁰⁸ Seine 'Heldentat' bestand darin, daß er 1781 die Beziehung endgültig auflöste. An Scheidung hatte er nicht gedacht; außerdem hing sein Herz an seiner 1774 geborenen Tochter Therese.

Wichtigen Beistand auf dem Weg der Selbsterziehung fand er in Jenny von Voigts. Über sie lernte er ein neues Gefühl, das der Seelenfreundschaft, kennen. Die Bekanntschaft war im Sommer 1778 geschlossen worden, als Sprickmann in Melle seinen alten Freund Stühle besucht hatte, der dort als Richter tätig war.²⁰⁹ Über gemeinsame Bekannte in Hannover waren schnell Anknüpfungspunkte zwischen Jenny von Voigts und Sprickmann gefunden. "Das ist ein herrliches Weib, Boie, und ich danke Gott für ihre Freundschaft, die sie mir so ganz gegeben hat", schrieb Sprickmann bald nach einem Besuch in Melle im April 1779.²¹⁰ Im November war er erneut Gast des Voigtsschen Hauses. Jenny nahm ihn auf wie "ihren Bruder", widmete ihm ihre "Schwesterliebe".²¹¹

Sprickmann war nun gefestigter. Als sich im Frühjahr 1780 die junge Osnabrücker Schauspielerin Lotte Kramann leidenschaftlich in ihn verliebte und ihm die glühendsten Briefe schrieb, widerstand er allen Lockungen.²¹²

Das Hauptmotiv für Sprickmanns "geistige Wiedergeburt", über die er in einer eigenen Schrift Rechenschaft ablegte,²¹³ aber war ein beinahe tödlicher Unfall seiner Frau. Im Januar 1780 mußte sie infolge eines unglücklichen Sturzes vorzeitig entbunden werden und schwebte in höchster Lebensgefahr. "Innerste Zerknirschung trieb ihn an das Bett der Schwerkranken; er beichtete ihr alle seine Torheiten und gab ihr und sich selbst das Versprechen, sich fortan um kein weibliches Wesen mehr zu kümmern ... Seine Gattin überwand die Gefahr, in der ihr Leben schwebte, und die folgenden zehn Jahre brachten für beide ein still-bescheidenes verspätetes Glück ..."²¹⁴

In der Folgezeit wurde es immer stiller um Sprickmann. Er zog sich zurück und lebte – Hamann zufolge – wie ein Einsiedler. Ohne allerdings, wie es scheint, seine innere Contenance vollständig zu erlangen. Hamanns Worten aus dem Frühjahr 1788 zufolge litt er meist an "Hypochondrie und Schwindel"; "Krankheit und häusliche Umstände lassen ihm wenige Augenblicke, seine Lieblingsneigung zu befriedigen."²¹⁵ An Literatur wird Sprickmann damals kaum noch gedacht haben.

Seine erfolgreiche Laufbahn an der Universität forderte immer mehr ihren Tribut.²¹⁶ Hinzukam sein Engagement bei den Freimaurern. 1788 war Sprickmann in Münster einer der Mitbegründer der Loge "Zu den drey Balken". Nach und nach wuchs er auch in den Kreis der 'Familia sacra' und ihr Gedankengut hinein,²¹⁷ ohne freilich ganz integriert zu werden. Auf dem berühmten Gemälde von Theobald von Oer, das alle Mitglieder des Kreises zeigt, ist Sprickmann nur am Rande und halb verdeckt zu sehen – seine 'anrüchige' literarische Vergangenheit hat man ihm nie verziehen.

Fortwährende finanzielle Sorgen zwangen Sprickmann, mehrere Ämter auszufüllen.²¹⁸ Seine Arbeitsbelastungen stiegen unablässig. 1791 wurde er Hofrat und Kommissar der fürstlichen Lehnskammer, 1796 Kommissar der fürstbischöflichen Lehnskammer, 1803, nach dem Übergang Münsters an Preußen, preußischer Regierungsrat am Oberappellationssenat in Münster, 1811, während der französischen Besatzung, Tribunalrichter im Arrondissement Münster. Wie sein Arbeitstag aussah, schilderte er im Brief an Jenny von Voigts vom 14. Mai 1797:

"Die Fürstin ‹von Gallitzin› im Kreis ihrer Freunde". Theobald von Oers Gemälde entstand erst ein halbes Jahrhundert nach dem Tod der Fürstin. Sprickmann ist als zweite Person von rechts zu sehen.

"Meine Morgenstunden von 5 bis 8 brauche ich immer zu den Vorbereitungen zu meinen Vorlesungen; um 8 Uhr lese ich; gegen halb 10 komme ich dann zu Hause und muß um halb 11 dann in die Regierung oder in die Lehnkammer gehen bis 12 Uhr. Nach Tisch kann ich unmittelbar kein Arbeiten vertragen; um 3 Uhr muß ich wieder lesen; gegen halb 5 komme ich dann zu Hause und kann mich nun endlich ausspannen; aber dann bin ich müde und eile hinaus in den Garten. So lebe ich von Tag zu Tag und immer muß ich dann noch meine Stunden suchen, um meine Arbeiten in den Hofrath und in die Lehnkammer liefern zu können. Dazu brauche ich dann den freien Donnerstag und Sonntag, aber auch diese Tage habe ich nicht immer frei ... Meine einzige Zeit, die ich im eigensten Sinne mein eigen nennen kann, ist die Zeit meiner Herbstferien; aber auch diese wird dann auch das ganze Jahr hindurch so vieles, was länger ungestörte Muße fordert, verschoben, daß oft diese Ferien schon dahin sind, ehe ich das liebste, was ich auf sie versparte, nur anfangen konnte ... Indeß danke ich Gott für meine Lage."[219]
Die begründete Befürchtung, daß die Universität Münster geschlossen würde, veranlaßte ihn, im April 1812 einen am 13. Dezember 1811 erhaltenen Ruf an die Universität Breslau anzunehmen. 1814 wechselte er an die Universität Breslau, drei Jahre später an die Universität Berlin.[220] Nur noch sporadisch kam sein früheres, unstetes Wesen zum Vorschein. 1816 bekannte er: "Mein alter Kopf brauset noch; unter seinem Schnee glüht noch ein Aetnaischer Feuerschlund; und unter allem, was ich zu erringen gestrebt habe, habe ich Gelassenheit und Geduld am wenigsten ertragen können".[221]

Der Weisheitslehrer

> "Ich habe keinen Ausdruck für den Reiz, welchen der Gedanke für mich hat, in der Stille einer solchen Existenz mein Leben unter bildsamen Jünglingen auszuleben, welche mir Liebe und Zutrauen, und welchen ich dafür mein Vermögen an Geist und Herz hingeben könnte!" (Sprickmann im Brief an Johann Heinrich Schmedding vom 7. Januar 1814)[222]

Wenn sich Sprickmann später an seine literarischen Jahre erinnerte, dann stets mit einem Anklang von Wehmut. So im Jahre 1803, als er, von Friedrich Matthisson um Beiträge für dessen berühmte Anthologie angesprochen, mit den Worten antwortete:

"Auch mir ward früh die Liebe eines jener guten Mädchen vom Parnaß zu Theil; ach ja, es waren goldene Stunden, die ich mit der Holden verlebte! Aber der eigne wahrhaft wunderbare Gang meines Lebens warf mich in eine Lage, bei der ich die Trennung von der lieben Gespielin für Pflicht hielt, und da riß ich mich los, rasch, auf ewig!"

Später im Brief fuhr er fort:

"Glauben Sie doch ja nicht, m<ein> l<ieber> M<atthison>, daß es so eine Alltagsangelegenheit aus meinem häuslichen oder bürgerlichen Leben war, der ich meine Muse aufopferte, nein, ich hätte Schätze und Kronen ihr zu Füßen werfen können! Es war eine wahre Pflicht aus einem wahren Bedürfnis meines innern Lebens."[223]

Sprickmann "goethisch". Bildnis in Privatbesitz

Dies sind in der Tat keine Verdammungsworte, sondern Erinnerungen an eine Zeit, die Sprickmann noch immer lebendig vor Augen stand.

Sprickmann trat Matthisson die Gedichte gern ab und freute sich über den Abdruck. Jahre später, 1812, gelangten im "Westfälischen Anzeiger" noch einmal frühe Texte (aus dem Jahre 1773) von ihm zur Veröffentlichung.

Sprickmanns Liebe zur Literatur, insbesondere zur Bühne, lebte auch in zahlreichen Theater-, Opern- und Konzertbesuchen in Breslau und Berlin fort, über die er seiner Schwiegertochter ausführlich nach Münster berichtete.[224] Gelegentlich griff er damals auch noch selbst zur Feder – was freilich nicht mehr war als bloßer Zeitvertreib. Seiner Schwiegertochter schrieb er im Brief vom 14. bis 22. März 1815: "Ich bin nun auch am Dichten, wie gewöhnlich im Frühjahr!" Im nächsten Brief räumte er jedoch ein, daß es mehr ein "Empfangen" denn ein "Gebähren" sei.[225]

Daß ihn die Literatur nie ganz losließ, zeigte sich auch an einer Rolle, in der man Sprickmann um 1810 sieht. Er betreute die literarischen Versuche junger Talente wie Franz von Sonnenberg, Friedrich Raßmann, Katharina Schükking,[226] Theodor Wilhelm Broxtermann und Annette von Droste-Hülshoff. Die Zeugnisse seiner Schüler belegen ausnahmslos, wie hoch er in ihrer Gunst stand. Sonnenberg ließ folgende Notiz in das angesehene "Morgenblatt für gebildete Stände" einrücken:

"Große Männer in allen Wissenschaften habe ich kennen gelernt, Männer, die ich bewundern und lieben mußte, aber noch keinen, wie S p r i c k m a n n. Dieser ist einzig, und je tiefer ich in die Welt, in die Menschen und ins Leben blicke, desto mehr zieht, reißt er mich an sich.

Schätzen, bewundern und lieben kann ich mehrere, kann unter den heutigen Menschen mehrern zugleich Freund seyn; aber mich ganz in alle meine Natur hingeben, kann ich nur Einem – nur Sprickmann. Ich habe mein Ideal als Mensch in ihm gesehen, und Sprickmanns Daseyn setzt die wirkliche Möglichkeit meines weiblichen Ideals. Wer an Unsterblichkeit zweifelt, und dennoch guter Natur ist, der sehe sein Leben, und Sprickmanns Leben wird ihm der schönste Beweis der Unsterblichkeit seyn."[227]

Für Sonnenberg war Sprickmann ein "Weisheitslehrer", wie er in einem gleichnamigen Gedicht bescheinigte:

Der Weisheitslehrer
An Sprickmann

Schön, wie die Donau, wenn sie dem Abendroth
Entgegen brauset, ströme jetzt mein Gesang!
Erhabner Tugend sollst du tönen,
Einfach, doch stark, daß Du gleichst dem Weisen!

Natur gab Adlerblick ihm, die Seelenschrift
Im großen Buch der Menschheit zu lesen, gab
Der Phantasie des Sturmes Flügel,
Tönend hinauf sich zu Gott zu schwingen.

Doch singe nicht, wie ihn die Natur erzog,
Des Geistes Kraft, des Genius Kühne nicht!
Schon Tausenden gab die Natur sie,
Aber die Tausende gleichen Ihm nicht.

In seiner Brust der Drang nach der Menschheit Wohl,
Nach Seelenthaten; sie sind des Liebes Preis!
Des Willens Reine, die der Gottheit
Unter der Wahrheit Umarmung nähert.

Nicht Dünkel zieht unrühmlichen Schein umher,
Das Leben Einfalt, Hoheit und Harmonie:
So lehrt die That, nicht Wort und Schall nur!
Himmel erblüht in des Lebens Nacht Ihm.

Hinweg, was schwatzt und dünkelt! den Adel giebt
Die That allein; doch höhern das Vorbild noch!
Macht Wort den Weisen? Ja, das stille,
Tiefe, gedrängte, geprüften Sinns voll.[228]

Wie sich so ein Schüler-Lehrer-Verhältnis im einzelnen gestaltete, zeigt der Briefwechsel zwischen Sprickmann und Friedrich Raßmann.[229] Der immerhin schon 41jährige Raßmann nahm in dieser Beziehung eine fast unterwürfige Rolle ein. Auch für ihn war Sprickmann ein unerreichtes Idol.[230] Den hohen Grad der Verehrung erkennt man daran, daß er Sprickmann nicht nur drei Gedichte, sondern auch seine "Auserlesenen Poesien" widmete.[231]

Anknüpfungspunkt der Korrespondenz war das von Raßmann vorbereitete "Münsterländische Schriftsteller-Lexicon", dessen erste Folge 1814 erschien. Erst damals schien Raßmann auf Sprickmanns literarische Vergangenheit aufmerksam geworden zu sein. Sprickmann stellte ihm – eher widerwillig – biographische Notizen und ein Werkverzeichnis zur Verfügung.

Oben: Der "Revoluzzer" Franz von Sonnenberg, Schüler Sprickmanns; unten: Faksimile eines Briefes von Sprickmann an Friedrich Raßmann

Fortan warb Raßmann unablässig um Sprickmanns Gunst. Die Vorbereitung von Raßmanns "Auserlesenen Poesien", die mit erheblicher Verzögerung erst 1816 erschienen, schuf weitere Anknüpfungspunkte. Eine Bitte zog die andere nach sich. Bald schon erstreckte sich die Korrespondenz auch auf persönliche Belange.

Es folgte von Raßmanns Seite Kompliment auf Kompliment. Raßmann schätzte sich glücklich, nach Münster verschlagen worden zu sein, "und sollte es auch einzig und allein deshalb seyn, weil ich Sie kennen gelernt habe".[232] "Ich habe mich fester an Sie angeschlossen, ich habe – damit ich mich so recht eigentlich ausdrücke – in diesen Tagen ganz i n I h n e n gelebt. Kein Federzug ist von mir geschehen, keine Zeile gelesen worden, ohne daß mir Ihr Bild dabei nicht vorgeschwebt hätte: Das Bild eines patriarchalischen Weisen, eines jugendlichen Alten, eines graugelockten Jünglings!"[233] "... sobald ich jetzt Frühmorgens die Augen aufschlage, sind sie mein erster Gedanke."[234] Raßmann wünschte sich, mit Sprickmann seine Jugend verbracht zu haben, und weiter: "Die süße Gewohnheit des Denkens und Empfindens (wie Göthe das L e b e n definirt) gewinnt bei mir immer mehr eine herrliche Unterabtheilung, nemlich: an Sie zu denken, für Sie zu fühlen."[235] Auch solle Sprickmann die Ehre zuteil werden, daß der Krumme Timpen einmal in "Sprickmann-Straße" umbenannt werde.[236]

Später einmal erinnerte sich Raßmann wehmütig an die "glücklichen, nie wiederkehrenden Jahre" des "literarischen Zusammenseyns" vor Sprickmanns Wegzug nach Breslau.[237] Als er von dort ein Lebenszeichen erhielt, war das wie ein Festtag: "Das war einmal wieder eine Freude, als gestern Abend Ihr langersehnter Brief ankam. Weib und Kind wurden schnell herbei gerufen. Alles jubelte. Die Wirthsleute lauschten neugierig an der Treppe. Es mochte ihnen vielleicht vorkommen, als ob wir das große Loos in der Lotterie gewonnen hätten. Wir blieben länger, als gewöhnlich auf, und selbst das kleinste Kind wollte erst gar nicht müde werden. Nun sehe ich doch, daß Sie mich nicht ganz vergessen haben!"[238]

Der Briefwechsel zwischen Sprickmann und Raßmann ist von drei Gegenständen bestimmt. Zum einen, wie erwähnt, von der Druckvorbereitung der "Auserlesenen Poesien": Nach und nach erhielt Sprickmann Teile der Sammlung zur Begutachtung. Er sparte nicht mit Kritik und nahm überhaupt seine Beratertätigkeit ernst. Wiederholt lobte Raßmann Sprickmanns kritisches Talent, eine Beurteilung nennt er sogar ein "Meisterstück".[239] An anderer Stelle heißt es: "Außer der Götheschen Persiflage: 'Götter, Helden und Wieland' kenne ich keine genialere, als Ihren Excursus über meine im Jahre 1798 ... hingesudelte Parodie <gemeint ist Raßmanns Gedicht 'Donec! Donec!'>".[240] Sprickmanns Lob und Tadel seien für ihn ein großer Gewinn: Das "öftre Polieren" müsse nothwendig Gewinn bringen, und wenn "hin und wieder etwas verdorben werden sollte", werde Sprickmann gleich als "restituator" zur Stelle sein.[241] Später einmal: "Jede Ihrer Kritiken, jeder launige Einfall von Ihnen ist mir gegenwärtig, ... Ich umfasse, ich umspanne im Geist das All unsrer glücklichen Tage, ..."[242] Bezeichnend ist, daß Sprickmann aufgrund seiner im Sturm und Drang entwickelten Literaturauffassung seinem Schüler riet, seine Stoffe nicht durch übermäßiges Feilen zu verderben;[243] statt dessen solle er mehr seiner Intuition und der unmittelbaren Entstehungslaune vertrauen.

Der zweite Gegenstand, der im Briefwechsel häufig behandelt wird, betraf Raßmanns Herausgabeprojekte. Hierfür bat er sich von Sprickmann wiederholt Materialien aus. So fragte er am 28. Juli 1813 um die Abschrift eines Briefes an, den Sprickmann von Hölty erhalten hatte.[244] Sprickmanns schroffe Ablehnung, die daher rührte, daß er derartige "Urkunden der Unbesonnenheit" seiner Jugend am liebsten aus seinem Gedächtnis verbannt hätte,[245] kam für ihn unerwartet. Unter ganz bestimmten, sein Incognito wahrenden Bedingungen willigte Sprickmann jedoch ein.[246] Im nächsten Brief versicherte Raßmann, er werde das Schreiben Höltys unter keinen Umständen zu Lebzeiten Sprickmanns veröffentlichen, womit er jedoch nicht Wort hielt. Ein anderes Mal sprach er ihn auf einen Brief Bürgers an.[247]

Der dritte Gegenstand, der immer wieder anklang, betraf Sprickmanns literarische Vergangenheit. Wiederholt versuchte Raßmann, seinen Mentor dazu zu bewegen, sich noch einmal zu seiner Muse zu bekennen:

"Ich will es nur gerade heraus sagen, ich meine den Aerger, der mich ergriff, als Sie in Ihrem vorletzten Briefe Ihre schriftstellerischen Produktionen so über alle Gebühr von neuem herabsetzten, und dadurch zu verstehen gaben: Sie wünschten, Ihrer literarischen Person halber, daß mein Lex. <das Münsterländische Schriftsteller-Lexikon> ganz und gar nicht zu Stande gekommen sey, die Censur nicht passirt habe, und, womöglich, noch jetzt unterdrückt werden könne. Unter die Art und Weise, wie Sie sich schon oft über Ihre belletristischen Arbeiten gegen mich erklärten, habe ich einen festen Satz, diesen: Eine solche Bescheidenheit geht zu weit. Sie ist excentrisch. Wenn wirklich Ihre Poesieen – ich will nur gegenwärtig erst von diesen reden – auf einer solchen Stufe ständen, so begreife ich doch wahrlich nicht, wie ein so feiner Kenner und Kunstrichter, als Matthisson, sie in seine Anthologie aufnahm ... Sagte er denn nicht selbst: Sie hätten die Leier zu früh weggelegt? Was ihre prosaischen Aufsätze betrifft, die im Deutschen Mus<eum> stehn, so frage ich Sie: Waren denn die 1770ger Jahre das bleierne Zeitalter der schönen Literatur? Ich denke, keinesweges! und bin der Meinung, daß man auch noch jetzt manche Stücke aus diesen Jahren mit eben dem Vergnügen liest, als man sie zum erstenmale bei ihrem Erscheinen las. Noch heute habe ich das "Mißverständniß" von Ihnen gelesen, und behaupte steif und fest, daß dieses Stück, wenn es rasch gespielt wird, j e t z t n o c h als Nachspiel mehr gefallen möchte, wenigstens zu gefallen verdiente, als manche jämmerliche Kotzebuesche Faxen. Auch der Aufsatz: 'Das Neujahrsgeschenk' ist sehr <folgt ein nicht entziffertes Wort> gehalten ... Ich gebe mich für keinen Kunstrichter in Profession aus; aber ich weiß so ziemlich, was in der ältern und neuren Literatur da ist, ich habe das meiste gelesen und kann Parallelen machen. – Ihr Entschluß, den Musen früh zu entsagen, mag motivirt genug gewesen seyn; ich habe nichts dawider. Mir scheint indeß die wahre Musenliebe erst mit dem T o d e endigen zu können ..."[248]

Verschiedentlich unternahm Raßmann ohne Wissen Sprickmanns den Versuch, die Erinnerungen an den Dichter Sprickmann wieder aufleben zu lassen. Als dieser davon erfuhr, hagelte es Vorwürfe. Im Brief vom 3. Mai 1814 war Sprickmann äußerst ungehalten darüber, daß Raßmann einige seiner Epigramme in der "Stettiner Sonntagszeitung", obwohl anonym, zur Veröffentlichung gebracht hatte. Eine biographische Skizze über Sprickmann, die Raßmann dem "Morgenblatt für gebildete Stände" zur Verfügung gestellt hatte, ließ sich gerade noch vom Druck zurückziehen. Inwieweit Raßmann Anteil daran hatte, daß Sprickmanns Porträt dem Groteschen "Münsterländischen Taschenbuch auf das Jahr 1818" voranstand, ist nicht mehr zu erfahren. Er beteuerte zwar, hieran unbeteiligt gewesen zu sein[249] – glaubwürdig ist dies jedoch nicht.

Für Annette von Droste-Hülshoff war Sprickmann ein "väterlicher Freund" und Ratgeber. Der Kontakt erstreckte sich von 1811 bis zum Wegzug Sprickmanns nach Breslau 1814, das heißt vom 14. bis 17. Lebensjahr der Dichterin. Hieran schloß sich ein Briefwechsel an, der bis 1819 währte. Wegen seiner beruflichen Beanspruchung ließ Sprickmann den Kontakt einschlafen, nachdem es schon zwischenzeitlich zu großen Pausen in der Korrespondenz gekommen war.[250] Das gleiche galt auch für seinen Briefwechsel mit Katharina Schücking, die ihn geradezu um Briefe und persönliche Ratschläge anflehte.[251]

Sprickmann war für die Droste die erste Person außerhalb ihrer Familie, die sie mit ihrem frühreifen literarischen Schaffen und ihrer Literaturkenntnis beeindrucken konnte. Ihr "lieber Freund" stand, wie sie schrieb, in ihrem Herzen "wie der Mond unter den Sternen".[252] In schriftstellerischer Hinsicht wurde Sprickmanns Einfluß jedoch nur wenig fruchtbar.[253]

Wenn die Droste in ihrem vermutlich 1814 entstandenen Gedicht "Der Dichter" die Frage der Dichterexistenz aufgriff, mochte ihr dabei besonders Sprickmann als Leser vor Augen gestanden haben:

Das All der Welten unendlich umkreist
Im schwebenden Fluge mein unsteter Geist;
Wo führst du mich hin, du gewaltige Macht,
Durch Räume voll Dunkel, durch Weiten voll Nacht?

Ich führe dich hin, daß du schauest das Licht,
Wohl ahnet's dein Busen, doch kennt er es nicht;
Ich führe dich hin durch die Räume der Nacht,
Daß du schauest die Wahrheit in leuchtender Pracht

Von leuchtendem Glanz ist ihr Thron rings umhellt,
Doch fern nur ein Schimmer erreichet die Welt,
Dran labt sich das kleinliche Menschengeschlecht,
Es heißt die Vernunft ihm, es heißt ihm das Recht.

Das 11strophige Gedicht schließt:

Dem Tode schaut froh er ins blasse Gesicht,
Er ist ihm ein Bote, er führt ihn zum Licht;
Sein Geist schwingt sich frei in die Welten hinaus;
so grüßt er bekannt, wie sein heimisches Haus.

Es fällt das Bewußtsein von Berufung auf und das vom Märtyrertum begleitete Gefühl, den anderen, dem "kleinlichen Menschengeschlecht", überlegen zu sein. Der Dichterberuf – eine Profession, die Leiden und Triumphe in sich birgt.
Im Jugenddrama "Bertha", dessen Anfänge Sprickmann noch in Münster betreut hatte, finden sich die folgenden, auf die Droste bezogenen Verse:

Annette von Droste-Hülshoff, etwa 23jährig. Bildnisminiatur von Hand ihrer Schwester Jenny von Droste-Hülshoff.

Zu männlich ist dein Geist, strebt viel zu hoch
Hinauf, wo dir kein Weiberauge folgt
Das ist's, was ängstlich dir den Busen engt
Und dir die jugendliche Wange bleicht.
Wenn Weiber über ihre Sphäre steigen,
Entfliehn sie ihrem eigenen bessern Selbst;
Sie möchten aufwärts sich zur Sonne schwingen
Und mit dem Aar durch duft'ge Wolken dringen
Und stehn allein im nebelichten Tal"

Ende Februar 1816 schickte die Droste Sprickmann das Gedicht "Unruhe". Es legt Zeugnis ab von i h r e r Sturm-und Drang-Zeit, für die sie bei Sprickmann auf Verständnis hoffen durfte:

Laß uns hier ein wenig ruhn am Strande,
Phöbos' Strahlen spielen auf dem Meere;
Siehst du dort der Wimpel weiße Heere?
Reis'ge Schiffe ziehn zum fernen Lande.
...

Möchtest du nicht mit den wagenden Seglern
Kreisen auf dem unendlichen Plan?
O! ich möchte wie ein Vogel fliehen,
Mit den hellen Wimpeln möcht' ich ziehen
Weit, o weit, wo noch kein Fußtritt schallte,
Keines Menschen Stimme widerhallte,
Noch kein Schiff durchschnitt die flücht'ge Bahn.

Und noch weiter, endlos ewig neu
Mich durch fremde Schöpfungen voll Lust,

Hinzuschwingen fessellos und frei,
O! das pocht, das glüht in meiner Brust!
Rastlos treibt's mich um im engen Leben,
Und zu Boden drücken Raum und Zeit,
Freiheit heißt der Seele banges Streben,
Und im Busen tönt's: Unendlichkeit!
...

Laß uns heim vom feuchten Strande kehren,
Hier zu weilen, Freund, es tut nicht wohl,
Meine Träume drücken schwer mich nieder,
Aus der Ferne klingt's wie Heimatslieder,
Und die alte Unruh' kehret wieder;
Laß uns heim vom feuchten Strande kehren,
Wandrer auf den Wogen, fahret wohl!

Fesseln will man uns am eignen Herde!
Unsre Sehnsucht nennt man Wahn und Traum,
Und das Herz, dies kleine Klümpchen Erde,
Hat doch für die ganze Schöpfung Raum!

Bei all seinen Schülern hat Sprickmann – gewollt oder ungewollt – ein unbedingtes Bekenntnis zum Dichtertum wachgerufen; seine Schüler sahen in ihm ihren großen 'Dichtervater' und wollten ihn nur in dieser Rolle sehen. Sie überschütteten Sprickmann mit Ansprüchen, denen er sich kaum erwehren konnte.

Aufschlußreich ist, in welcher Tonlage die Droste 'ihrem' Sprickmann schrieb. Sie paßte sich – im Gegensatz zu Briefen, die sie an andere schrieb – ganz seiner gefühlshaften Diktion an. Nicht ohne Grund ließ die Droste in diese Briefen manche Andeutungen einfließen, die Sprickmann an seine Zeit als Schriftsteller erinnern mußten. Es hat ganz den Anschein, als habe sie ihn hiermit aus der Reserve locken wollen.[254]

Die Droste sollte Sprickmann noch einmal wiedersehen. 1829, inzwischen 80jährig und kräftemäßig aufgezehrt, gab Sprickmann seine Berliner Professur auf und kehrte nach Münster zurück. Dort starb er am 22. November 1833.

Nachsätze

"Die Menschen des achtzehnten Jahrhunderts stehen uns bereits unglaublich fern", schrieb Karl Weinhold 1872. Wieviel mehr gilt dies heute, über 120 Jahre später.

Im selben Aufsatz führte Weinhold an: Sprickmann "ist einer der vielen Schwächlinge jener Clavigo-Epoche, die wohl möchten, aber nicht die Kraft haben, ernstlich alle Hindernisse zu beseitigen."[255] In der Tat: Sprickmann stand seiner literarischen Entwicklung mehr im Wege, als daß er ihr förderlich war. Und doch und trotz vieler literarischer Schwachstellen: Sprickmann ist beispielhaft geeignet, die unruhige Epoche des Sturm und Drang vor Augen zu führen – mit seinem wechselvollen Lebenslauf, seinen brieflichen Reflexionen, seinen literarischen Texten. Das Publikum verstand ihn, fand sich in seinen Werken wieder, fühlte sich unmittelbar angesprochen: Sprickmanns Wirkungsgeschichte bereichert das Porträt jener Jahre um einige farbige Schattierungen und Facetten.

Sprickmann, der Leidende, der unablässig nach Ursachen Forschende, der Gesellschaftskritiker: ein Mensch, der auf wunderliche Weise in seine Zeit paßte und ihr doch fremd war, der sich – halb unfreiwillig – zum Aufsässigen aufschwang, gegen Moralgesetze verstieß, in seinen Werken und Briefen kritische Töne anschlug und – angesichts bürgerlicher Mittelmäßigkeit – dem leidenschaftlichen Gefühl zu seinem Recht verhelfen wollte; eine gespaltene und letztlich gescheiterte Persönlichkeit, mit vielen Talenten gesegnet und doch unfähig, sie konstruktiv umzusetzen. Aus dieser Not heraus wurde er zu einem gefühlsüberspannten Schwärmer, einem zuletzt von hypochondrischen Stimmungen geplagten Melancholiker.

Obwohl er sich unablässig mühte und schaffte, brachte er doch wenig zuwege, das literarische Überlebenskraft aufwies. Lesenswert aber bleiben seine "Geschichte" und seine autobiographisch gefärbten Erzählungen. Sie hätten es verdient, wieder in den Sturm-und-Drang-Kanon aufgenommen zu werden – nicht als literarische Meisterleistungen, sondern als Zeitzeugnisse, in denen sich die literarische Aufbruchstimmung jener Jahre Bahn bricht. Ironie des Schicksals, daß ausgerechnet seine "Geschichte", ein Text, den Sprickmann vielleicht als sein eigentliches literarisches Vermächtnis ansah, ein Opfer der Flammen wurde.

Bleibt der Hinweis auf literaturgeschichtliche Spuren. Im zeitgenössischen Kontext stehen Sprickmanns Werke nicht schlecht da. Viele Texte erfuhren Nachdrucke, Vertonungen, erfolgreiche Bühnenbearbeitungen. Sieben Gedichte Sprickmanns wurden in Friedrich Matthissons bekannter lyrischer Anthologie nachgedruckt;[256] einige Texte wurden von den damals bekannten Komponisten Neefe und Johann Friedrich Reichhardt vertont.[257] Mehrere wirkungsgeschichtliche Spuren sind der bisherigen Literatur auch entgangen, so ein 1831 erfolgter Nachdruck[258] der "Eulalia" und ein auszugsweiser Nachdruck desselben Werks in der "Encyklopädie der deutschen Nationalliteratur" (1842), der mit einer Kurzvorstellung Sprickmanns verbunden war.[259] In den "Deutschen Neudrucken" wurden, im Zusammenhang mit dem Literaturkritiker Johann Carl Wezel, "Etwas über das Nachahmen ...", zwei Erzählungen Sprickmanns sowie sein Gedicht "Ida" wiederabgedruckt.[260] Ein auszugsweiser Nachdruck des "Deutschen Museums"[261] berücksichtigte Sprickmann ebenfalls mit drei Stücken. Zieht man schließlich den Abdruck von "Meine Geschichte" in der Reihe "Deutsche Literatur. Sammlung literarischer Kulturdenkmäler in Entwicklungsreihen"[262] hinzu, bleibt als Resümee, daß die große Literaturgeschichte Sprickmann früher einen bescheidenen Platz nicht ganz verwehrt hat – während er danach fast ganz in Vergessenheit geriet.

Es wäre dennoch überzogen, Sprickmann einen nachhaltigen Einfluß auf andere Autoren nachsagen zu wollen. Wenige haben sich auf ihn berufen, und von den Schülern, die ihm Dank zollten, wurde nur die Droste bekannter, die aber eigene Wege ging. Sprickmanns Schaffen war insgesamt zu selbstbezogen und gehörte einer Epoche an, die sich schnell überlebte. Für sich genommen, ist sein Wirken allerdings bemerkenswert – allein schon, weil Sprickmann im literarisch abseitigen Westfalen Anschluß an die Literatur der Zeit fand und ihm – nach dilettantischen Anfängen – der Sprung in die bedeutenden literarischen Organe der Zeit gelang.

In seiner Heimatstadt Münster hatte er als Autor kaum Chancen, sich zu entwickeln. Hinzu kamen standesbedingte Rücksichten, quälende Berufslasten und familiäre Verpflichtungen. Sprickmann war niemals wirklich ungebunden und zudem von einer Natur, die der Orientierung bedurfte. Das literarische Engagement wurde bezeichnenderweise immer dann besonders rege, wenn er sich "im Ausland", unter gleichgesinnten Freunden, aufhielt. Aus dieser Allianz hätte noch manches hervorgehen können – freilich mit der Gefahr, daß Sprickmann gänzlich den Boden unter den Füßen verloren hätte. So blieben seine literarischen Arbeiten Momentprodukte, dichterische Ausflüge und – wie Sprickmann selbst zugab – "Fragmente" eines widersprüchlichen Ich.

Sprickmann um 1812. Porträt von Carl Joseph Haas. Privatbesitz

ANHANG

Literatur

Die Literaturgeschichte hat Sprickmann schnell vergessen. Wenn überhaupt, so wurde er kontrovers diskutiert. Der renommierte Literaturwissenschaftler Erich Schmidt fällte an exponierter Stelle (Allgemeine Deutsche Biographie, 1892[263]) ein vernichtendes Urteil über ihn. Die Versuche, Sprickmann zu rehabilitieren, waren zaghaft und gerieten schon dadurch in Verdacht, daß sie, weil sie zunächst ausschließlich von regionaler Perspektive ausgingen, eine Art von Ehrenrettung zu betreiben schienen. Gleichwohl liegt mit Johannes Venhofens "Anton Mathias Sprickmann als Mensch und Dichter 1749-1781" (Münster 1910[264]) eine auf Detailkenntnis beruhende Darstellung vor, der die vorliegende Publikation ganz wesentlich ihr Material verdankt. Zahlreiche Arbeiten von Heinz Jansen halfen, das biographische Mosaik weiter zu vervollständigen. Jansen warf sogar den Gedanken an eine Gesamtausgabe der Werke Sprickmanns auf.[265]

Venhofens Urteil über Sprickmanns literarisches Schaffen machte sich die Dissertation von Johannes Hasenkamp, "Sprickmann und der Kreis von Münster" (Münster 1955[266]), zu eigen, eine verdienstvolle Untersuchung, deren Hauptaugenmerk auf Sprickmanns psychologischer Entwicklung liegt. Es ist bezeichnend für den Forschungsstand, daß diese umfassendste Sprickmann-Biographie, die zudem durch einem Zeitschriftenabdruck[267] auch heute noch gut erreichbar ist, der Aufmerksamkeit der Literaturwissenschaft weitgehend entging.[268]

Eine breite literaturwissenschaftliche Diskussion über Sprickmann wurde zu keiner Zeit geführt. In den letzten dreißig Jahren widmeten sich, abgesehen von Beiträgen des Verfassers, überhaupt nur eine selbständige Publikation[269] und ein Aufsatz[270] seiner Person, und dies nicht unter literarischer Fragestellung, sondern in bezug auf Sprickmanns juristische und akademische Tätigkeit. Die westfälische Literaturgeschichte von Renate von Heydebrand[271] erwähnt Sprickmann nur beiläufig.

Verschiedene Gründe verstellten im Falle Sprickmanns eine produktive Wirkungsgeschichte: Weder schrieb er mit regionalem Akzent (wie Möser oder die Droste), noch waren seine Werke religiös oder politisch geprägt. Lediglich die Psychologie nahm sich seiner dankbar an. So erschien Sprickmann 1872 Karl Weinhold als "recht geignet ... die gärende Bewegung der Herzen und Geister <der Geniezeit> zu versinnbildlichen",[272] und Erich Schmidt hielt ihn immerhin noch für eine "interessante Erscheinung in der Pathologie der Geniezeit".[273] Für Hasenkamp rechtfertigte erst Sprickmanns "geistige Wiedergeburt" im Jahre 1779 – damit also auch seine Entsagung von der Literatur – eine Beschäftigung mit seiner Person.[274]

Sprickmanns literarischen Schwächen wurden – was immer wieder auffällt – seine Verdienste auf anderen Gebieten gegenübergestellt, obwohl die Materialbasis bzgl. Sprickmanns juristischer und historischer Tätigkeit weitaus schlechter ist.

Aus regionaler Literaturperspektive wäre insbesondere eine Ausgabe von Sprickmanns literarischer Korrespondenz zu wünschen. Eine solche Edition würde helfen, die literarischen und geistesgeschichtlichen Bezüge aufzuhellen, die in der zweiten Hälfte des 18. Jahrhunderts innerhalb Westfalens und zwischen Westfalen und anderen Territorien bestanden. Es war eine Zeit, in der das literarische Leben im wesentlichen von 'Einzelkämpfern' getragen war. Im Münsterland war Sprickmann ihre Hauptfigur.

Die nachfolgende Bibliographie basiert auf dem Artikel "Anton Mathias Sprickmann" im ersten Band (Zeitraum 1750-1800) des von Iris Nölle-Hornkamp und vom Verfasser bearbeiteten und herausgegebenen "Westfälischen Autorenlexikons" (Paderborn: Schöningh 1993). Auf die Angabe von Standorten wurde im vorliegenden Fall verzichtet. Hingewiesen sei auf die sehr vollständige Sprickmann-Sammlung der Universitätsbibliothek Münster.

Selbständige Veröffentlichungen Sprickmanns: *Dissertatio Juridica Inauguralis de Successione Conjugis Superstitis in Bona Praedefuncti. Speciatim Secundum Politicam Monasteriensem.* Harderwijk: Moojen 1769 [jur. Diss. vom 27.9.1769] – *An Madame Dobler.* Münster 1773. 7S.; Nachdr. in: Clevische Theater-Ztg. 1775] – *Der neue Menschenfeind* [Theaterstück]. Münster 1773 [Urauff. am 6.10.1773 durch die Josephische Theatergesellschaft in Münster; Text verschollen] – *Die natürliche Tochter. Ein rührendes Lustspiel in fünf Aufzügen.* Münster: Perrenon 1774. 166S. [anonym; Urauff. in Münster am 28.11.1773] [Rez.: 1. Allg. Dt. Bibliothek 33, 1778, 2, S. 543f.; 2. Almanach der dt. Musen 1775, S. 55f.; 3. Wieland: Teutscher Merkur 1775, Nr. 1, S. 272] – *An den Kurfürsten am Tage seiner Zurückkunft* [Ode]. Münster 1774. 4 Bl. – *Die Wilddiebe* [Operette in 1 Aufz.]. Münster: Perrenon 1774. 20 Bl. [Sprickmann verfaßte den Dialog und das erste Lied, die übrigen Lieder stammen von Winold Stühle, Vertonung von Johann Gottlieb Nicolai]

[Rez.: Wieland: Teutscher Merkur 1775, Nr. 1, S. 270) – *Der Brauttag* [Oper in 5 Aufz.; Musik von Franz Adam Waldeck]. Münster 1774 [Urauff. am 1.1.1775; Druckfassung verschollen, Manuskript im Sprickmann-Nachlaß, UB Münster] – *Der Geburtstag* [Oper in 3 Aufz.; Musik von Johann Gottlieb Nicolai]. Hummel im Haag 1775 [Urauff. in Münster März 1775] [Rez.: Wieland: Teutscher Merkur 1775, Nr. 1, S. 270, 272 und Nr. 2., S. 166] – *Ueber den Grund der Verbindlichkeit bei positiven Gesetzen.* Hannover: Schmidt 1775. 32S. – *Der Tempel der Dankbarkeit. Ein Vorspiel mit Arien bey Eröffnung der Münsterischen Bühnen aufgeführt.* Münster 1775. 23S. [Urauff. am 12.10.1775] – *Bericht in Sachen cleri secundarii zu Münster, gegen seine Fürstbischöfliche Gnaden zu Köln, den Fürstbischof zu Münster, und die hochgeistlichen Landstände.* [Münster 1776] 61S. – *Bericht über die Eide. Von der Regierung gefordert und von Sprickmann ausgearbeitet.* Münster 1776 – *Eulalia* [Trauerspiel in 5 Aufz.]. Leipzig: Weygand 1777 [anonym]; Nachdr. Hildburghausen, New York: Bibliogr. Inst. 1831. 120S. (=Miniatur-Bibliothek der Dt. Classiker); Vollst. Miniatur-Ausgabe Hildburghausen, New York: Bibliogr. Inst. 1833. 112S.; Nachdr. Hildburghausen: Bibliogr. Inst., New York: Meyer [um 1854]. 95S. (=Meyer's Groschenbibliothek der Dt. Classiker für alle Stände 356) [Rez.: 1. Allg. Dt. Bibliothek 1780, Anhang zu Bd. 25-36, 2. Abt., S. 739f.; 2. Leipziger Almanach der Dt. Musen 1778, S. 74] – Auszugsweiser Nachdruck in: Encyklopädie der deutschen Nationalliteratur oder biographisch-kritisches Lexikon der deutschen Dichter und Prosaisten seit den frühesten Zeiten nebst Proben aus ihren Werken. Bearb. und hg. von O.L.B. Wolff. Bd. 7. Leipzig 1842, S. 185-190 – *Das Mißverständnis. Ein Drama in einem Akt.* Wien: Logenmeister 1778. 30S. – *Der Schmuck. Ein Lustspiel in fünf Aufzügen.* Münster: Perrenon 1780. 129S. [Urauff. in einer zensierten Fassung in Wien, Aufführung der Originalfassung in Münster 12.2.1780]; auch: Bd. 3 der Schauspielsammlung des Kaiserlich Königlichen Nationaltheaters. Wien: Beym Logenmeister 1779. 127S. [Rez.: 1. Allg. Dt. Bibliothek 44, 1780, S. 113; 2. Leipziger Almanach der Dt. Musen 1781, S. 80; 3. Literatur- und Theaterztg. 1780, Nr. 2, S. 265; Nr. 3, S. 568] – *Mauerische Rede [..., die] im vorigen Jahr am 14/2 gehalten wurde.* 5791 [Lingen 1781] 11S. – *Ueber die deutsche Geschichte und ihre Behandlung in öffentlichen Vorlesungen.* Münster: Aschendorff 1785. 8S. [Progr. von 1781] – postum: *Über die geistige Wiedergeburt. Nach des Verfassers Tod herausgegeben.* Münster: Coppenrath 1834. 57S. .

Unselbständige Veröffentlichungen Sprickmanns in: Leipziger Almanach der Dt. Musen 1774, S. 107-110: *An Herrn St[ühle] in Os[nabrück] zum neuen Jahr 1774* [Nachdr. in: Westf. Anzeiger 1811, Nr. 45]; Jg. 1775, S. 11: *Allgemeiner Abendseufzer*; S. 16: *Belohnung der Dichter. An [Friedrich Wilhelm] Gotter* [1771]; S. 167: *An Doris*; S. 132: *An eine Rosenknospe* [Nachdr. in: Göttinger Musenalmanach 1775]; Jg. 1775, S. 12: *Neujahrswunsch*; S. 16: *Die Belohnung der Dichter*; S. 131: *Das Manuscript eines Dichters an den Verleger*; S. 140: *Die deutsche Nonne*; S. 152: *Die Liebe. An Doris*; S. 176: *An Suschen. Im Aerntekranz*; S. 189: *Die erste Liebe. An eine junge Freundin* – Clevische Theater-Ztg. 1775, Nr. 10: *Im Charakter der Schauspielkunst. Antrittsrede in Gegenwart des Kurfürsten, bey Eröffnung der Bühne (Münster, den 8. Octob. 1774), gesprochen von Madame Dobler*; Nr. 11-13, 17f., 35, 37: *Nachrichten der Josephischen Schauspielergesellschaft*; Nr. 12: *An Madam Seyler bei Ueberreichung der Wilhelmine von Blondheim; An Madame Heinzius als Elise in Elisium* [Nachdr. in: Reichard: Theater-Kalender 1776, S. 17]: *An Madam Mecour, eine tragische und komische Schauspielerin bey der Seylerschen Gesellschaft zu Gotha; Als sie die Elektra gespielt hatte. Leipzig den 12. Octob. 1774*; Nr. 37: *Epilog. Münster 1774* – Voß'scher Musenalmanach 1776, S. 28f.: *An Dora*; S. 34: *Der gelehrte Wetterhahn*; S. 100: *Dora*; S. 151-153: *Abschied*; Jg. 1777, S. 38: *Versagte Herberge* [Epigr.]; S. 62f.: *Lina – Boie/ Dohm*: Deutsches Museum, Bd. 2, 1776, St. 9, S. 788-791: *Das Neujahrsgeschenk. Eine Klosteranekdote*; St. 11, S. 993-1007: *Nachrichten aus Amerika*; S. 1048-1052: *Etwas über das Nachahmen allgemein, und über das Göthisieren insbesondere* [Rez.: Karl Wezel, in: Weisse: Neue Bibliothek 32, 1781, Nr. 1, S. 72ff.] [Nachdr. von *Etwas über das Nachahmen ..., Das Strumpfband, eine Klosterscene, Die Untreue aus Zärtlichkeit. Eine Konversation und ein Brief* sowie des Gedichts *Ida* in: Deutsche Neudrucke. Reihe 18. Jahrhundert. Johann Carl Wezel. Kritische Schriften. Erster Band. Stuttgart 1971; Wezels Rezensionen ebd.]; St. 12, S. 1083-1087: *Das Strumpfband, eine Klosterscene*; Jg. 1777, Bd. 1, St. 1, S. 7-35: *Die Untreue aus Zärtlichkeit. Eine Konversation und ein Brief*; S. 93-96: *Auszug eines Briefes an den Herausgeber*; St. 2, S. 120-128: *Ida* [Rez.: Karl Wezel, in: Weisse: Neue Bibliothek 23,2, 1777, S. 222f.]; Bd. 2, St. 2, S. 417-420: *Liebe*; St. 9, S. 196-204: *Das Intelligenzblatt, eine Erzählung* [mehrf. dramatisiert, so von Isenburg von Buri u.d.T.: *Das Intelligenzblatt* (Wien 1779) und von [...] Borchers u.d.T.: *Die Erbschaft. Ein Schauspiel in drey Aufzügen*]; St. 9, S. 239-244: *Lina*; St. 11, S. 381-387:

Das Wort zur rechten Zeit. Eine Erzählung; Jg. 1778, Bd. 1, St. 1, S. 82: *Entschlus;* St. 6, S. 528-546: *Das Misverständnis. Szene;* Bd. 2, St. 9, S. 232-239: *Mariens Rede bei der Trauung. Ein Fragment;* Jg. 1779, St. 5, S. 469-479: *Münsterische Verordnung die Studien in den Klöstern betreffend* [Wiederabdr. von *Nachrichten aus Amerika, Die Untreue aus Zärtlichkeit* und *Ida* in: *Deutsches Museum.* Hg. von Christian Boie und (bis 1778) Chr. K. Wilh. Dohm. Leipzig 1776-88. Auszüge aus den Jahrgängen 1776-1781] – Reichard: Theater-Kalender 1777, S. 17: *An Hollbeck. Als Ekhof und Mad. Starke die Eltern im Deserteur aus Kindesliebe spielten* – Umgestaltung des Münsterschen Gymnasiums durch den Minister Franz Freiherrn von Fürstenberg, nebst Nachrichten über Fürstenberg, von Bernhard Sökeland. Münster: Regensberg 1828, S. 45-51: *Schulverordnung von 1776. Nach Entwurf des Ministers Freiherr vom Stein* [stilistische Bearb. von Sprickmann] – Westf. Anzeiger 1803, Nr. 39, Sp. 609-611: *Empfindungen eines Westfälingers bey* [Friedrich Gottlieb] *Klopstocks Tode* [anonym]; Nachdr. in: S. Sudhof: Klopstock und der Kreis von Münster, in: Westfalen 34, 1956, S. 190-195 – Stettiner Sonntagsztg. 1808, Nr. 16 und 18: *Epigrammatische Gedichte eines Veteranen* [anonym] – Westf. Archiv 1812: *Gedichte aus dem Jahr 1773; Gedichtkranz, aus Anlaß von Sprickmanns bevorstehendem Abgange aus Westphalen* – weitere Beitr. in: Berliner Literatur- und Theaterztg. 1780, Nr. 2f.; Morgenbl. 1807, Nr. 224f.; Jg. Nr. 73, 26.3.1814; Westf. Anzeiger 1811, Nr. 45; Berliner Gesellschafter 1838, Nr. 75 von 11.5.1838, S. 373f.; Allg. Conversationsbl. 1843, Bd. 1-2 – **Gedichtnachdr. in:** Matthisson: Lyrische Anthologie 11, 1805, S. 127: *An eine Rosenknospe;* S. 128ff.: *Trudchen;* S. 131ff.: *Lina;* S. 134f.: *Die Liebe. An Dora;* S. 138f.: *Klopstock;* S. 140ff.: *Abschied;* S. 143: *Klage an Dora* – **postum:** Bruno Haas-Tenckhoff: Münster und die Münsteraner in Darstellungen aus der Zeit von 1870 bis zur Gegenwart. Mit einer Einleitung: Münster im Urteil des 16., 17. und 18. Jahrhunderts. Münster 1924, S. 27f.: *A.M. Sprickmann und die Münsteraner, mit einem Auszug eines Gedichtes an* [Friedrich Wilhelm] *Gotter von 1771* – Dt. Literatur in Entwicklungsreihen. Reihe: Dt. Selbstzeugnisse. Hg. von M. Beyer. Bd. 9: Empfindsamkeit, Sturm und Drang. Leipzig 1936, S. 254-284: *Meine Geschichte* [Ausz. aus der Autobiogr.].

Briefe von Sprickmann: an Amalia von Gallitzin, in: E.C.T. von Kitzing (Hg.): Mittheilungen aus dem Tagebuch der Fürstin Amalia von Gallitzin. Nebst Fragmenten und einem Anhange. Stuttgart 1868, S. 120

; in A. Strodtmann (Hg.): Briefe von und an Gottfried August Bürger. Ein Beitrag zur Literaturgeschichte seiner Zeit. Aus dem Nachlasse Bürger's und anderen, meist handschriftlichen Quellen hg. 3 Bde. Berlin 1874, Bd. 2, S. 21; J. Venhofen: Anton Matthias Sprickmann als Mensch und Dichter 1749-1781. Ein Beitrag zur westfälischen Literaturgeschichte des 18. Jahrhunderts. Münster 1910, S. 44; E. Trunz, Waltraud Loos: Goethe und der Kreis von Münster. Münster 1971 (=Veröffentl. der Hist. Komm. für Westfalen 19: Westf. Briefwechsel und Denkwürdigkeiten 6); [2., überarb. und erg. Aufl. Münster 1974], S. 24, K. 234 – an Annette von Droste-Hülshoff, Berlin 2.-8.12.1818, in: P. Masclaux (Hg.): Aus dem alten Berlin. Ein Brief Sprickmanns an Annette von Droste-Hülshoff, in: Berliner Tagebl., Beibl. "Der Zeitgeist", Nr. 8 vom 20.2.1905; an dies., Breslau 21.11.1814, in: B. Kortländer: Annette von Droste-Hülshoff und die deutsche Literatur. Münster 1979, S. 71-73; an dies., Berlin 1.3.1819, in: Winfried Woesler: Das letzte Schreiben Sprickmanns an die Droste, in: ARE 3, Nr. 246, 1983; an Annette von Droste-Hülshoff und Meta Sprickmann-Kerkering, 2.4.1817, in: Der Freiin Annette Elisabeth von Droste-Hülshoff Gesammelte Werke. Hg. von Elisabeth Freiin von Droste-Hülshoff. Nach dem handschriftlichen Nachlaß verglichen und ergänzt, mit Biographie, Einleitungen und Anmerkungen versehen von W. Kreiten. 4 Bde. Paderborn 1884-1887, Bd. 1, S. 59 – an Georg Leonhart, in: Strodtmann 1874 (s.o.), Bd. 2, S. 197f. – an Jenny von Voigts, geb. Möser, in: W. Hosaeus: Aus den Briefen Anton Matthias Sprickmann's an Jenny von Voigts, geb. Möser, in: Zeitschr. für vaterländ. Gesch. und Alterthumskunde 40, 1882, Abt. 1, S. 3-49 – an Friedrich Gottlieb Klopstock, 11.10.1773, 24.11.1773, 20.4.1775, 20.5. 1775, in: B. Moritz: Fürstenbergs und Sprickmanns Briefe an Klopstock, in: Westfalen 33, 1955, S. 15-23, hier: S. 15-19 – an Gottfried August Bürger, in: J. Wahle: Bürger und Sprickmann. Nachlese zu ihrem Briefwechsel, in: Forschungen zur neueren Literaturgeschichte. Festgabe für R. Heinzel. Weimar 1898, S. 189-202 – an Heinrich Christian Boie, Mitte April 1778, Juni 1778, 25.6.1778, 12.7.1778, in: E. Schmidt: Lotte Kestner und Sprickmann, in: Chronik des Wiener Goethe-Vereins 16, Wien 1902, S. 30f. ; dass. in: Trunz/ Loos 1971 (s.o.), S. 16-18, K. 229-230; vom 18.7.1776, in: Trunz/ Loos 1971 (s.o.), S. 6. K. 223f. [weitere Briefe an Boie sind in Weinhold 1872 (s.u.) eingegangen] – an Franz von Fürstenberg, in: Schmidt 1902 (s.o.), S. 31; dass. in: Venhofen

1910 (s.o.), S. 93; dass. in: Trunz/ Loos 1971 (s.o.), S. 229 – an seine Frau Marianne, geb. von Kerkerinck, sowie an Rothmann, Krebs, Schwick und Hosius vom 23.4.1776 [enthusiastisches Urteil über seine erste Begegnung mit Klopstock], Teilabdr. in: W. Stammler: Matthias Claudius, der Wandsbecker Bote. Halle 1915, S. 102ff. – an Johann Heinrich Schmedding: 20.3.1812, 7.1.1814, 4.10.1814, 16.7.1816, 1.1.1817, in: E. Hegel: Anton Matthias Sprickmanns Berufung nach Breslau. Briefe aus dem Sprickmann-Nachlaß der Universitätsbibliothek Münster, in: Reformata Reformanda. Festgabe für H. Jedin zum 17. Juni 1965. Hg. von E. Iserloh und K. Repgen. Bd. 2. Münster 1965, S. 431-446 – an Gustav Friedrich Wilhelm Großmann, 16.7.1778, 26./27.8.1778, 30.8.1778, in: Trunz/ Loos 1971 (s.o.), S. 19-21; K. 230f.

Briefe an Sprickmann: von Ludwig Heinrich Christoph Hölty (18.6.1776), in: Morgenbl., Nr. 73 vom 26.3.1814, S. 289 – von Johann Gottfried Herder 1788, in: Thusnelda. Unterhaltungsblatt für Deutsche. Hg. von Carl Wilhelm Grote und Friedrich Raßmann. Coesfeld; Leipzig; Berlin, April bis Dez. 1816, Nr. 107, Sp. 324 – von Gottfried August Bürger, Wölmershausen 26.12.1776, in: Strodtmann 1874 (s.o.), Bd. 1, S. 382-385; Bd. 3, S. 58f. – von →Annette von Droste-Hülshoff, 20.12. 1814, Ende Febr. 1816, 27.10.1818, 8.2. 1819, in: H. Hüffer: Annette von Droste-Hülshoff, in: Dt. Rundschau 7, 1881, Bd. 26, H. 5 und 6, S. 208-228 und 421-446, hier: S. 213-224; dass. in: H. Cardauns (Hg.): Die Briefe der Dichterin Annette von Droste-Hülshoff. Münster 1909 [Handschr. SB/LB Dortmund]; dass. in: Droste-Briefe 1944, Bd. 1, S. 11-14, 14-18, 20-23, 28-36; dass. in: W. Woesler (Hg.): Historisch-Kritische Droste-Ausgabe, Bd. 8, 1: Briefe 1805-1838. Bearb. von W. Gödden. Tübingen 1987, S. 4-7, 9-13, 15-21, 22-29; Wiederabdr. des Briefes vom 8.2.1819 in: Detlef Holz [Walter Benjamin]: Deutsche Menschen. Eine Folge von Briefen. Ausw. und Einl. von D. Holz. Luzern 1936, S. 62-66; – von Johann Heinrich Voß, in: W. Herbst: Johann Heinrich Voß. 2 Bde. Leipzig 1876 [Nachdr. Bern 1970], Bd. 2. Abt. 2. Leipzig 1876, S. 229-232 – von Katharina Schücking, Clemenswerth 21.10. o.J, in: Heinrich Groß (Hg.): Deutsche Dichterinnen in Wort und Bild. Bd. 1. Berlin 1885, S. 216f.; dass. Klemensworth 10.12.1822 und Fastnacht 1824, in: Weber 1917, S. 28-31, 33-39 – von Johann Heinrich Voß, 13.5.1779, in: E. Schmidt: Litterarische Mittheilungen. Festschr. zum 10jährigen Bestehen der Litteraturarchiv-Gesellschaft in Berlin. Berlin 1901, S. 21 – von Gebhard Leberecht Blücher, in: Vier Briefe des

Feldmarschalls von Blücher. Mitget. von T. Förster, in: Bundesblatt. Organ der Großen National-Mutter-Loge zu den drei Weltkugeln 18, 1904, S. 661-663; in: Braunschweiger Logen-Correspondenz 22, Braunschweig 1904/1905, S. 61f. – von Theobald Wilhelm Broxtermann, in: H. Jansen: Ungedruckte Briefe Broxtermanns und Wielands, in: Euphorion 32, 1931, S. 285-352, hier: S. 326-343 – von Sophie von La Roche, in: H. Jansen: Sophie von La Roche im Verkehr mit dem geistigen Münsterland. Nebst ungedruckten Briefen Sophies an Sprickmann. Münster 1931, S. 59-66; darin Anm. S. 67-79 – 12 Briefe von Christian Adolf Overbeck, in: H. Jansen: Aus dem Göttinger Hainbund. Overbeck und Sprickmann. Ungedruckte Briefe Overbecks. Münster 1933, S. 127-172, 182-194 – 2 Briefe von Karl August von Closen, in ebd., S. 177-181 – von Friedrich Gottlieb Klopstock, in: H. Jansen: Klopstock und der westfälische Hainbunddichter Sprickmann, in: Westfalen 23, 1938, S. 33f.; 4.5.1779 und 6.6.1782, in: Historisch-kritische Klopstock-Ausgabe, Abt. Briefe, Bd. VII,1, 1982, S. 120f., 241, Bd. VII,2, S. 701ff.; Bd. VII, 3, S. 1102f. – von Justus Möser, in: Justus Möser. Briefe. Hg. von E. Beins und W. Pleister. Hannover 1939 (=Veröffentl. der Hist. Komm. für Hannover, Oldenburg, Braunschweig, Schaumburg-Lippe und Bremen 21) – von Walter Anton Schwick, 16.4.1776, in: J. Hasenkamp: Sprickmann, Schwick und die Anfänge des münsterischen Theaters. Mit einem unveröffentl. Brief Schwicks an Sprickmann aus dem Jahre 1774, in: Westfalen 33, 1955, S. 47-54 – von Meta Sprickmann [Sprickmanns Schwiegertochter], in: J. Prinz: Die Geschichte des münsterischen Theaters bis 1945, in: W. Vernekohl (Hg.): das neue theater in münster. Beiträge zur Theater- und Musikgeschichte in der Provinzialhauptstadt. Münster 1956, S. 25-66 – von Franz von Fürstenberg, 20.5. und 28.5.1778, in: S. Sudhof (Hg.): Der Kreis von Münster. Briefe und Aufzeichnungen Fürstenbergs, der Fürstin Gallitizn und ihrer Freunde. Bd. 1,1 und 1,2. Münster 1962, 1964, Bd. 1.1, S. 30f.; dass. in: Trunz/Loos 1971 (s.o.), S. 13, 15, K. 228f. [Handschr. im Fürstenbergischen Archiv in Stammheim] – Neujahrsgruß Lichtenbergs, in: W. Promies (Hg.): Georg Christoph Lichtenberg. Schriften und Briefe. München 1967, S. 109.

Zeitgenössische Zeugnisse: (Ausw.) Levin Schücking: Die Fürstin Gallitzin und ihre Freunde, in: Rhein. Jb. 1840, Bd. 1, S. 123-183; ders.: Annette von Droste. Ein Lebensbild. Hannover 1862 – Johann Heinrich Voß an Ernestine Boie, 1.3.1886 [über Sprickmanns Jugendliebe], in: Jo-

hann Heinrich Voß: Briefe nebst erläuternden Beilagen. Hg. von A. Voß. Bd. 1. Halberstadt 1829, S. 304 - Franz von Sonnenberg: Brief vom 2.9.1804, in: Morgenbl. 1807, Nr. 224 - Gottfried August Bürger an Johann Nepomuk Rothmann [Sprickmann erwähnt], in: B. Hoenig: Ungedruckte Briefe von Gottfried August Bürger. Zu der 100. Wiederkehr seines Todestages, in: Euphorion 1, 1894, S. 309f. - Monasteriensia aus dem Alltag des vorigen Jahrhunderts, nach schriftlichen Aufzeichnungen, mitget. von Lothar Engelbert Schücking. Ein Doctorexamen in Münster um 1806. Von einem Rechtskandidaten geschildert [Prüfer war Sprickmann], in: Dortmundisches Magazin 1910, N.F. 2, Nr. 3, S. 28f. - Heinrich Christian Boie an Charlotte von Einem, 15.11.1779; Luise Mejer an Charlotte von Einem, 7.10.1779; Christian Adolf Overbeck an Charlotte von Einem, 20.10.1779; Höpfner an Charlotte von Einem, 13.9.1780 [jew. Sprickmann erwähnt], in: J. Steinberger (Hg.): Aus dem Nachlaß Charlotte von Einems. Ungedruckte Briefe von Hölty, Voß, Boie, Overbeck u.a. Jugenderinnerungen. Göttingen 1923, S. 4, 12f., 61, 69f., 75, 84, 86f., 158, 162f., 169 - Amalia von Gallitzin an Frans Hemsterhuys, 16.4.1781; Amalia von Gallitzin an Fürstenberg, 16.4.1781, in: G. Oehlert: Platons "Symposion" und die münsterländischen Osterfeuer. Zwei Briefe der Fürstin Gallitzin, in: Westfalen 33, 1955, H. 1, S. 24-28, hier: S. 25-27 - Christoph Bernhard Schlüter an Annette von Droste-Hülshoff, in: J. Nettesheim (Hg.): Schlüter und die Droste. Briefe von Christoph Bernhard Schlüter an und über Annette von Droste-Hülshoff. Münster 1956, S. 10f., 42 - Jenny von Voigts, geb. Möser an Luise von Anhalt-Dessau [Sprickmann häufig erwähnt], in: W.F. und U. Sheldon: Im Geiste der Empfindsamkeit. Freundschaftsbriefe der Mösertochter Jenny von Voigts an die Fürstin Luise von Anhalt-Dessau 1780-1808. Osnabrück 1971 (=Osnabrücker Geschichtsquellen und Forschungen 17).
Literarische Zeugnisse: Franz von Sonnenberg: Der Weisheitslehrer. An Herrn Hofrath Sprickmann, in ders.: Gedichte. Nach dessen Tode hg. von J.G. Gruber. Rudolstadt 1808, S. 182-186 - Friedrich Raßmann: 3 Gedichte an Sprickmann, in ders.: Auserlesene poetische Schriften. Heidelberg 1816; Nachdr. der Ged. in: Grote/ Raßmann: Thusnelda 1816 (s.o.), Bd. 2, Nr. 107 vom 5.12.1816, Sp. 317 sowie in: Winfried: Nordischer Musenalmanach 1818, S. 166.
Selbständige Veröffentlichungen über Sprickmann: J. Venhofen: Anton Matthias Sprickmanns Jugendjahre und dichterische Frühzeit. Mün-

ster 1909 [Diss. phil.]; ders.: Anton Matthias Sprickmann als Mensch und Dichter 1749-1781. Ein Beitrag zur westfälischen Literaturgeschichte des 18. Jahrhunderts. Münster 1910 [stark gekürzte Fassung der Diss.] [Rez.: W. Stammler: Literatur über Sturm und Drang, in: Euphorion 18, 1911, S. 780-784] - J. Hasenkamp: Sprickmann und der Kreis von Münster. Diss. Münster 1955 [masch.] .
Unselbständige Veröffentlichungen über Sprickmann: Anzeige zu Sprickmanns Operette "Der Geburtstag", in: Clevische Theater-Ztg. 1775, Nr. 17 - F. Steinmann: Anton Mathias Sprickmann als Bühnendichter, in: Berliner Gesellschafter, Nr. 75 vom 11.5. 1838, S. 373f. - K. Weinhold: Anton Matthias Sprickmann, in: Zeitschr. für dt. Kulturgesch. N.F. 1, 1872, S. 261-290 - E. Schmidt: Sprickmann, Anton Matthias, in: Allgemeine Deutsche Biographie 35, 1892, S. 305-313, hier S. 307 - Schmidt 1902 (s.o.), Nr. 7f., S. 29-32; ders.: Aus dem Liebesleben des Siegwartdichters, in ders.: Charakteristiken. 2. Aufl. Bd. 1. Berlin 1902, S. 169-188, hier: S. 178ff. - H. Becker: Anton Matthias Sprickmann, in: Rhein.-westf. Ztg. vom 12.5.1910 - H. Droste zu Hülshoff: Anton Mathias Sprickmann, der Freund und Berater von Annette Droste, in: Rhein.-westf. Ztg., Nr. 206 vom 22.4.1928. Beil. "Kunst, Wissen und Leben" - F. Hase: Sophie von La Roche und Anton Matthias Sprickmann, in: Münsterischer Anzeiger vom 30.4.1931 - H. Jansen: Sprickmann, der westfälische Hainbunddichter und Gelehrte. Zu seinem 100. Todestag am 22. Nov., in: Westf. Nachrichten vom 22.11.1933; ders.: Klopstock und der westfälische Hainbunddichter Sprickmann. Mit unveröffentlichten Briefen, in: Westfalen 23, 1938, S. 27-47; Sonderdr.: Münster 1938. 47S.; ders.: Sprickmann und Schleiermacher (Nach unveröffentlichten Dokumenten zu Sprickmanns Berufung nach Berlin), in: Westfalen 25, 1940, S. 85-88 - N.M.: Anton Matthias Sprickmann. Zum 200. Geburtstag des westfälischen Dichters, in: Westf. Nachrichten vom 7.9.1949 - J. Hasenkamp: Anton Matthias Sprickmann. Zu seinem 120. Todestag, in: Westf. Nachrichten vom 22.11.1953; ders.: Sprickmann, Schwick und die Anfänge des münsterischen Theaters. Mit einem unveröffentlichten Brief Schwicks an Sprickmann aus dem Jahre 1775, in: Westfalen 33, 1955, S. 47-54; ders.: Anton Matthias Sprickmanns geistige Welt. Ein Beitrag zur Geistesgeschichte Westfalens um die Wende des 18. Jahrhunderts, in: Westf. Zeitschr. 1958, Nr. 108, S. 99-175 - Jansen: Aus dem Göttinger Hainbund (s.o.) - C. Steinbicker: Anton Mathias Sprickmann und seine

Vorfahren, in: Beitr. zur westf. Familienforschung 18, 1960, S. 57-80 – P. Melchers: Unveröffentlichte Bildnisse Anton Matthias Sprickmanns, in: Festschr. zum 50jährigen Bestehen der Westdt. Gesellsch. für Familienkunde e.V. Köln 1963, S. 197 – Hegel 1965 (s.o.) – L. Folkerts: Dr. jur. Anton Matthias Sprickmann. Der Hainbunddichter, Theaterfachmann und Jurist starb vor 150 Jahren, in: Auf roter Erde, Nr. 251, 1984 – W. Gödden: "Eine gefüllte Rose auf einem wilden Stocke". Justus Möser und Anton Mathias Sprickmann, in: Möser-Forum 1, 1989, S. 156-175 – W. Gödden: Weltflucht und Poetenmisere. Aus dem Leben des Anton Mathias Sprickmann, in: Jb. Westfalen '92, S. 175-182.

Erwähnungen in: W. Esser: Franz von Fürstenberg. Dessen Leben und Wirken. Nebst seinen Schriften über Erziehung und Unterricht. Münster 1842 – K. Weinhold: Heinrich Christian Boie. Beitrag zur Geschichte der deutschen Literatur im achtzehnten Jahrhundert. Halle 1868 [Nachdr. Amsterdam 1970], S. 54, 56, 91, 179, 216, 218-220, 265-267 – W. Herbst 1876 (s.o.), Bd. 1, S. 174, 179, 190, 200; Bd. 2, S. 2, 229, 231 – E. Buchholtz: Der Konrektor von Einem und seine Tochter Charlotte. Ein kleiner Beitrag zur Geschichte des Mindener Schulvereins und der Literatur des 18. Jahrhunderts. Progr. Münden 1899, S. 26ff. – A. Pieper: Die alte Universität Münster 1773-1818. Ein geschichtlicher Überblick. Münster 1902, S. 15f., 18, 21, 23f., 72, 74, 79, 83, 91f. – W. Stammler: Lenzens "Hofmeister". Diss. Halle 1908, S. 49-51 – Hofstaetter 1908, S. 72, 146f., 166, 185 – H. Stolz: Die Entwicklung der Bühnenverhältnisse Westfalens von 1700 bis 1850. Diss. Münster 1909, S. 9, 20f., 24 und 44 – H. Grantzow: Geschichte des Göttinger und Vossischen Musenalmanachs. Berlin 1909 (=Berliner Beiträge zur germanischen und romanischen Philologie 35, 22), S. 64, 75, 83, 98 – M. Lenz: Geschichte der Königlichen Friedrich-Wilhelms-Universität zu Berlin. Bd. 1. Halle 1910, S. 568-70; Bd. 2,1, S. 209, 387, 409f. – Stammler 1915 (s.o.), S. 102-106 – A.M. Wagner: Heinrich Wilhelm von Gerstenberg und der Sturm und Drang. Bd. 1. Heidelberg 1920, S. 107 – C. Stockmeyer: Soziale Probleme im Drama des Sturmes und Dranges Frankfurt/M. 1921 (=Dt. Forschungen 5), S. 143f. – P. Kluckhohn: Die Auffassung der Liebe in der Literatur des 18. Jahrhunderts und in der deutschen Romantik. Halle/ Saale 1922, S. 195, 208, 211f., 226f., 236, 305f. – L. Bäte: Jenny von Voigts. Eine vergessene Freundin Goethes. Warendorf 1926 – J. Schwering: Dichtung auf Roter Erde im 19. Jahrhundert, in: Th. Wegner (Hg.): Westfalenland. Eine Landes- und Volkskunde Westfalens. Bd. 4. Paderborn 1927, S. 135f. - P. Casser: Die westfälischen Musenalmanache und poetischen Taschenbücher. Ein Beitrag zur Geschichte der literarischen Kultur Westfalens in der ersten Hälfte des 19. Jahrhunderts, in: Zeitschr. für vaterländ. Gesch. und Alterthumskunde 85, Münster 1928, S. 239-281 [häufig erwähnt] - Julius Lothar Schücking: Das Geistesleben des Münsterlandes während des ersten Drittels des vorigen Jahrhunderts mit besonderer Berücksichtigung der romantischen Ideen. Dortmund 1928, S. 13, 29 - E. Müller: Annette von Droste-Hülshoff. Die Wohnungen der Dichterin und ihres Freundeskreises in Münster, in: Münsterländische Nachrichten vom 16.9.1928 - W. Rave: Die Nachfahren des Peter Pictorius, in: Westfalen 18, 1933, 189-192 [Ahnentafel Sprickmanns] - R. Bäsken: Die Dichter des Göttinger Hains und die Bürgerlichkeit. Königsberg/ Berlin 1937 (=Schr. der Albertus-Univ. 6) - H. Kindermann: Die Droste und der Göttinger Hainbund, in: Westfalen 23, 1938, S. 121-128, hier: S. 125ff. - E.v. Garvens: Wetzlar. Bild einer Stadt. Frankfurt/M. 1949 - Reinhard 1953, S. 53f. - E. Trunz: Handschriftliche Quellen zur Geschichte des westfälischen Geisteslebens im 18. Jahrhundert, in: Westfalen 33, 1955, H. 1, S. 4-6 - S. Sudhof: Klopstock und der Kreis von Münster, in: Westfalen 34, 1956, S. 190-195 - W. Sprickmann-Kerkering (Hg.): Dr. med. J. Chr. Sprickmann über seine und seiner Vorfahren Familie, übersetzt von F. Hase, Münster 1956 [masch.] - L. Bäte: Justus Möser. Advocatus patriae. Frankfurt/M., Bonn 1961, S. 219 u.ö. - C. Steinbicker: Vom Geschlechterkreis der münsterischen Rats- und Bürgermeisterfamilie Timmerscheidt, in: Westf. Zeitschr. 111, 1961 - Trunz: Franz von Fürstenberg. Seine Persönlichkeit und seine geistige Welt, in: Westfalen 39, 1961, S. 2-44 [mehrf. erwähnt] - Sudhof 1962 (s.o.) [s. Register] - Trunz/Loos 1971 (s.o.) [s. Register] - W. Gödden, I. Nölle-Hornkamp: Die westfälischen Dichter. Ein literarischer Führer durch ihre Werke und ihr Leben, ihre Landschaften, Städte und Dörfer, in: Jahrbuch Westfalen '91. Hg. von Rainer A. Krewerth. Münster 1990, S. 5-104 (=Westf. Heimatkalender N.F. 45), S. 62ff.; dies.: "Von den Musen wachgeküßt ..." Als Westfalen lesen lernte. Hg. im Auftrag des Landschaftsverbandes Westfalen-Lippe - Westf. Museumsamt. Katalog: W. Gödden, I. Nölle Hornkamp. Paderborn 1990; dies.: Dichter - Stätten - Literatouren. Münster 1992 (Kulturlandschaft Westfalen 1) - H. Dedert: Die Erzählung im Sturm und Drang. Studien zur Prosa des 18. Jahrhunderts. Stuttgart 1990 (=Germ. Abh. 66) - W. Gödden: Die an-

dere Annette. Die Droste als Briefschreiberin. Paderborn 1991, S. 109-119 [Kap.: Genialisches. Briefwechsel der Droste mit Sprickmann] – darüber hinaus Erwähnungen in der gesamten Literatur über Annette von Droste-Hülshoff, dem Kreis von Münster und Fürstenberg.
Bildnis: 1. Kupfer, in: Grote: Münsterländisches poetisches Taschenbuch 1818 – 2. Porträt von Georg Oswald May [verschollen] – 3. 2 Porträts von Carl Joseph Haas, um 1795 und um 1813 (Abb.: H. Westhoff-Krummacher: Carl Joseph Haas (1775-1852), ein unbekannter münsterischer Porträtist, in: Westfalen 54, 1976, S. 146-166) – 4. Ölgemälde von Johann Christoph Rincklake [1945 verbrannt] (Abb.: H. Westhoff-Krummacher: Johann Christoph Rincklake – Westfalens Gesellschaft um 1800. 23.9.-4.11.1984 [Ausstellung]. Landschaftsverband Westfalen-Lippe. Westf. Landesmuseum für Kunst und Kulturgeschichte. Münster 1984, K. 330) – 5. Porträt von Johann Christoph Rincklake, ca. 1809, 1813 entstanden. Öl auf Leinwand, 58,6x 45,6 cm [Freimaurerloge "Zu den drei Balken" Münster] (Abb.: Westhoff-Krummacher 1984 (s.o.), S. 476) – 6. Brustbild, Lithogr. von C. Schimmel erwähnt in: Verzeichnis der Westfälischen Bildnisse. 3. Aufl. Hg. von der Stadtbibliothek Dortmund. Dortmund 1927, S. 29) – 7. Kopfbild, Silhouette (erwähnt ebd.; Abb.: W. Schulte: Westfälische Köpfe. 300 Lebensbilder bedeutender Westfalen. Biographischer Handweiser. 3. Aufl. Münster 1984, S. 315).
Handschriftliches und Nachlaß: Der literarische und der jur. Nachlaß befinden sich weitgehend vollst. in der Universitätsbibliothek Münster. Inhalt: u.a.: *Der Brauttag.* Oper [Urauff. am 1.1.1775 in Münster; Manuskript]; *Der neue Menschenfeind.* Oper [Manuskript]; *Das Avancement* [Nachspiel in 1 Aufz.; Manuskript]; Gedichte: *Der Eine; Liebe und Freundschaft; An meinen Flausrock; An ein paar fleißige Studenten; In einem Kreise akademischer Freunde; Glaube, Hoffnung und Liebe; Cloe an den Flötenspieler; An Moses Mendelssohn;* Erz., Novellen, Essays, Biogr. E.T.A. Hoffmanns, Autobiogr. *Mein Leben,* Lebenserinnerungen, Tagebücher von 1814-1829 – Briefe, u.a. von Heinrich Christian Boie, Gottfried August Bürger, Johann Gottlieb Klopstock, Johann Gottfried Herder, Georg Christoph Lichtenberg, Friedrich von Matthisson, Johann Jakob Wilhelm Heinse, Karoline Herder, Sophie La Roche, Charlotte Buff, Gustav Friedrich Wilhelm Großmann, Johann Heinrich Voß, Friedrich Leopold von Stolberg, Christian Adolf Overbeck, Ludwig Christoph Hölty – Briefwechsel mit Charlotte Kramann (1780-1810), Char-

lotte von Einem (50 Briefe), Justus Möser und dessen Tochter Jenny von Voigts, Amalia von Gallitzin, Frans Hemsterhuys, den Brüdern Jacobi, Johann Heinrich Schmedding, Friedrich Raßmann und zahlr. weiteren westf. Schriftstellern (450 Briefe), außerdem zahlr. Familienbriefe – einzelne Handschriften: 1. UB Göttingen: (aus dem Herzogl. Anhaltisches Haus- und StA Zerbst) Briefe Sprickmanns an Jenny von Voigts – 2. Westfälisches Landesmuseum für Kunst und Kulturgeschichte Münster, Depositum Schücking: Briefwechsel mit Katharina Schücking – 3. Sammlung Preußischer Kulturbesitz Berlin: Brief an Heinrich Christian Boie, Wetzlar, 7.5.1778 – 4. Universitätsbibliothek Leipzig, Slg. Kestner: Briefe an Gustav Friedrich Wilhelm Großmann, vom 16.7.1778, 26./27.8.1778 und 30.8.1778 – 5. Stadt- und Landesbibliothek Dortmund: Brief an Heinrich Wilhelm von Gerstenberg vom 27.10.1793 – 6. Universitätsbibliothek Hamburg: Briefe an Klopstock – 7. Nachlaß Erbdroste Adolf Heidenreich Droste-Vischering auf Schloß Darfeld: handschr. Nachschr. einer Geschichtsvorlesung Sprickmanns von 1785 (270S.).

Veröffentlichungen zum Nachlaß: H. Jansen: Erwerbung von Sprickmanns Nachlaß durch die Universitäts-Bibliothek Münster, in: Minerva-Zeitschr.; Zentralbl. für die Gelehrte Welt, Nr. 5, 1929, S. 69f. (UB Münster); ders.: Der handschriftliche Nachlaß des westfälischen Dichters und Gelehrten Sprickmann, in: Zeitschr. für Bücherfreunde, N.F., Nr. 21, Leipzig 1929, S. 33-37 (UB Münster) – G. Goldschmidt: Die Autographen-Sammlung der Universitätsbibliothek Münster, in: Westfalen 35, 1957, H. 1-3, S. 89-104 (UB Münster) – F.K. Gieseking: "Besonnener Jurist – unbesonnener Schwärmer". Dr. Günther Goldschmidt bearbeitet in einer großartigen Dokumentation den von der Universitätsbibliothek Münster erworbenen wissenschaftlich-juristischen Nachlaß eines Großen der Geniezeit: Anton Matthias Sprickmann, in: Münstersche Ztg. vom 21.8.1963 – J. Hasenkamp: Der juristische Nachlaß von Anton Matthias Sprickmann. Geordnet, katalogisiert und beschrieben durch Oberbibliotheksrat i.R. Dr. G. Goldschmidt, in: ARE 19, 1963, Nr. 57, S. 2 – G. Goldschmidt: Der juristische und historische Nachlaß Anton Matthias Sprickmanns, in: Westfalen 42, 1964, S. 281-296; ders. (Hg.): Der wissenschaftliche und juristische Nachlaß von Anton Matthias Sprickmann. Bd. 1. Münster 1979.

Anmerkungen

1   Gemeint ist Anton Mathias Sprickmanns Autobiographie "Meine Geschichte", die an entlegener Stelle gedruckt und von der Forschung kaum zur Kenntnis genommen wurde. Der Abdruck erfolgte in: Deutsche Literatur in Entwicklungsreihen. Reihe: Deutsche Selbstzeugnisse. Hg. von M. Beyer. Bd. 9: Empfindsamkeit, Sturm und Drang. Leipzig 1936, S. 254-284.
2   Brief an Heinrich Christian Boie, Sommer 1777, Karl Weinhold: Anton Matthias Sprickmann, in: Zeitschrift für deutsche Kulturgeschichte. N.F. 1, 1872, S. 261-290 (UB Münster, Kopie im Sprickmann-Nachlaß), hier S. 280.
3   Brief vom 7. September 1790, Johannes Hasenkamp: Sprickmann und der Kreis von Münster. Diss. masch. Münster 1955, S. 84. Jenny von Voigts spielte in der Literaturgeschichte keine unbedeutende Rolle, vgl. zuletzt den Artikel über sie in: Westfälisches Autorenlexikon. Bd. 1: 1750-1800. Hg. von Walter Gödden und Iris Nölle-Hornkamp, S. 419-421 mit weiteren Quellenangaben. Über Sprickmanns Beziehung zu Jenny von Voigts siehe unten das Kapitel "Auf der Suche nach 'innerer Konsistenz'", vgl. ferner Sprickmanns Selbstaussagen, die Johannes Hasenkamp (Anton Matthias Sprickmanns geistige Welt. Ein Beitrag zur Geistesgeschichte Westfalens um die Wende des 18. Jahrhunderts, in: Westfälische Zeitschrift 1958, Nr. 108, S. 99-175), S. 108f., anführt.
4   Siegfried Sudhof (Von der Aufklärung zur Romantik. Die Geschichte des "Kreises von Münster". Berlin 1973, S. 109) zählt Sprickmanns Briefe "sicherlich zu den charakteristischen und wohl auch zu den besten des Sturm und Drang".
5   Weinhold <Anm. 2>, S. 262.
6   Die Ursache für seine sensitive (Über)Empfänglichkeit erkannte Sprickmann – freilich schon unter Einfluß empfindsamer Lektüre – in einer zu weichlichen und zu nachsichtigen Erziehung, die ihm seine "drey Mütter", das sind seine aus der Künstlerfamilie Pictorius stammende Mutter und deren im Elternhaus lebenden

weltgeistlichen Schwestern, zukommen ließen, während sein früh verstorbener Vater, der von heftiger Natur gewesen sein soll, kaum in die Erziehung eingriff. In der autobiographischen Erzählung "Die Untreue aus Zärtlichkeit" heißt es: "Meine Mutter ... erzog mich in äußerster Nachsicht und Liebe, ... So entstand diese Empfindsamkeit, der ich freylich mein Bestes, aber auch das Traurigste meines Lebens anrechnen muß" (Deutsches Museum, Jan. 1777, S. 15; vgl. Hasenkamp 1955 <Anm. 3>, S. 53). Seit 1760 besuchte Sprickmann das münsterische Gymnasium Paulinum, ein Jesuitengymnasium. Er war einer der besten Schüler, ehrgeizig und regelrecht lesewütig (zu Sprickmanns Herkunft und seinen Jugendjahren vgl. Hasenkamp 1955 <Anm. 3>, S. 21-24 sowie Clemens Steinbicker: Anton Mathias Sprickmann und seine Vorfahren, in: Beitr. zur westf. Familienforschung 18, 1960, S. 57-80). Auch bewies er Anlage zur Musik und brachte es im Flötenspiel und als Librettist von Operntexten zu einiger Meisterschaft (vgl. zusammenfassend Hasenkamp 1958 <Anm. 3>, S. 138-141). Schon damals zog Sprickmann das Theater magisch an. Episodenhaft schildert er in seiner "Geschichte", wie er sich als 15jähriger auf der Schulbühne in die Hauptrolle eines Trauerspiels derart hineingesteigert habe, daß "nur das Ende des Stückes ihn vor einer Ohnmacht habe retten können". Sein Spiel habe lauten Beifall gefunden, "Thränen flossen bei den rührenden Situationen" (vgl. Johannes Venhofen: Anton Matthias Sprickmann als Mensch und Dichter 1749-1781. Ein Beitrag zur westfälischen Literaturgeschichte des 18. Jahrhunderts. Münster 1910, S. 6).

7   Vgl. Weinhold <Anm. 2>, S. 265.
8   Vgl. Wolfgang Stammler: Literatur über Sturm und Drang <Rezension zu Venhofen 1910>, in: Euphorion 18, 1911, S. 780-784, hier S. 783.
9   So schon Dohm an Bürger, 2. März 1777, Venhofen <Anm. 6>, S. 91.
10 Das galt auch später noch, als er über vieles anders und weniger selbstbezogen dachte. Gemessen am Ideal der Liebe und Freundschaft erschien Sprickmann nun die Sinnlichkeit wie eine Selbstsucht. Mit zunehmender Reife stellte er die Anschauung von der Freundschaft über die der sinnlichen Liebe. Ihren reinsten Aus-

	druck fand diese Empfindung in seiner Seelenfreundschaft mit Jenny von Voigts.
11	Auf eine noch unveröffentlichte Erzählung "Der ästhetische Thee" in Sprickmanns Nachlaß weist Sudhof <Anm. 4>, S. 106 Anm., hin, ferner auf einen Roman "Hanse", den Sprickmann in einer Liste "Meine Opraomnia" anführte.
12	Stammler 1911 <Anm. 8>, S. 784. Ein von Stammler geplanter Nachdruck der Erzählungen blieb allerdings aus.
13	Brief Overbecks an Sprickmann vom 9. bis 11. November 1777, Heinz Jansen: Aus dem Göttinger Hainbund. Overbeck und Sprickmann. Ungedruckte Briefe Overbecks. Münster 1933, S. 158. Das vollständige Zitat lautet: "Im Museum muß das Intelligenzblatt von dir seyn. Ich hab's noch nicht einmal lesen können. Gerstenbergen gefällt es vollkommen. Ueberhaupt fallen unser Beyder und noch mehrerer Freunde Stimmen dahin aus, daß Erzählungen dein wahres Fach sey, in dem du Original werden könntest. Aber du must kein Punctum machen, liederlicher Kreuzkerl! Etwas Diffusität scheint dir in den Erzählungen noch zuweilen anzuhängen."
14	Adolf Strodtmann (Hg.): Briefe von und an Gottfried August Bürger. Ein Beitrag zur Literaturgeschichte seiner Zeit. Aus dem Nachlasse Bürger's und anderen, meist handschriftlichen Quellen. 3 Bde. Berlin 1874. Bd. I, S. 350. Mit den beiden anderen Erzählungen waren "Nachrichten aus Amerika" und "Das Strumpfband, eine Klosterszene" gemeint.
15	Vgl. Jansen 1933 <Anm. 13>, S. 51.
16	Brief an Ernestine Boie vom 13. November 1776, Venhofen <Anm. 6>, S. 55.
17	Brief Bürgers vom 26. Dezember 1776, Strodtmann, Bürger-Briefe <Anm. 14>, Bd. I, S. 382.
18	Bürger an Boie, Brief vom 29. September 1787, Strodtmann, Bürger-Briefe <Anm. 14>, Bd. II, S. 145.
19	Erich Schmidt: Sprickmann, Anton Matthias, in: Allgemeine Deutsche Biographie 35, 1892, S. 305-313, hier S. 307.
20	Vgl. Venhofen <Anm. 6>, S. 90 und 102.
21	Hasenkamp 1958 <Anm. 3>, S. 155.
22	Vgl. Weinhold <Anm. 2>, S. 266.
23	Venhofen <Anm. 6>, S. 71.

24	Anhang zum 25.-36. Bd., 2. Abtlg., S. 739f.; vgl. Venhofen <Anm. 6>, S. 71 Anm.
25	Vgl. Venhofen <Anm. 6>, S. 71. Die Besprechung konnte nicht identifiziert werden.
26	Brief Overbecks an Sprickmann vom 9. bis 11. November 1777, Jansen 1933 <Anm. 13>, S. 156-161, hier S. 158.
27	Die Aufführung fand in Münster statt.
28	Venhofen <Anm. 6>, S. 113f.
29	Vgl. L. Meyer: Friedrich Ludwig Schröder. Heidelberg 1819, S. 323 und 327, Hasenkamp 1958 <Anm. 3>, S. 136.
30	Vgl. Venhofen <Anm. 6>, S. 7; die Verse entstammen einem Heft, das von einem Nachfahren Sprickmanns angelegt wurde (Sprickmann-Nachlaß). Es beinhaltet neben Abschriften der im Druck erschienenen Gedichte Sprickmanns auch unveröffentlichte Verse von ihm.
31	"Werther" und "Stella" gehörten für Sprickmann, wie er in "Etwas über das Nachahmen allgemein, und über das Göthisieren insbesondere" ("Deutsches Museum", November 1776) sagt, zur "ersten Klasse von Wesen, die die Dichtkunst geschaffen hat". In einem Brief an Boie formuliert er: "In Göthe bin ich verliebt ..." Zitiert nach Erich Trunz (Hg.): Goethe und der Kreis von Münster. Zeitgenössische Briefe und Aufzeichnungen. 2., überarb. und erg. Aufl. Münster 1974, S. 3.
32	Hintergrund war die in Anm. 1 genannte Reihe: Deutsche Literatur in Entwicklungsreihen. In diesem Zusammenhang kam es zu einem Kontakt zwischen der Herausgeberin und dem Bearbeiter von Sprickmanns Nachlaß, Heinz Jansen. Dem Abdruck ist folgende Bemerkung hinzugefügt: "Der hier folgende Teil aus Sprickmanns unveröffentlichter Selbstbiographie ... stammt aus einer Handschrift (S. 127-218), die der Sprickmann-Forscher Dr. Heinz Jansen also beschreibt: '200 Seiten = Seite 11-218 nach Sprickmanns eigener Erzählung. Defekt, da Seite 1-10, 57-64 und der Schluß fehlen. Diese Autobiographie reicht bis 1771.' ... – Die drei anderen vorhandenen Bearbeitungen sind Auszüge aus der eben angeführten und bieten nichts Neues."
33	Vgl. Sheldon <Anm. 37>, S. 77 sowie Hasenkamp 1958 <Anm. 3>, S. 109f.
34	Hasenkamp 1958 <Anm. 3>, S. 110.

35 Ebd.; die Selbstbiographie ist wie folgt aufgebaut: 1. Die Jahre 1749-59; 2. "Meine Schuljahre (1759-65), vom 10ten bis zum 16ten Jahr meines Lebens"; 3. "Meine akademischen Jahre (1765-68), von meinem 16ten bis zum 19ten Jahre"; 4. "Von meiner Zurückkunft von der Universität bis zu meiner Heirat" (1768-71); vgl. Jansens Notizen und Hasenkamp 1958 <Anm. 3>, S. 108, Anm. 43.

36 Venhofen <Anm. 6>, S. 129. Venhofen gibt kein Datum an.

37 William und Ulrike Sheldon: Im Geiste der Empfindsamkeit. Freundschaftsbriefe der Mösertochter Jenny von Voigts an die Fürstin Luise von Anhalt-Dessau 1780-1808. Osnabrück 1971 (=Osnabrücker Geschichtsquellen und Forschungen 17).

38 Jansen 1933 <Anm. 13>, S. 158.

39 Brief vom 3. und 7. Dezember 1778, Strodtmann, Bürger-Briefe <Anm. 14>, Bd. II, S. 326. Im Brief heißt es weiterhin: "Am Sonnabend habe ich einen Brief von Sprickmann erhalten. Richtig gehts in M[ünster] wieder so mit ihm, in Ansehung des Egaremens [!], wie du gefürchtet hast. In kurzem wird er wieder bis über die Ohren darin seyn." (S. 326)

40 Sheldon <Anm. 37>, S. 77 Anm.

41 Ebd., S. 225.

42 Ebd., S. 226.

43 Wilhelm Hosaeus: Aus den Briefen Anton Matthias Sprickmann's an Jenny von Voigts, geb. Möser, in: Zeitschrift für vaterländische Geschichte und Alterthumskunde 40, 1882, Abt. 1, S. 3-49, hier S. 10-12. Die Auslassungen innerhalb des Zitats wurden von Hosaeus vorgenommen.

44 Ebd., S. 14f.

45 Sheldon <Anm. 37>, S. 279.

46 Brief vom 3. Februar 1799, Sheldon <Anm. 37>, S. 280.

47 Sheldon <Anm. 37>, S. 282 Anm. Es liegt die Vermutung nahe, daß mit der "hohen heiligen Klagegestalt" Sprickmanns einzige wahre Liebe, Mariane, gemeint ist, die er auch in "Die Untreue aus Zärtlichkeit" porträtierte (s.u.).

48 Hosaeus <Anm. 43>, S. 14f.

49 Venhofen <Anm. 6>, S. 129; ähnlich Hasenkamp 1958 <Anm. 3>, S. 109: "Der Roman wurde nie fertig, da Sprickmann sein Leben nicht dichterisch zu bewältigen vermochte."

50 Sheldon <Anm. 37>, S. 282f.

51 So Venhofen <Anm. 6>, S. 129.
52 So Venhofen <Anm. 6>, S. 128; ebenso Hasenkamp 1958 <Anm. 3>, S. 110.
53 Brief an Bürger vom 25. Januar 1777, Strodtmann, Bürger-Briefe <Anm. 14>, Bd. II, S. 20.
54 Vgl. zu diesem Komplex insgesamt Venhofen <Anm. 6>, S. 10-13.
55 So Voß in einem Brief an Ernestine Boie vom 18. März 1776, vgl. Venhofen <Anm. 6>, S. 10.
56 Das Münsterland verdankt Franz von Fürstenberg eine moderne staatliche Reorganisation und Kulturpolitik, die unter anderem 1773 zur Gründung der Universität Münster führte.
57 Vgl. Joseph Prinz: Die Geschichte des Münsterschen Theaters bis 1945, in: das neue theater in münster. Beiträge zur Theater- und Musikgeschichte der Provinzialhauptstadt. Hg. von Wilhelm Vernekohl. Münster 1956, S. 25-66; vgl. weiterhin zum Thema: Walter Gödden/Iris Nölle-Hornkamp: Theaterblüten. Szenen auf der Münsterischen Theaterbühne, in: "Von den Musen wachgeküßt..." Als Westfalen lesen lernte. Ausstellungskatalog des Westfälischen Museumsamtes Münster. Paderborn 1990, S. 148-158 – Engagement für das Theater hieß damals zugleich: Begeisterung für eine Reform des deutschen Schauspiels und Abkehr von den tonangebenden französisch-klassizistischen Mustern. Diese Bestrebungen tragen nationalpolitische Züge. Auch Sprickmanns Stücke sind durchsetzt von Franzosenfeindlichkeit (mit der er im franzosenfreundlichen und antipreußischen Münster fast auf sich allein gestellt war).
58 Abdruck des Gedichts in: Gödden/Nölle-Hornkamp, Theaterblüten <Anm. 57>, S. 155 – Sprickmann veröffentlichte in der "Clevischen Theaterzeitung" unter anderem "An Madame Dobler. Münster 1773" und "An Madame Heinzius als Elise im Elisium", beides Huldigungen an verehrte Schauspielerinnen. 1775 schrieb er in Nr. 11-13, 17f. und 35 "Nachrichten über die Josephische Schauspielergesellschaft", vgl. Hasenkamp 1958 <Anm. 3>, S. 132 Anm.
59 Sein erstes Drama für die Münsterische Bühne, "Dido", von dem er in seiner "Geschichte" erzählt, blieb unvollendet. Die Aufführungsdaten sind zum Teil bekannt, vgl. Hasenkamp 1958

<Anm. 3>, S. 132f. Hinzu kommt die weiter unten erwähnte Operette "Der Geburtstag".

60 Sprickmann schickte diese heute verschollene Operette zur Begutachtung an Justus Möser. Sein Begleitbrief wurde in der Literatur – mit vagen Argumenten – auf 1770 datiert. Der Gesamtzusammenhang, in dem der Brief im Nachlaß steht, legt aber nahe, daß das Urteil aus dem Frühjahr 1774 stammt. Demnach hätte sich Sprickmann Möser – und vielleicht auch anderen – im Herbst 1773 als Literat vorgestellt und sich ihn als Gutachter seiner Arbeiten auserbeten; vgl. hierzu Walter Gödden: "Eine gefüllte Rose auf einem wilden Stocke". Justus Möser und Anton Mathias Sprickmann, in: Möser-Forum 1, 1989, S. 156-175, hier S. 162-165.

61 Einzelanalysen der Stücke bei Venhofen <Anm. 6>, S. 23-35.

62 Vgl. Hasenkamp 1958 <Anm. 3>, S. 140.

63 Jansen 1933 <Anm. 13>, S. 10. Zu den Titeln, die verlorengingen oder später vernichtet wurden, vgl. Hasenkamp 1958 <Anm. 3>, S. 133, ferner Sudhof <Anm. 4>, S. 106f. Anm.; vgl. ferner Schmidt <Anm. 19>, S. 309: "Ein dreiactiges Lustpiel 'Die Genies' verschwand wahrscheinlich im Nachlaß Cl. Schücking's ..." Nachforschungen im Schücking-Nachlaß führten zu keinem Ergebnis.

64 Jansen 1933 <Anm. 13>, S. 80-85; Hasenkamp 1958 <Anm. 3>, S. 119-127; ders., Sprickmann, Schwick und die Anfänge des münsterischen Theaters. Mit einem unveröffentlichten Brief Schwicks an Sprickmann aus dem Jahre 1775, in: Westfalen 33, 1955, S. 47-55.

65 Vgl. Jansen 1933 <Anm. 13>, S. 80-85.

66 Weinhold <Anm. 2>, S. 279 – In seiner Zeit galt Bucholtz als "junger, liebenswürdiger Mensch, voll Innigkeit und ganz außer der gewöhnlichen Weise" (so Johann Gottfried Herder) und aufstrebendes literarisches Talent. Boie, der Herausgeber des Deutschen Museums, schrieb 1777 an Bürger: "Sprickmann hat mir einige Aufsätze von einem jungen Menschen aus Münster geschickt, die großes Genie verrathen. Wenn du die beyden Stücke Bettina und Trost und Lehre im Museum liest, so vergiß nicht, daß der Verf. aus Münster und noch nicht davon weg gekom-

men, ein Katholik und 17 Jahre alt ist." Zu Bucholtz vgl. Westfälisches Autorenlexikon <Anm. 3>, Bd. 1, S. 56f.
67 Weinhold <Anm. 2>, S. 277.
68 Vgl. Jansen 1933 <Anm. 13>. Dort werden Sprickmanns und Overbecks Kreise in Göttingen, Münden, Lübeck, Wandsbeck, Hamburg und Münster behandelt.
69 Brief vom 26. März 1776, Jansen 1933 <Anm. 13>, S. 129.
70 Brief an Maria Theresia Sprickmann-Kerckerinck, Jansen 1933 <Anm. 13>, S. 14.
71 Brief Overbecks an Sprickmann vom 27. August bis 10. September 1777, Jansen 1933 <Anm. 13>, S. 155. Die Liste der Freunde und Briefpartner ließe sich erheblich verlängern. Zu nennen wären Herder, Möser, Friedrich Heinrich Jacobi, Johann Peter Uz, Johann Anton Leisewitz, Friedrich Ernst Daniel Schleiermacher, Friedrich Wilhelm Gotter – sowie weitere, heute weniger bekannte Schriftsteller und Persönlichkeiten. Mit allen stand Sprickmann in mehr oder weniger innigem Austausch.
72 Vgl. zusammenfassend Beatrix Moritz: Fürstenbergs und Sprickmanns Briefe an Klopstock, in: Westfalen 33, 1955, S. 15-23, hier S. 15-19.
73 Venhofen <Anm. 6>, S. 42.
74 Vgl. Brief Sprickmanns an Maria Theresia Sprickmann-Kerckerinck, 12. März 1827, Jansen 1933 <Anm. 13>, S. 68 Anm.
75 Die Freundschaft fand ihren Niederschlag in elf Briefen von Voß an Sprickmann aus den Jahren 1775 bis 1777. Die Briefe befinden sich im Sprickmann-Nachlaß. Die Gegenbriefe Sprickmanns sind verschollen; Teile daraus gingen in die Voß-Biographie von Wilhelm Herbst ein (Johann Heinrich Voß. 2 Bde., Leipzig 1872-76 [Nachdr. Bern 1970]), vgl. Bd. 1, S. 174, 179, 190, 200; Bd. 2, S. 2, 229, 231.
76 Venhofen <Anm. 6>, S. 36.
77 Herbst <Anm. 75>, S. 190.
78 Sprickmann lud Hölty später nach Münster ein. Dieser sagte zu. Darauf Sprickmann: "O wenn wir auch erst zusammen seyn werden in Münster; ich denke mir das schon so oft zum voraus, was das seyn soll! Ich hab es meiner Frau schon geschrieben, und wo Sie wohnen sollen, und sie will mir das nicht glauben. 'Der Hölty', frägt sie, 'der die Elegie auf ein Landmädchen gemacht

hat?'" (Brief an Boie vom 10. Juni 1776, Weinhold <Anm. 2>, S. 270).

79   Brief Sprickmanns an Gerstenberg vom 14. April 1776, Venhofen <Anm. 6>, S. 42 Anm.
80   Brief vom 22. September 1776, nach ebd., S. 44.
81   Der Einschätzung Julius Wahles (Bürger und Sprickmann. Nachlese zu ihrem Briefwechsel, in: Forschungen zur neueren Literaturgeschichte. Festgabe für R. Heinzel. Weimar 1898, S. 189-202, hier S. 191), niemand habe Sprickmann wesensmäßig so nahe gestanden wie Bürger, wurde entschieden widersprochen. Betont wurde die idealische Freundschaftsauffassung Sprickmanns (die allerdings erst beim späten Sprickmann anzutreffen ist) gegenüber der 'rohen, rein sinnlichen und verantwortungslosen' Bürgers. Mit dem lasterhaften Bürger, der dem religiösen Denken und Leben abgeschworen hatte, wollte man den nur zeitweilig 'verirrten' Sprickmann nicht verbrüdert sehen, so daß Bürger ein "nicht ... segensreich<er>" Einfluß auf Sprickmann nachgesagt wurde (vgl. Venhofen <Anm. 6>, S. 44).
82   Die renommierte Monatsschrift stand nicht nur den schönen Künsten, sondern auch anderen Wissensgebieten offen. Sie bildete den Mittelpunkt der norddeutschen literarischen Bewegung. Zahlreiche Dichtergrößen wirkten an ihr mit.
83   Vgl. Schmidt <Anm. 19>, S. 307.
84   Mit dieser Lyrik bewegt sich Sprickmann kaum über das Niveau der insgesamt recht faden Almanachpoesie der Zeit. An die 'Gedankenphrasen' im weichlichen und moralisierenden Ton eines Gellert, die er bis 1775 schrieb, schlossen sich unter dem Einfluß der Göttinger Gedichte an, die Hölty und Bürger, besonders aber Klopstock nacheiferten, ohne dabei einen eigenen Ton zu treffen. Bedauerlicherweise sind nur noch wenige Gedichtzeugnisse Sprickmanns erreichbar. Einen relativ vollständigen Überblick gibt das in Anm. 30 genannte Heft eines Nachfahren von Sprickmann. Sprickmann versuchte sich auch im Satirischen, Humoristischen und Epigrammatischen. Nimmt man die nachgelassenen Gedichte hinzu, umspannt seine Lyrik nahezu alle Gattungsformen. "Überall schafft er, aber überall bleiben es doch nur Experimente" (Venhofen <Anm. 6>, S. 99). Zu den ungedruckten Gedichten vgl. zusammenfassend ebd., S. 96ff.

85	Vgl. Brief Overbecks an Sprickmann vom 27. August bis 10. September 1777, Jansen 1933 <Anm. 13>, S. 149-156, hier S. 155.
86	Brief Bürgers an Boie vom 11. Oktober 1777, Strodtmann, Bürger-Briefe <Anm. 14>, Bd. II, S. 158.
87	Brief Boies an Bürger vom 15. Oktober 1777, ebd., Bd. II, S. 165.
88	Herbst <Anm. 75>, Bd. II,2, S. 231, vgl. Venhofen <Anm. 6>, S. 96.
89	Venhofen <Anm. 6>, S. 47.
90	Vgl. Brief Boies an Bürger vom 30. Januar 1777, Strodtmann, Bürger-Briefe <Anm. 14>, Bd. II, S. 23f.
91	Im Jahrgang 1778, S. 562.
92	Vgl. Brief Sprickmanns an Boie vom 15. April 1778, Venhofen <Anm. 6>, S. 47 Anm. (Zitat); Venhofen gibt ebd. Hinweise auf die zeitgenössische Kritik.
93	Brief Bürgers an Boie vom 23. Januar 1777, Strodtmann, Bürger-Briefe <Anm. 14>, Bd. II, S. 14f.
94	Venhofen <Anm. 6>, S. 95.
95	Jansen 1933 <Anm. 13>, S. 11.
96	Venhofen <Anm. 6>, S. 75.
97	Brief an Bürger vom 25. Januar 1877, Strodtmann, Bürger-Briefe <Anm. 14>, Bd. II, S. 20f.
98	Mit dem Siebenjährigen Krieg hatte die Familie Sprickmann ihren früheren Wohlstand verloren.
99	Venhofen <Anm. 6>, S. 77.
100	Strodtmann, Bürger-Briefe <Anm. 14>, Bd. II, S. 20. Der Brief legt Zeugnis von Sprickmanns damaliger burschikoser Ausdrucks- und Denkweise ab: "Zu Bonn ist unserm alten Landes-Papa sein Schloß abgebrannt, und – wie das doch in der besten Welt oft so sonderbar zusammenhängt – deswegen kann ich nun faullenzen nach Herzenslust: – eigentlich weil der Minister auf die Nachricht nach Bonn eilte, um seinen Principal zu trösten, und mich also so lange in Ruhe lassen muß. Das sollte mir nun eine liebe Zeit seyn, wenn ich nur, ach, gesund wäre! aber da lieg ich armes Vieh, mit einer kranken Seele in einem kranken Körper, im Lehnstuhl, wie der Esel im Stall. Morgen sinds 14 Tage, da überfiels mich, Mittags am Tisch, wie ein Schlagfuß. Ich war

schon einige Zeit im Schwindel herum getaumelt, aber das ließ ich gehn; Buffe für deine Keuschheit, dacht ich! – aber da kams denn auf einmal, daß es mich 5 Teller voll Blut zwischen Tag und Nacht kostete, um mich nur leidlich wieder in Ordnung zu bringen. Und nun soll ich keinen Caffe, keinen Wein, keinen Punsch mehr trinken; was soll ich denn?"

101 Ebd.
102 Brief an Boie vom 10. Juni 1777, Weinhold <Anm. 2>, S. 267; vgl. Venhofen <Anm. 6>, S. 75.
103 Brief an Bürger vom 25. Januar 1777, Strodtmann, Bürger-Briefe <Anm. 14>, Bd. II, S. 20.
104 Die Briefe Sprickmanns an Boie befinden sich im Literaturarchiv der Deutschen Akademie der Wissenschaften in Berlin. Ausgewertet wurden sie von Weinhold <Anm. 2>, Venhofen <Anm. 6> und zu einem geringen Teil von Erich Schmidt: Lotte Kestner und Sprickmann, in: Chronik des Wiener Goethe-Vereins, 16, 1902, S. 29-32.
105 Venhofen <Anm. 6>, S. 41.
106 Vgl. z.B. das im Kapitel "Otahitische Lesefrüchte" angeführte Zitat aus dem Brief an Boie "es ist ein wühlen und dunsten in mir ...".
107 Weinhold <Anm. 2>, S. 275f.
108 Ebd. S. 267.
109 Venhofen <Anm. 6>, S. 90f.
110 Schmidt <Anm. 19>, S. 309.
111 Venhofen <Anm. 6>, S. 61.
112 Ebd., S. 59.
113 Hier liegt der entscheidende Unterschied gegenüber dem Schauspiel, das ganz offensichtlich das Vorbild für "Eulalia" abgegeben hat, Lessings "Emilia Galotti". "Lessing hat ein Verstandesdrama geschaffen, Sprickmann ein Drama der lebendigsten Leidenschaft; ..." (Venhofen <Anm. 6>, S. 63) "Das innere psychologische Räderwerk greift hier ebenso kunstvoll ineinander wie bei Lessing das logische und dialektische ..." (ebd., S. 65). Anders als bei Lessing sind Sprickmanns Figuren charakterlich weniger festgelegt und eher Mischcharaktere. Seine Sprache wirkt "nicht gekünstelt, sondern natürlich, weil sie die Sprache echten, wahren, gelebten Affektes ist" (ebd., S. 69) Auch verstärkte Sprickmann den gesellschaftskritischen Akzent, indem er "Eulalia" an

einem deutschen Hof spielen ließ. Das Kopieren Lessingscher Muster – auch im Falle des Lustspiels "Der Schmuck" (1779), das sich an "Minna von Barnhelm" anlehnt – ist so offensichtlich, daß es nur beabsichtigt sein konnte und dem Zuschauer auffallen sollte (vgl. z.B. die Namensähnlichkeit Emilia – Eulalia). Das Bewußtsein für ein Plagiat bestand bei Sprickmann sicher nicht. Eher wird man hierin eine Huldigung an seine Vorbilder sehen dürfen.

114 Brief an Boie vom 8. bis 9. Januar 1877, Venhofen <Anm. 6>, S. 70. Aus dem Brief geht – was Venhofen nicht erwähnt – weiterhin hervor, daß Sprickmann an dem Stück noch weiterarbeiten wollte: "Sonst hab' ich auch wirklich angefangen, daran zu arbeiten, habe noch eine Maitresse hineingebracht und das Stück umgetauft Die Maitresse." (Strodtmann, Bürger-Briefe <Anm. 14>, Bd. II, S. 21 Anm.)

115 Brief Boies an Sprickmann vom 3. Juni 1777, Venhofen <Anm. 6>, S. 78.

116 Brief vom 21. Januar 1777, ebd., S. 78.

117 Ebd., S. 79f.

118 Ebd., S. 80.

119 Wetzlar als Ort des Reichskammergerichts, Regensburg mit dem Reichstag und Wien mit dem Kaiserlichen Hof wurden damals von all denen aufgesucht, die in den politischen und diplomatischen Dienst des Reiches eintreten wollten.

120 Vgl. hierzu: Heinz Jansen: Sophie von La Roche im Verkehr mit dem geistigen Münsterland. Nebst ungedruckten Briefen Sophies an Sprickmann. Münster 1931.

121 Der Brief ist nur fragmentarisch erhalten, hier zitiert nach Weinhold <Anm. 2>, S. 271f. und Venhofen <Anm. 6>, S. 81; der Wortlaut des Zitats weicht bei Weinhold und Venhofen stark voneinander ab.

122 Venhofen <Anm. 6>, S. 79.

123 Brief vom 8. Juli 1777, Strodtmann, Bürger-Briefe <Anm. 14>, Bd. II, S. 96.

124 Vgl. Julius Wahle: Bürger und Sprickmann. Nachlese zu ihrem Briefwechsel, in: Forschungen zur neueren Literaturgeschichte. Festgabe für R. Heinzel. Weimar 1898, S. 189-202, hier S. 197f. und 202; vgl. Venhofen <Anm. 6>, S. 79.

125 Venhofen <Anm. 6>, S. 80.
126 Vgl. ebd., S. 82.
127 Bei den Dithyramben "Liebe" und "Lina" ergießt sich Sprickmann in bloßer, nichtssagender Phraseologie, vgl. ebd., S. 82-85.
128 Sie erniedrigt sich selbst und überhöht den Geliebten bis ins Unermeßliche. Für einen Moment mit dem Geliebten ist sie bereit, alles aufzugeben. Wenn er sie nachts aufsuchte, "o da war das Mädchen schon auf der Treppe, stand schon liebumnebelt an der Thüre, fühlte nicht Eis und Stein unterm blossen Fusse. Thür auf! dem Jungen an den Hals! da durft' es ihn küssen und herzen, und er sagte, es sey ihm Labung; durft ihn an sich drücken, daß der Athem der Liebe aus seinem Munde sie überströmte so voll, so süß, daß das taumelnde Geschöpf sich zu berauschen glaubte in höherer, wärmerer, himlischer Luft." Und mit unverkennbar erotischer Konnotation: "wenn du da mit mir machtest, daß ich oft glaubte, sterben zu müssen in der Ueberfülle des Lebens; wenn ich erlag deiner endlosen Liebe, daß die Welt und ich selbst meinen Sinnen verging, du dann hineindrangst in mein innerstes Sein, die fliehende Seele fest hieltest und zurück brachtest und ihr mitgabst von deiner Kraft, ach!" – Wenn sie auf ihn verzichten will, weil für einen "glühenden Jungen, dem ohne Liebe kein Seyn ist", die Ehe ein "eisernes Joch" bedeute, so wird hier auch Kritik an den Moralvorstellungen der Ehe laut, die Normen vorgebe, denen das wahre Gefühl nicht standhalte.
129 "Sieh, Karl, nun bin ich Dein Weib! und hier lieg ich zu Deinen Füßen, und bitte Dich, daß Du mir verzeihst dies alles. Karl, es war nur um des Kindes willen!" Sie betet sogar für ihre Nachfolgerin: "O dort oben, im Reiche der Verklärung umfaßt die Seele wieder groß und grenzenlos! Ich werde auf Dich von da herabsehen, auf Dich und das Mädchen Deiner neuen Wahl; werd' eurer Liebe mich freuen, und sie lieben für Dein Glück, und harren dem Tage, wo wir dann alles, zusammengeschmolzen in Eine hohe liebende Seele, Eins sind in alle Ewigkeit!"
130 Brief vom 8. April 1778, Jansen 1931 <Anm. 120>, S. 60f.
131 Brief vom 29. Oktober 1778, Jansen 1931 <Anm. 120>, S. 62.
132 Vgl. Venhofen <Anm. 6>, S. 101.
133 Vgl. ebd., S. 102.

134 Die Fürstin hoffte unter Fürstenbergs Augen die Erziehung ihrer Kinder besser leiten zu können.

135 Vgl. hierzu Walter Gödden: Lesekultur in Westfalen. Das Panorama des Themas, Fragen, Perspektiven, in: "Von den Musen wachgeküßt ..." Als Westfalen lesen lernte <Anm. 57>, dort die Unterkapitel "Klopstock, nichts als Klopstock" und "Goethe ja, aber bitte keinen Werther".

136 Ottmar Wolf: Die Fürstin Gallitzin und Friedrich Leopold Graf zu Stolberg-Stolberg. Ein Beitrag zur Stellung des Gallitzin-Kreises in der deutschen Literatur- und Geistesgeschichte. Diss. masch. Würzburg 1952, S. 151.

137 Der Titel des Gedichts lautet "Kein Ort für Musen". Es findet sich im Brief Sprickmanns an seinen Freund Gotter, vgl. Bruno Haas-Tenckhoff (Hg.): Münster und die Münsteraner in Darstellungen aus der Zeit von 1800 bis zur Gegenwart. Münster 1924, S. 27.

138 Zu Franz von Sonnenberg (1779-1805) vgl. Westfälisches Autorenlexikon <Anm. 3>, Bd. 1, S. 366-370.

139 Vgl. "Von den Musen wachgeküßt ...". Als Westfalen lesen lernte <Anm. 57>, S. 47f., auf den Artikel "Brief von Sonnenberg über Preußen" zurückgreifend, in: Fliegende Blätter aus Rheinpreußen und Westfalen. Hg. von Dr. Sander. Erste Sammlung. Münster, Hamm 1833, S. 38-43, hier S. 41.

140 Vgl. Spiridon Wukadinovic: Franz von Sonnenberg. Halle/Saale 1927, S. 76f.

141 Fliegende Blätter aus Rheinpreußen und Westfalen <Anm. 139>, S. 39.

142 Ebd., S. 43.

143 Zu Friedrich Raßmann vgl. Westfälisches Autorenlexikon <Anm. 3>, Bd. 1, S. 327-335 sowie Walter Gödden: Das vergebliche Wirken des Zeitschriftenherausgebers, Anthologisten und Dichters Friedrich Raßmann (1772-1831), in: Literatur in Westfalen. Beiträge zur Forschung 1. Paderborn 1992, S. 31-58.

144 Brief Raßmanns an Sprickmann vom 24. September 1813, Gödden 1992 <Anm. 143>, S. 52.

145 Vgl. Bernd Walter: Die Beamtenschaft in Münster zwischen ständischer und bürgerlicher Gesellschaft. Münster 1987, S. 39.

146 Vgl. Gödden: Lesekultur in Westfalen, in: Als Westfalen lesen lernte <Anm. 57>, S. 48f.
147 Der Verfasser greift hier auf seinen Beitrag im "Jahrbuch Westfalen '92", S. 175-182, zurück: Weltflucht und Poetenmisere. Aus dem Leben des Anton Mathias Sprickmann.
148 Bei Forster ist zum Beispiel zu lesen: "Ein Morgen war's, schöner als ihn schwerlich je ein Dichter beschrieben, an dem wir die Insel Tahiti zwei Meilen vor uns sahen. Der Ostwind, unser bisheriger Begleiter, hatte sich gelegt, ein vom Lande wehendes Lüftchen führte uns die erfrischendsten und herrlichsten Wohlgerüche entgegen und kräuselte die Oberfläche der See. Waldgekrönte Berge erhoben ihre stolzen Gipfel in mancherlei majestätischen Gestalten und glühten im ersten Strahl der Sonne. Unterhalb derselben erblickte das Auge Reihen von niedrigeren, sanft abhängenden Hügeln, die den Bergen gleich mit Waldung bedeckt und mit verschiedenem anmutigen Grün und herbstlichen Braun schattiert waren. Davor lag die Ebene, von Brotfruchtbäumen und unzähligen Palmen beschattet, deren königliche Wipfel weit über jenen emporragten."
149 Jansen 1933 <Anm. 13>, S. 159f.
150 Herbst 1876 <Anm. 75>, Bd. II, S. 307 Anm.
151 Ebd., Bd. I, S. 200f.
152 Brief an Sprickmann vom 26. Dezember 1776, Strodtmann, Bürger-Briefe <Anm. 14>, Bd. I, S. 382.
153 Brief vom 6. Februar 1777, ebd., Bd. II, S. 26.
154 Brief vom Februar 1777, ebd., Bd. II, S. 29.
155 Brief vom 30. Juli 1777, ebd., Bd. II, S. 103.
156 Ebd., Bd. II, S. 152.
157 Weinhold <Anm. 2>, S. 267.
158 Strodtmann, Bürger-Briefe <Anm. 14>, Bd. II, S. 2-4. Bürger antwortete am 16. Januar 1777: "Eüre Münstermänner müssen ja des klaren hellen, lebendigen Teufels – der Dummheit – seyn, daß sie so tolle Auslegungen Eürer Gedichte machen. Demuth ist zwar eine feine liebliche Tugend, allein wenn man so was sieht und hört, so laß' es ein Andrer, mit dem Pharisäer zu sprechen: Ich danke dir Gott, daß ich nicht bin, wie jene Zöllner und Sünder. Aber, lieber Sprickmann, Ihr müst Euch an nichts kehren, und jeder Bestie desto ärger auf den Kamm beißen. Jagt ihnen

Furcht ein vor Eüren Kräfften. Denn Ihr könnt es; besonders in der Gattung, die Eüch halb allgemeinen Respect verschaffen wird, ich meine, Eüren Erzählungen. Wenn Ihr das Geschmeiß nur mit Nadeln prickelt, ja! so erlebt Ihr des Spectakels kein Ende. Aber vom Nacken bis zur Ferse wund gegeißelt! das hilft! probatum est!" (Strodtmann, Bürger-Briefe, S. 11)

159 Venhofen <Anm. 6>, S. 73.
160 Weinhold <Anm. 2>, S. 268.
161 Hintergrund des Prozesses war, daß Fürstenberg 1777 für das von ihm verwaltete Fürstbistum Münster eine auf sechs Jahre berechnete Kopfsteuer nach der Steuerkraft der Einzelperson verordnet hatte, um bei seiner Steuer- und Reformpolitik freiere Hand zu haben. Hiergegen erhob die sogenannte niedere Geistlichkeit, der Clerus secundarius, der alle Kollegiatsstifter, Kommendarien, Prälaturen und Abteien, sämtliche Klöster, Pfarreien und alle übrigen geistlichen Standespersonen mit Ausnahme des münsterischen Domkapitels umfaßte, unter Berufung auf die von Kaiser und Papst verbürgte und verbriefte Steuererfreiheit Einspruch beim Fürstbischof von Köln und Münster, Maximilian Friedrich Grafen von Königsegg-Rottenfels. Als sich dieser vor Fürstenberg stellte, strengte der Clerus secundarius durch seine Vertreter beim Reichskammergericht in Wetzlar einen Prozeß an. Sprickmann kam es zu, Fürstenbergs Position zu vertreten. Dargelegt ist der juristische Sachverhalt in Sprickmanns 61 seitigem "Bericht in Sachen cleri secundarii zu Münster, gegen seine Fürstbischöfliche Gnaden zu Köln, den Fürstbischof zu Münster, und die hochgeistlichen Landstände. [Münster 1776]
162 Schmidt <Anm. 19>, S. 306.
163 Venhofen <Anm. 6>, S. 82.
164 Aus demselben Brief an Boie vom 13. Januar 1778, Venhofen <Anm. 6>, S. 82.
165 J.W. Appell: Werther und seine Zeit. Zur Goethe-Literatur. Neue verbesserte und vermehrte Ausgabe. Leipzig 1865, S. 79f.
166 Venhofen <Anm. 6>, S. 92.
167 Ebd., S. 92f.: "Lotte war eine jener Frauen, die wie schon Luise Mejer eine besänftigende Wirkung auf Sprickmann ausübten, er fühlte sich ihr gegenüber dafür tief verpflichtet; es ist nicht bloßes Wertherisieren gewesen, was ihre Freundschaft geknüpft hat."

168 Ebd., S. 92.
169 Ebd., S. 92.
170 Ebd.
171 Sprickmann schwärmte: "Nun begreife ichs recht gut, wie Göthe Göthe ward. So war Thusnelda! ein Geschöpf vom besten Zuschnitt zu einem herrlichen Mann, das, Gott weiß durch welchen eigensinnigen Vergriff der Natur, ein Weib ward." (Brief an Boie vom 7. Mai 1778, ebd., S. 94)
172 Ebd.
173 Ebd.
174 Brief an Boie, Weinhold <Anm. 2>, S. 274.
175 Ebd., S. 275.
176 Rheinische Provinzial-Blätter 1839, Nr. 16, sowie Selbstbiographie des Magisters Friedrich Christian Lauckhard. Halle 1792, Bd. I, S. 141 ff.; vgl. Appell <Anm. 165>, S. 42.
177 Appell <Anm. 165>, S. 41 f.
178 Venhofen <Anm. 6>, S. 117.
179 Brief an Boie vom 2. Oktober 1778, Venhofen <Anm. 6>, S. 117.
180 Lotte von Einem, von den Hainbund-Dichtern als "das kleine Entzücken" umschwärmt, war das einzige Kind des verwitweten Mindener Konrektors Johann Konrad von Einem. Sie wurde 1756 geboren und verheiratete sich 1785 mit dem Kaufmann Emminghaus, mit dem sie in Erfurt und später Gotha lebte, wo sie 1833 starb; vgl. Weinhold <Anm. 2>, S. 272 f., Venhofen <Anm. 6>, S. 118-120 und 128, Erich Schmidt: Aus dem Liebesleben des Siegwartdichters, in: Charakteristiken, 1. Reihe, 2. Aufl. Berlin 1902, S. 169-188, sowie: Aus dem Nachlaß Charlottens von Einem. Hg. von J. Steinberger. Göttingen 1923, S. 13.
181 Venhofen <Anm. 6>, S. 118.
182 Vgl. Jansen 1931 <Anm. 119>, S. 23 Anm.
183 Venhofen <Anm. 6>, S. 118 f. Sprickmann schrieb im Anschluß an den Besuch bei Lotte von Einem am 3. Dezember 1778 an Boie: "Sie ist ein herrliches Geschöpf, das Ihr alle nicht kennt oder verkennt." (Vgl. ebd., S. 119)
184 Brief vom 3. Dezember 1778, Venhofen <Anm. 6>, S. 118.
185 Ominös bleibt der Hinweis von Schmidt <Anm. 19>, S. 309, Sprickmann habe die "fünfactigen Lustspiele 'Der Lehnserbe' und

'Das Monument'" 1778 "auf der übereilten Rückreise von Regensburg" eingebüßt.
186 Brief an Boie vom 12. März 1778, Strodtmann, Bürger-Briefe <Anm. 14>, Bd. II, S. 248.
187 Venhofen <Anm. 6>, S. 102.
188 Ebd.
189 Ebd., S. 116.
190 Ebd., S. 111: "In der Charakterisierung dieser Personen hat Sprickmann vorzüglich sein dramatisches Talent erwiesen. Seine Gestalten sind lebenswahr, ihr Handeln echt menschlich, ihre Gruppierung recht geschickt, die einzelnen Züge treten deutlich und kräftig hervor. Die Handlung des Stückes schreitet rasch fort, wenn man vielleicht von der langen Erzählung Wegforts ... im ersten Akt absieht, auch der vierte und fünfte Akt ... atmen pulsierendes Leben. Die Dialogführung ist spannend, Rede und Gegenrede folgen natürlich und ohne Zwang ... Die Sprache ist den Charakteren angemessen, nur in elegischen Monologen wird sie zärtlich und sentimental, und Wegforts Ausdrucksweise trägt mitunter Züge des wüsten Genietums." Venhofen hat bis ins einzelne nachgewiesen, nach welchen Vorlagen, insbesondere Lessingschen Figuren, Sprickmann seine Personen angelegt hat (S. 107-111). Besonders sei Sprickmann die Schilderung innerer Seelenkonflikte gelungen: "In dieser Hinsicht müssen wir Sprickmann neben Goethe und Bürger stellen, denn diese sind in jener Epoche die einzigen, bei denen Leben und Dichtung tief ineinander greifen." (S. 116)
"Man merkt an allem, daß Sprickmann stets die lebendige Bühne vor Augen hatte, daß er genau wußte, welche Szenen dramatisch wirksam waren. Er wollte auch lediglich für die Aufführung schreiben, höher ging sein Ehrgeiz nicht. Diese Theatralik tritt aber nirgend aufdringlich hervor. So arbeitete Sprickmann nie mit dem szenischen Schaugepräge eines H.F. Möller, er spekuliert auch nicht wie Iffland auf die Tränendrüsen des Publikums und kommt ihm nicht mit der platten Alltagsmoral der bürgerlichen Stände entgegen, sondern er liefert ein Schaustück, Bilder aus dem realen Leben, ohne jedwede Tendenz. Der geschickte Bühnentechniker offenbart sich vielfach; so werden solche Wiedersehensszenen wie die zwischen Wegfort und seiner Tochter

nie ihre Wirkung einbüßen ... sämtliche Charaktere bieten den Schauspielern applaussichere Rollen und Szenen. Mit kleinen Änderungen würde das Stück auch heute noch seine Wirkung nicht verfehlen." (S. 111f.)

191 Der Forschung zufolge bedeutete "Der Schmuck" in der dichterischen Entwicklung Sprickmanns "den Höhepunkt", weil das Stück eine "maßvolle Form mit Gediegenheit des Inhalts und der Charakteristik" in Übereinstimmung bringe und statt auf "maßlose und übertriebene" Szenen auf "streng künstlerische Mäßigung und Besonnenheit" setze. Leistete Sprickmann aber hier wirklich "Gutes", weil er sich "von seinen Auswüchsen" befreit hatte"? (so ebd., S. 111) Markiert das Stück aber nicht vielmehr einen Rückschritt, weil Sprickmann zum angepaßten Bühnenhandwerker degradierte? Auch die Befürworter des Stückes mußten eingestehen, daß es keine "epochemachende Leistung" darstellte: "Die reichen dichterischen Wirkungen, die von ihm ausgehen, sind nicht groß, es enthält keine tiefen Gedanken, keine bedeutende Grundidee, sondern ist ein Bühnenstück, dessen Bedeutung auf seinen theatralischen Qualitäten beruht." (ebd., S. 111)

192 Vgl. ebd., S. 113f. – Sophie von La Roche urteilte in ihrem Brief an Sprickmann vom August 1780: "Ihr S c h m u k ist mir recht werth u[nd] Dank sey Ihnen das Sie es liessen wie es aus ihrer feeder kam Luise zur Diebin machen – u[nd] nicht lassen wie man sie fand das ist ja caracteristisch." (Jansen 1931 <Anm. 120>, S. 65)

193 Venhofen <Anm. 6>, S. 112f.
194 Weinhold <Anm. 2>, S. 282.
195 Ebd., S. 280.
196 Brief an Boie, ebd., S. 282.
197 Ebd., S. 281.
198 Brief vom 16. Juli 1779, ebd., S. 281f.
199 Ebd., S. 283.
200 Ebd., S. 266.
201 Ebd., S. 265.
202 Venhofen <Anm. 6>, S. 123.
203 Brief vom 19. Februar 1780, Weinhold <Anm. 2>, S. 264.

204	Brief vom 4. April 1780, ebd., S. 264f. und Venhofen <Anm. 6>, S. 123. Der Wortlaut des Zitats weicht bei Weinhold und Venhofen stark voneinander ab.
205	Venhofen <Anm. 6>, S. 119.
206	Ebd., S. 119f.
207	Ebd., S. 125; vgl. Weinhold <Anm. 2>, S. 282.
208	Brief vom 16. Juli 1779, Venhofen <Anm. 6>, S. 122.
209	Die Annahme Ludwig Bätes (Jenny von Voigts. Eine vergessene Freundin Goethes. Warendorf 1926, S. 32), beide hätten sich schon im Frühjahr 1776 kennengelernt, ist quellenmäßig nicht haltbar. Tatsächlich erfolgte die Begegnung mit großer Wahrscheinlichkeit erst im Sommer 1778 in Melle. Zu einem Wiedersehen – und nicht zu einer ersten, von Sprickmanns Freund, dem in Melle ansässigen Richter Stühle, vermittelten Einladung in das Voigtssche Haus – kam es im Frühjahr 1779. Erst bei dem Zusammentreffen in Melle im November 1779 wurde Jenny von Voigts Sprickmanns 'Seelenfreundin' (vgl. Gödden 1989 <Anm. 60>, S. 165). Das letzte Datum rückt Sprickmanns Begegnung mit Jenny von Voigts in die Nähe seiner "geistigen Wiedergeburt", auf die Jenny von Voigts möglicherweise größeren Einfluß ausübte, als bisher angenommen.
210	Venhofen <Anm. 6>, S. 124.
211	Dem steht nicht entgegen, daß er noch immer für Frauengeist und Frauengefühl schwärmte. So war er von der Schauspielerin Madame Abt, die im Winter 1779/80 in Münster gastierte, über die Maßen entzückt, vgl. ebd., S. 125f.
212	Ebd., S. 131f.; Venhofen fügt in diesem Zusammenhang einen aufschlußreichen Brief aus der Korrespondenz beider an. Am 6. November 1814 schrieb Sprickmann an Lotte Kramann: "Gefühl war die hervorragende Seite meines inneren Wesens. Ein gewisser Hang zur Schwermut schien mir angeboren zu seyn; schon als Kind liebte ich den Zustand einer sanften Trauer ... Unglück in Liebe, Unglück in freundschaftlichen Verbindungen, – Entbehrung dessen was ewig meiner tiefsten Sehnsucht Wunsch und Traum gewesen war, und dafür dann ewig dumme Streiche und ewig vergebliche Reue darüber – ach, alles in mir und an mir und um mich verdickte den Nebel des Trübsinns über dem Morgen meines Lebens. Meine Liebe zur Musik und mein Hang zur

Dichtkunst vollendeten diese Zerrüttung ... Aber endlich! – durch wunderbare Fügung kam ich endlich zur Selbsterkenntniß! ich lernte einsehen, daß am Menschen Gefühl nicht zur Herrschaft, vielmehr nur zum Dienst für höhere Kräfte bestimmt ist, – bestimmt, den Erkenntnißkräften Stoff, und dem Willen Reiz zur Thätigkeit zuzuführen; ich sah ein, daß der Mensch sich gleichsam selbst betasten, daß er die Saiten seines Innern anschlagen muß, daß er so dieses Innere selbst stimmen kann, wie der Virtuose sein Instrument, daß er diese Saite hinauf – jene hinab spannen kann, um so zwischen ihnen eine Harmonie hervorzubringen ... Da faßte ich denn mich selbst an mit Ernst und Mut; da war's daß ich auf einmal und auf ewig der Musik und der Dichtkunst entsagte, was so vielen, die mich kannten, eine unbegreifliche Erscheinung war; da verschloß ich mir selbst die romantischen Paradiese, in denen ich so gern gelebt hatte. – Da, o von da an näherte ich mich immer mehr der Stimmung, die ich für mich nach meiner ganzen Lage für die Beste hielt. Ganz errungen habe ich dieses Ideal freilich noch nicht und werde es in diesem Leben wohl nie erreichen, aber ich hoffe sagen zu dürfen: ich habe mich ihm merklich genähert."

213 Über die geistige Wiedergeburt. Nach des Verfassers Tod herausgegeben. Münster: Coppenrath 1834. 57 S. Ein Exemplar des Buches befindet sich in der Universitätsbibliothek Münster.
214 Venhofen <Anm. 6>, S. 126f.
215 Weinhold <Anm. 2>, S. 285.
216 Eine Einschätzung von Sprickmanns Verdiensten als Jurist und Historiker ist aufgrund der unzureichenden Forschungslage kaum möglich. Fest steht, daß Sprickmann nur aufgrund seiner juristischen Befähigung später in höhere juristische Ämter aufsteigen konnte und als Dozent an die Universitäten Breslau und Berlin berufen wurde. Über Sprickmanns Leistungen als Dozent der Rechtsgeschichte schreibt Günther Goldschmidt (Der wissenschaftliche und juristische Nachlaß von Anton Matthias Sprickmann. Münster 1979, XVII): "Die Lektüre nur eines Bruchteils der wissenschaftlichen Manuskripte Sprickmanns ... bestätigt das Urteil des Kultusministeriums in Berlin: Sprickmann ist ein J u w e l der Juristenfacultät zu Münster ... Er ist der große Repräsentant, der diese Facultät belebt, und er ist unersetzbar.

Sprickmann besaß einen ungeheuren Einfluß auf seine Studenten, alle westfälischen Historiker und Juristen von Rang und Namen haben zu seinen Füßen gesessen." (Vgl. auch Venhofen <Anm. 6>, S. XI.) Sprickmanns juristisch-amtlicher Nachlaß umfaßt 241 (!) Bände, darunter seine Universitätsvorlesungen. Diese zeichnen sich – so Goldschmidt – durch "Selbständigkeit und Originalität der Auffassung, durch lebendigen Vortrag, treffende eingestreute Beispiele und eine fast unglaubliche wissenschaftliche Vielseitigkeit" aus. (Goldschmidt, S. XVII)

217 Seit 1780 war er öfter bei der Fürstin zu Besuch. Er schrieb damals: "Sie verdient einen eigenen Commentar, ich möchte gern so manches aus ihrer Geschichte wissen. Ich weiß nicht, wie einem das so sonderbar wird, so ein Geschöpf, ein Weib in der Lebensblüte, so ganz zurückgezogen, und dann aus Euklides und Plato und aus Newton und Lambert herraisonniren zu hören mit männlicher Geisteskraft." (Weinhold <Anm. 2>, S. 285) "Mehr und mehr schloß er sich an die merkwürdige Frau an und war auf ihren und Fürstenbergs Ausflügen nach Hofgeismar, Göttingen, Weimar und Leipzig der treue Gefährte." Später hing er begeistert an "seiner lieben Einzigen, wie er in seinen Briefen sie nannte, und versank in Anstaunen ihres unermüdlichen Triebs nach geistiger Vervollkommnung" (ebd., S. 284). Der kirchlichen Wandlung der Fürstin schloß sich Sprickmann an. Die Fürstin hatte der Gelehrsamkeit entsagt und sich 1789 in die geistlichen Obhut des katholischen Pädagogen Bernard Overberg begeben.

218 Die Einkünfte der Universität reichten damals nicht zur finanziellen Absicherung der Professoren aus, nahezu jeder übte ein zweites geistliches oder weltliches Amt aus oder ging einem freiberuflichen Nebenerwerb nach. Sprickmann verfügte bis Februar 1813 mit einer Nebentätigkeit als Tribunalrichter einschließlich aller Nebeneinkünfte mit jährlich 1216 Reichstaler bei einem jährlichen Mindesteinkommen für einen bürgerlichen Rat von 800 Reichstaler über ein gesichertes Auskommen. Die doppelte Berufsbelastung, der er ständig ausgesetzt war, bedeutete für ihn aber eine erdrückende Arbeitslast. So schrieb er am 20. März 1812 rückblickend an seinen akademischen Freund Johann Heinrich Schmedding: "Mehr als 30 Jahre lang war die doppelte Last eines gerichtlichen und eines akademischen Amtes eine

wahre Geißel meines Lebens, selbst meines inneren Lebens. Die Verteilung meiner Zeit und meiner Kräfte zwischen beiden Wirkungskreisen hielte mich immer von dem Ziele zurück, worin ich, seitdem Fürstenberg mich zur Bearbeitung der deutschen Geschichte berufen hatte, die Bestimmung meiner Existenz zu erkennen glaubte; doch das war vielleicht Täuschung meines Stolzes. Aber, was wesentlicher war, diese Verteilung trat ewig in dem Geschäfte meiner Selbsterziehung gegen all mein Streben, mich wenigstens in einer dieser Sphären meinem Ideale zu nähern. Diese ewige Halbheit meiner Existenz war ein Los, welches ich zwar endlich mit Ergebung ertragen lernte, was aber doch immer in der Stille, wie ein Wurm in meinem Innern, jede Blüte der Lebensfreude anfraß." Vgl. zu diesem Komplex Eduard Hegel: Anton Matthias Sprickmanns Berufung nach Breslau. Briefe aus dem Sprickmann-Nachlaß der Universitätsbibliothek Münster, in: Reformata Reformanda. Festgabe für H. Jedin zum 17. Juni 1965. Hg. von E. Iserloh und K. Repgen. Bd. 2. Münster 1965, S. 431-446, hier S. 438.
219 Hosaeus <Anm. 43>, S. 15.
220 Die Verzögerung erklärt sich daraus, daß seiner Bitte um Entlassung von der französischen Regierung nicht sogleich stattgegeben wurde. Im Februar 1813 verlor Sprickmann dann sein Amt als Tribunalrichter (vgl. Hermann Hüffer: Annette von Droste-Hülshoff und ihre Werke. Vornehmlich nach dem literarischen Nachlaß und ungedruckte Briefe der Dichterin, 3., von H. Cardauns bearbeitete Ausgabe, S. 16), womit die für ihn notwendigen Nebeneinkünfte entfielen und er in eine akute finanzielle Notsituation geriet. Zu seiner Versetzung nach Berlin vgl. Hegel <Anm. 218>.
221 Brief an Heinrich Schmedding vom 16. Juli 1816, Jansen 1933 <Anm. 13>, S. 13.
222 Hegel <Anm. 218>, S. 441.
223 Brief vom 2. Juli 1803, Weinhold <Anm. 2>, S. 286f.
224 Hasenkamp 1955 <Anm. 3>, S. 46.
225 Jansen 1933 <Anm. 13>, S. 12 Anm.
226 Zu Katharina Schücking vgl. Westfälisches Autorenlexikon <Anm. 3>, Bd. 1, S. 351-354.

227 Morgenblatt für gebildete Stände, Nr. 224 vom 18. September 1807.
228 Die weiteren Strophen des Gedichts lauten:

Im keuschen Witze, oder im schönen Ernst,
Der von des Weisen Lippe wie Frühroth fleußt
Entfliehn, vom eignen Werthe glühend,
Uns die verschönerten Weihestunden.

Des Lasters Schlangenblößen entschlei'rt Er uns
Aus Rosenhüllen, die es umlächeln; sieh,
Und Abscheu wogt in unsern Seelen
Stürmisch von göttlichem Haß getrieben.

Die Thränen trocknen, welche der blutenden,
Verlaßnen Unschuld himmlisches Auge netzt,
Zur Rettung ihr den Arm zu reichen,
Und nicht zu zittern vor Königsthronen.

In dunklen Todesschlachten fürs Vaterland,
Für Recht und Wahrheit kämpfen, das lehrt Er uns,
Der Werth in unsre Seelen strömet
Werth, um die Lorbeern am Ziel zu pflücken.

Es flieht der Dummheit trauriges Nachtgewölk,
Der Trug entflieht vor himmlischer Weisheit Licht,
Sieh! aufhellt sich des Aberglaubens
Düstere Dämmerung zum Licht der Wahrheit!

Auf, schwinge höher Du Dich, Gesang, empor,
Ihn sollst du singen, schwinge dich himmelan!
Gieb, Sonne, Gluth, Ihm ewig lichte
Strahlen des Ruhms um die Stirn zu winden!

An Teutons Gränzen blühet sein Ruhm empor,
In jedem Land erzählen es Völker sich,
Und schneller Feuereifer drängt sich
Ungestüm auf in des Jünglings Busen.

Dies sagt der Wange Röthe, die schnelle Bläss',
Die auf ihr kämpfen! Sprich, mein Gesang, du auch,
Mit schönen heißen Herzensthränen
Laut vor der Jünglinge trunkenen Blicken!

Es werden Seinen Namen, gleich Strömen, spät
Ins große Meer der Zukunft Jahrhunderte
Erhöhet tragen, und an dessen
Ufern auf nie noch erstiegene Höhe Ihm

Des Ruhmes Tempel flammen! ... Doch still! Es ist
Ihm Seiner werth zu singen, zu kühn gewagt!
Ach Thränen des Gefühles kann ich
Ihm nur zum dankenden Opfer weihen!

Doch eines teutschen Jünglinges Thränen sind's
Aus Herzens Fülle! Wann ich Dir näher steh,
Dann sollen meine Thöne Deiner
Würdiger singen! ... und keine Thräne.

Ha, stolz schon wirbelt feurig mein Blut herum,
Wenn ich den Flug des hehren Gedankens flieg',
Dich, Hoher, würdig Deiner singen,–
Großes in Dir! – Ha, wie schlägt mein Herz mir!

Doch, wer naht still in weißem Gewande mir?
Wer bist du Göttin? – "Bin die Bescheidenheit,
Der ächten Weisheit Zwillingsschwester;
Hast du nicht mich auch bei ihm erblicket?"

Verkenne nicht den Weisen! Nur Einen Ruhm
Ersehnet Er! Und würdig nur singst Du Ihn,
Wenn Enkel Ihn auch durch Dein Kind noch
Segnen, und krönen mit edlen Thaten!

Nicht Ruhmes Tempel! Wandl' an der Lichthand Du
Der Wahrheit feurig auf zu der Tugend Höh,
Wo rein der Gottheit Strahlen schwimmen!
Denke dann Seiner, und – Du sangst ihn würdig!

Die Weisheit lehrt: im Meere der Gegenwart
Kann Erdenruhm versinken! Hinauf den Blick!
Gleich stark wie Sturm und Stille steure!
And're Unsterblichkeit zu verdienen!

(Vgl. Franz v. Sonnenbergs Gedichte. Nach dessen Tod hrsg. von J.G. Gruber. Rudolstadt 1808, S. 182-186.)

229 Zu Broxtermann vgl. Westfälisches Autorenlexikon <Anm. 3>, Bd. 1, S. 51-54.

230 Der Briefwechsel, aus dem 62 Stücke überliefert sind – 39 Briefen Raßmanns stehen 23 auf seiten Sprickmanns gegenüber –, erstreckte sich hauptsächlich auf eine Zeitspanne von eineinviertel Jahren bis zum Wegzug Sprickmanns nach Breslau. Danach fand er nur noch eine sporadische Fortsetzung. Bei den überlieferten Briefen ergänzen sich viele Briefe und Gegenbriefe. Jedoch scheint das Vorhandene nur ein Bruchteil zu sein, eine Zeitlang hatte man sich wohl täglich geschrieben. – Im folgenden rekurriert der Verfasser auf seinen Beitrag über Raßmann von 1992 <Anm. 142>.

231 1. "An den Herrn Regierungsrath Sprickmann" (Münster, 29. Mai 1813), gedruckt in Raßmanns "Auserlesenen poetischen Schriften" (1816), S. 185f. unter dem Titel "An Sprickmann" ("Der du, im Innern entbrannt..."); 2. "An S<prickmann>" ("Als du, gestützt auf die Krücke..."); 3. "An Sprickmann" ("Der Winter thronte streng auf Eiskrystallen...)" (1816). Das letztgenannte Gedicht erschien in: Thusnelda. Unterhaltungsblatt für Deutsche. Bd. 2, H. 4, Nr. 107, Leipzig 1916. Es lautet:

Der Winter thronte streng' auf Eiskrystallen,
Die rauhe Luft durchkreuzten wimmelnd Flocken;
Da sah ich dich mit reifgezackten Locken
Am Knospenstabe heim zur Hütte wallen.

Du kamst aus deines lieben Wäldchens Hallen,
Ich fragte: "Jetzt, da alle Reize stocken,
Was mag dich in den öden Hain wohl locken,
Wo Krähen hausen statt der Nachtigallen?"

Du lächeltest, und sprachst, indem dir thaute
Das Haar und Glanz ins Auge ward getrieben:
"Kann ich nicht s e l b s t den Frühling mir gestalten?"

Ich schloß dies Wort in meines Herzens Falten,
Urkunde mir, daß D i c h t e r du geblieben,
Obschon du längst entsagt der süßen Laute!

232 Brief Raßmanns an Sprickmann vom 16. Oktober 1813.
233 Brief vom 4. September 1813.
234 Brief vom 24. September 1813.
235 Brief vom 16. Oktober 1813.
236 Undatierter Brief, kurz vor dem 11. September 1814 geschrieben.
237 Brief vom 10. Dezember 1816.
238 Brief vom 24. August 1815.
239 Brief vom 26. Mai 1813.
240 Brief vom 31. Oktober 1813.
241 Brief vom 4. Dezember 1813.
242 Brief vom 28. Mai 1814.
243 Brief, vermutlich bald nach dem 28. Januar 1814 geschrieben.
244 Veröffentlicht von Raßmann im Morgenblatt für gebildete Stände 1814.
245 Brief Sprickmanns an Raßmann vom 14. Oktober 1813.
246 Brief Sprickmanns an Raßmann vom 28. Juli 1813.
247 Brief Raßmanns an Sprickmann vom 27. September 1815.
248 Brief Raßmanns an Sprickmann vom 2. Oktober 1813.
249 Brief Raßmanns an Sprickmann vom 17. November 1817.
250 Vgl. hierzu Walter Gödden: Die andere Annette. Annette von Droste-Hülshoff als Briefschreiberin. 2. Aufl. Paderborn 1992. Darin das Kapitel (S. 109-119): Genialisches. Der Briefwechsel mit Sprickmann.

251 Vgl. hierzu Klara Weber: Katharina Schücking. Ein Erziehungs- und Lebensbild aus dem Anfang des neunzehnten Jahrhunderts. Diss. handschr. Münster 1918.
252 Brief der Dichterin an Sprickmann vom 8. Februar 1819, Historisch-kritische Droste-Ausgabe. Hg. von Winfried Woesler. Tübingen 1978ff., Bd. VIII, S. 29.
253 Vgl. zusammenfassend Bernd Kortländer: Annette von Droste-Hülshoff und die deutsche Literatur: Kenntnis-Beurteilung-Beeinflussung. Münster 1979, S. 287-291.
254 Vgl. Gödden, Die andere Annette <Anm. 250>.
255 Vgl. Weinhold 1872 <Anm. 2>.
256 Matthissons Anthologie erschien in 10 Teilen (20 Bde.), Wien, Zürich 1804ff. Sprickmanns Gedichte finden sich in Bd. 11, 1809, S. 105-119.
257 Vgl. Hasenkamp 1958 <Anm. 3>, S. 140.
258 Der Nachdruck erfolgte durch das Bibliographische Institut, Hildburghausen, New York.
259 Encyklopädie der deutschen Nationalliteratur oder biographisch-kritisches Lexikon der deutschen Dichter und Prosaisten seit den frühesten Zeiten nebst Proben aus ihren Werken. Bearb. und hg. von O.L.B. Wolff. Bd. 7. Leipzig 1842, S. 185-190.
260 Deutsche Neudrucke. Reihe 18. Jahrhundert. Johann Carl Wezel. Kritische Schriften. Erster Band. Stuttgart 1971. Darin S. 216-220: "Etwas über das Nachahmen ..."; S. 221-225: "Das Strumpfband, eine Klosterscene"; S. 273-301: "Die Untreue aus Zärtlichkeit. Eine Konversation und ein Brief"; S. 410-418: "Ida". – Wezels Rezensionen ebd.
261 Deutsches Museum. Hg. von Christian Boie und (bis 1778) Chr. K. Wilh. Dohm, Leipzig 1776-88. Auszüge aus den Jahrgängen 1776-1781. Darin: "Nachrichten aus Amerika", "Die Untreue aus Zärtlichkeit", "Ida".
262 Bibliographischer Nachweis Anm. 1.
263 Bibliographischer Nachweis Anm. 19.
264 Bibliographischer Nachweis Anm. 6.
265 Heinz Jansen: Der handschriftliche Nachlaß des westfälischen Dichters und Gelehrten Sprickmann, in: Zeitschrift für Bücherfreunde, N.F. Nr. 21, Leipzig 1929, S. 33-37.
266 Bibliographischer Nachweis Anm. 3.

267 Bibliographischer Nachweis zu Hasenkamp 1958 s. Anm. 3.
268 Vgl. z.B. Alfred Kelletat (Hg.): Der Göttinger Hain. Stuttgart 1967 (=Reclams UB 8789). Kurzbiographie zu Sprickmann S. 389f.
269 Gemeint ist Goldschmidt 1979, bibliographischer Nachweis Anm. 216.
270 Gemeint ist Hegel 1965, bibliographischer Nachweis Anm. 218. Zu Sprickmanns Teilnahme am Kreis von Münster vgl. Sudhof 1973 <Anm. 4>, S. 104-111: Fürstenberg und Sprickmann.
271 Renate von Heydebrand: Literatur in der Provinz Westfalen 1815-1945. Münster 1983, S. 9f. und 50.
272 Weinhold <Anm. 2>, S. 262.
273 Schmidt <Anm. 19>, S. 305.
274 Hasenkamp 1955 <Anm. 3>, S. 1.

TEXTE

Anton Mathias Sprickmann:

Meine akademischen Jahre
1765-68
Von meinem 16ten bis zum 19ten Jahre[*]

<3. Kapitel von "Meine Geschichte">

Die schleunige Hülfe, die man mir von Hause zu schaffen gewußt hatte, milderte bald das Furchtbare in dem Bilde, das ich mir von dem Zustande meiner Familie machte. Jetzt war die lebhafte Idee, die mich beschäftigte, diese, daß ich nun zu einem traurigen, öden Leben ginge. Ich suchte die Heimreise solang zu verzögern als möglich. Ich hoffte, ich weiß nicht was, von Franziska, machte, ich weiß nicht, welche Anschläge und drang darauf, sie außer dem Kloster allein zu sehen.

Meine Mutter willigte ein, daß ich einige Wochen in Bonn blieb, teils um mir da, wie ich ihr das so vorzustellen gewußt hatte, Verbindungen zu verschaffen, die mir einmal an unserem Hofe nützlich werden möchten, teils auch, weil ich von Mannheim aus über meine Gesundheit geklagt hatte. Ich hatte in Bonn Assignation auf Wochengelder. Gleich die ersten Tage gab ich ein Konzert in meinem Logis; man sagte mir eine Menge Schmeicheleien über meine Flöte; bald gab ich jeden dritten oder vierten Tag Konzert; die Musiker erzählten davon in der Stadt. An einem Tag besuchte

---

[*] Die Texte des Anhangs erscheinen gegenüber der Handschrift und dem Erstdruck in normalisierter Orthographie und Interpunktion.

mich ein gewisser Herr Meyer (Hofjuwelier), der auch ein Liebhaber der Musik war; auch er schmeichelte meiner Eitelkeit und lud mich auch auf ein Konzert in seinem Hause ein. Ich ging hin und – sah seine Schwester Karoline.

Ich sah sie, und dieser Anblick erregte einen neuen Tumult in meiner Seele. Sie spielte das Klavier sehr brav; ich spielte ein Konzert, über welches sie mir viel Liebes sagte. Franziskas Betragen, ihre Weigerung, mit mir außer dem Kloster zusammenzukommen, ihre Sprödigkeit und Kälte hatte schon angefangen, mir Langeweile zu machen. Karolinens freundliches, zwangloses Betragen, ihre Kunst, ein gewisser Zug von Gefühl in ihrem Gesichte nahmen mich ein. Ich besuchte sie am folgenden Tage, endeckte immer mehr Liebes an ihr, fand an ihr Spuren einer Bildung des Geistes, die ich bisher noch an keinem Mädchen gekannt hatte. Unser gemeinschaftlicher Geschmack an Musik zog uns näher an und gab uns Anlaß, uns einander mehr zu sein. Von der andern Seite scheuete ich die Heimreise so sehr, und ahndete doch immer mehr Langeweile in Bonn; ich verglich Karoline mit Franziska: schöner war diese, aber in ihrem Betragen wie weit jene über sie; wie gefühlvoller ihr Herz für das, wofür ich so ganz Gefühl war! Wie reizender, wie füllender ihr Umgang! Die Stunden in ihrer Gesellschaft gewannen immer an Reiz für mich, wie die Langeweile der übrigen zunahm.

In dieser Stimmung erschien nun Klarissa vor meiner Seele! Ich hatte Romane gelesen, Komödien gelesen und gesehn, und in ihnen manche Seite des weiblichen Herzens, die meine hohen Begriffe von weiblicher Würde hätten herabstimmen können; aber diese Begriffe lagen in einem Ideale, das aus zu heiligen Gefühlen zusammengewebt war, als daß irgendein Bild weiblicher Schwachheit ihm hätte schaden können. Ich hatte in der Erfahrung Weiber kennengelernt, die bis zu allen Abscheulichkeiten sinnlicher Wollust herabgesunken waren. Sowenig nun mein Ideal dieser Erniedrigung fähig war, so gewiß ich das fühlte und wußte, so gewiß fühlte und wußte ich auch, daß auch nicht einmal die gewöhnliche Theater- und Romanliebe auf dieses Ideal paßte. Euere Sophien und Julien, sagte ich zu meinen Dichtern, wenn ich das Leben ihrer Darstellung unwiderstrebbar fühlte, mögen freilich so sein! Für sie seid ihr wahr! Aber es gibt eine Weiblichkeit, die ihr nicht kennt: die das nicht ist, auf die all euere Darstellung nicht paßt. Ich kannte nur dreierlei Klassen weiblicher Geschöpfe: eine niedrigste aus eigener Erfahrung, eine mittlere aus Dichtern und eine höchste, engelnahe Klasse aus meiner Phantasie. Noch kein Dichter hatte mir ein Wesen aus dieser letzten Klasse gegeben, die einzige Cidli ausgenommen, an der aber meine Irreligion den Eindruck schwächte. Alle übrigen waren Mittelwesen, bei denen ich mich zwar mit Freude, selbst mit dem Wunsche des Genusses, wie sie zu genießen gaben, verweilen konnte, von denen ich aber in stillern, bessern, eigenern Stunden zu meinem Ideale zurückflog.

Aber nun Klarissa! – Zum ersten Mal ein Wesen, das meinem Ideale näher war; war sie es nicht ganz selbst, so hatte sie aus meinen Liebesträumen doch so viel, daß ich sie Schwester der Geliebten meines Sinnes nennen konnte. Ich setzte sie bald in diese höhere Familie und lernte an ihr nun selbst mein Ideal, fürchtete mich nicht mehr wie vorhin, an diesem mich zu versündigen, wenn ich von ihm wahr glaubte, was Richardson mir an dem seinigen zeigte.

Die beiden ersten Teile dieses Werks, die sich ganz mit der Darstellung dieses Charakters beschäftigen, las ich zum ersten Male mit der – ach! mit der unnennbaren Freude des Friedens, was so nie gefunden war. Es war wie ein Wiedersehn, ein Wiedersehn des Geliebten! In jedem Brief ein Zug, an dem ich sie näher erkannte! "So ist sie! wußte ich's nicht", hätt' ich allen den Dichtern, von denen keiner mir Kundschaft von ihr hatte geben können, zurufen mögen! "Wußt' ich's nicht, daß sie ist! das sie ist, wenn ihr sie schon nicht kanntet."

Ich las langsam und beschauend und hatte Freude ohne Namen an dem allmählichen Auswickeln der Engelgestalt, die ich nun erst deutlicher kennenlernte, die solang, so unverdrängbar vor meiner Seele geschwebt hatte, aber in Schleiern und Hüllen, die sich jetzt zum ersten Male entfalteten.

Ich selbst hatte das an meinem Ideale nie recht begreifen können, wie so ein Wesen lieben könne. Und doch war Liebsamkeit eines seiner wesentlichsten Züge. Lieben muß es können. Aber wie? Wie lieben? Wes Sinnes ist Lieben in so einem Engel? Ganz begriff ich auch das in diesen ersten Teilen an Klarissa noch nicht; aber genug, sie liebte, und nie ging ich in die folgenden Teile mit der Hoffnung über, das begreifen zu lernen.

Das war der erste Eindruck dieses Werks auf mich beim ersten Lesen der beiden ersten Teile; ein Eindruck, von dem sich wohl jene Revolution, die ich zu erklären suche, noch nicht erwarten läßt. Aber nun! – Den Geliebten dieses Mädchens, Lovelace, hatt' ich in den beiden ersten Teilen von mancher glänzenden Seite kennengelernt. Ich erwartete, an ihm einen Mann zu finden, der so ein Wesen lieben könnte, der mir das Wie der Liebe so eines Wesens zeigen sollte. Was an ihm nicht glänzte, das nannt' ich Verleumdung, und erwartete nun mit Sehnsucht ihre Beschämung. Ich war dazu gestimmt, in dem Manne, dem so ein Wesen wie Klarissa sich so hingab, den Mann der Männer zu finden, war also durch sie selbst für ihn eingenommen, eh er noch erschien. Meine Phantasie hatte angefangen, an seinem Bilde mit Liebe zu malen, und nun, da er selbst auftrat, arbeitete sie mit Liebe fort, und vollendete das Bild zur lebendigsten Anschauung! Und er ward mein Liebling! Alles an ihm und an mir stimmte dahin, mir ihn werter zu machen.

Zuerst, so unerschöpflich an leidenschaftlichen Einfällen und so unerschöpflich zugleich an Kraft, jeden dieser Einfälle auszuführen! – Im Kleinen hatt' ich das auch schon getrieben, daß ich, zusammengezogen auf die einzige Gegenwart, ohne Rücksicht auf Vergangenheit, ohne Vorblick auf Zukunft, für den einzigen Genuß des Augenblicks, Glück und Unglück auf eine Karte gesetzt hatte! Wie reizte mich's an ihm im Großen.

Ich lag unter der Qual von Vorwürfen über Ausschweifungen, zu denen ich in solchen freiwilligen Betäubungen hingestürzt war: mich quälte das, und er – so stolz in Taten, gegen die alles, was ich noch hatte tun können, so kleines Kinderspiel war! Er zeigte mir also, wie ich diese quälenden Gefühle abweisen konnte: er zeigte mir Rat und Hülfe gegen mich selbst.

Und nun vollends seine Superiorität überall! – Ich hatte das Vergnügen zu herrschen, jedes Kreises Mittelpunkt zu sein, im Kleinen auch schon so entzückend empfunden, und hier dann nun der Mann, dem sich alles beugte, unwiderstehlich jedem Herzen, ob es in einer weiblichen, ob es in einer männlichen Brust schlüge! Mein Herz teilte sich zwischen den beiden großen Angelegenheiten, höhere Liebe zu sehn, und das Geheimnis der Geheimnisse, die große Kunst des Lebens, der Menschenherrschaft, zu lernen.

Das Bild war vollendet! Groß, schön, mutvoll und stark, voll Anmut und Freiheit, Stolz gegen Stolz und edel im Gefühle seiner Kraft, gegen unverhehlte Schwachheit: Herrscher, wo er auftrat, und der Huldigung gewiß! So schwebte er mir vor, ein Ideal, das ich zwar nicht zu erreichen hoffte, dem ich mich aber zu nähern streben wollte.

Zwar manches auch, wofür ich erschrak in meinen Tiefen! Manche Stunde, wo zum Beispiel Klarissas Bild mir wieder näher trat und lieb und gut in bängster Wehmut mich gleichsam fragte: aber verdient' ich das? kannst du das rechtfertigen an dem Manne? – Aber ich wußte mich dann zu täuschen, als ließe sich das von ihm trennen, und ich wies die Klagegestalt dann sanft zurück: ich will Lovelace sein, aber nicht Lovelace gegen dich!

So stand es mit mir, als ich das Werk zum ersten Mal durchgelesen hatte. Sein Tod, das edle, große, männliche, wie ich es nannte, seiner letzten Auftritte, versöhnte so ganz jeden Unwillen, der zuweilen in mir gegen ihn aufgewallt war.

Ich war zu voll, zu selig vor diesen Bildern gewesen: ich las das Werk gleich zum zweiten Male. Welche Veränderung im Eindruck!

Ich fand der Briefe in den ersten Teilen jetzt so viele; ich wollte ihn haben, ihn, meinen Liebling, und jeder dieser vielen Briefe hielt mich von ihm. – Ich fand diese Briefe bald im Tone so einförmig, und diesen Ton so im Widerspruch mit meinem Gefühle für meinen Liebling; ewiges

Sperren gegen den Mann, den alles lieben sollte, wie ich ihn liebte. – Ich las noch in der vollen Nachempfindung des tiefen, erschütternden Eindrucks, den das Bild seines edlen, schrecklichen Ausgangs auf mich gemacht hatte. Wo die Rede nur von ihm war, war dieses Bild mir wieder innigst gegenwärtig, und in solchen Gefühlen fand ich in diesen, in jenen von Klarissas Bedenklicheiten den Grund zu diesem traurigen Schicksale meines Geliebten. Faßte also Laune gegen sie, und fand sie ein wenig und immer ein wenig mehr übertrieben. – Lovelace erschien wieder, und ich trat in sein Gefolge; ich kam in den Ton meiner wilden Tage zurück, reihte mich immer näher an ihn an und machte mich in Gedanken und Wunsch zum Gefährten seiner Unternehmungen. Freilich war es viel, was er von Klarissa forderte, aber mein Liebling – was durfte er nicht fordern? Wagt' ich es noch nicht, ihm immer laut recht zu geben, so gestand ich mir doch bald, Klarissa liebe ihn nicht, wie er es verdiene; ich fand eine Art von Ungerechtigkeit gegen seine Verdienste an ihr, und meine Verliebtheit mit jeder Bereitwilligkeit, alles an ihm zu lieben, nahm mit jedem Hinblick zu! Noch ein Zusatz von Leichtsinn und ein zweiter von gereizter Sinnlichkeit, und mein Held hatte recht!

Die Wirkungen dieser Revolution in mir zeigten sich sehr bald. Schon gegen Franziska fand ich beim ersten Wiedersehn nicht jenes erste Gefühl von Ehrfurcht mehr in mir. Klarissa hatte mir gezeigt, daß auch Mädchen gegen die ich bisher solche Gefühle gefühlt hatte, Herzen hätten, die lieben könnten, und Lovelace, daß man diesen Zerzen Liebe abfordern dürfte. Meine Eitelkeit fühlte in mir schon einen Mann, der sich diesem Helden nähern könne, und im Willen schon sich ihm genähert hätte: also auch genähert seinen

Verdiensten und den Rechten, fordern zu dürfen wie er! War ich noch unter ihm, o so war Franziska doch nach dem Ausspruch dieser Eitelkeit noch tiefer unter Klarissa.

Franziskas Kälte empörte mich. Das debellare superbas leuchtete mir so ein, war nun so mein geworden und, wäre es mir gelungen, sie aus dem Kloster allein zu haben, wer weiß, wieweit mich meine Zerrüttung getrieben hätte. Zum Glück gelang mir das aber nicht.

An einem Abend erhielt ich durch Einschluß meiner Mutter einen Brief von meiner Tante an Franziska. Es war gerade an einem Abend, wo ich, gestärkt in der Anbetung meiner selbst durch Karolinens freundliches Betragen, gegen Franziskas trotzigen Widerstand in wildem Aufruhr war. Ich hielt den Brief gegen das Licht und las meinen Namen. Sogleich macht' ich Anstalten zu einem Amalgama, drückte die Petschaft ab, erbrach den Brief und las dann. Meine Tante lobte Franziska, daß sie sich von mir zurückhalte, nach hundert fatalen Nachrichten sei ich ein erzliderlicher, verderbter Mensch usw.

Ich schäumte nach Rache; ich fragte meinen Helden, was er in der Lage würde getan haben? – Ach, er! – Durch tausend Schlösser und Riegel hätte er Wege gefunden, Rache und Schande zur Strafe über sie, in das Innerste des Heiligtums zu bringen, in dem sie – nicht aus Liebe, die sich selbst fürchtete – aus Verachtung gegen mich so unerbittlich sich verschlossen hielt. Tausend Möglichkeiten fielen mir ein, die aber nur Möglichkeiten blieben, und am Ende schränkte sich meine Rache darauf ein, den Brief, nachlässig wieder zugemacht, so daß sie sehen konnte, daß ich ihn erbrochen und gelesen hatte, ins Kloster hinzuschicken und Franziska nicht mehr zu sehen.

Dieser Bruch, der vor wenigen Wochen noch für mich ein Unglück gewesen wäre, das ich nicht zu verschmerzen gewußt hätte, ward mir jetzt sehr leicht. Franziskas Betragen hatte meine Eitelkeit so empfindlich gekränkt, und Karolinens Betragen bot mir so schmeichelhaften Ersatz! Die Reize ihres Umgangs, ihrer Kunst, ihres Geistes, hatten meiner Neigung zu ihr eine Wärme gegeben, die ich selbst jetzt erst recht gewahr nahm, jetzt, da Franziska zwischen ihr und mir weggebannt war.

Ihr gab ich mich jetzt ganz hin.

Aber nun hatte ich gegen Karoline nie jene Ehrfurcht, jene Unmöglichkeit, wieder geliebt zu werden, Gegenliebe erwarten, verdienen, fordern zu können, gefühlt, die in meinem Verhältnis mit Franziska solang mein Jammer und meine Wonnen gewesen waren. Von dem Abend unserer ersten Bekanntschaft an hatte ich gegen Karoline mich mehr als Lovelace, mehr im Rechte zu fordern gedacht: aber nur noch nicht gefordert um Franziskas willen. Jetzt hielt mich nichts mehr ab, und ich verstattete meiner Eitelkeit den Versuch meiner Kräfte und die Wahl Karolinens zum ersten Abenteuer meines ersten Ritterganges.

Bisher war der Ton meines Lebens mit ihr nur ein stilles Aufnehmen süßer Eindrücke gewesen. Jetzt strebte meine Eigenliebe nach Genüssen, die nicht freiwillig angeboten, die nur errungen und erkämpft werden müßten.

Die ersten Angriffe geschahen schnell und ungestüm und hatten Erfolge, die mir meine Meinung von mir selbst immer mehr bestätigten.

Die ersten Schritte in kleineren Freiheiten geschahen schnell, ich wurde mit jedem Tage wagender, Karoline mit jedem nachgebender, jede zugestandene Freiheit beschleunigte die folgende.

Diese Schwäche ihres ersten Widerstandes brachte eine Menge trauriger Wirkungen hervor.

Zuerst hegte und nährte sie meine Eitelkeit zu schnellstem Wachstum. Was von ihrer Seite Schwachheit war, das schrieb ich der unwiderstehlichen Wirkung meines Ichs zu. Über jeden Gewinn sang meine Eigenliebe Triumphlieder.

Aber die Gewohnheit zu siegen verringerte nach und nach den Wert der Siege. Meine Phantasie schilderte sich eine Welt von Hindernissen, die sich meinen Wünschen hätten entgegenwerfen können, und die es so süß gewesen sein würde zu bekämpfen. So aufgehalten zu werden bei jedem kleinen Fortschritt, und dann doch durch alles das durchdringen bis zum Ziele! Ja, das mußte süß und groß sein, und am Ziele dann Gefühle geben, die des Kampfes wert wären!

Karoline verlor dadurch unersetzlich! Welch ein Wesen war Klarissa gegen sie. Konnte ich in allem Glücke meine Unternehmungen mich gegen Lovelace stellen? Was gab mir Karoline zu unternehmen?

Aber doch auch wieder von einer andern Seite war und blieb sie doch immer das Wesen, das mir nicht hatte widerstehen können, das so schnell, so innig mich geahndet, gefühlt, gefaßt hatte, und welches, hingerissen von diesen Ahndungen und Gefühlen, lieber alles als durch verstellten Widerstand mich hatte verlieren wollen!

So kämpfte meine Eitelkeit mit sich selbst; aber auf die Länge konnte doch keine ihrer Entscheidungen für Karoline gute Folgen haben.

Trauriger noch war die Folge, die Karolinens Schwachheit auf meine Sinnlichkeit hatte. Ich hatte schon Wollust genossen in tausenderlei Gestalt, aber nur immer noch mit feilen Buhldirnen: Eine Wollust, die mir nur im Augenblicke viehischer Empörung Genuß und im folgenden Ekel gegeben hatte. Karolinens Schwachheit bot mir ganz andere Genüsse dar. Sie deckte mir über manche Reize den Schleier auf, unter welchem zwar meine Phantasie sich wohl lüstern hingeschlichen hatte, von welchen ich aber jetzt zum erstenmal gegenwärtige Gefühle erhielt, in denen ich nun schwelgte und herumwühlte.

Bisher also waren meine Gefühle für Weiber zwei äußerste Extremen gewesen: entweder hinreißende, witternde Wollust oder liebende, zurückzuckende Ehrfurcht. Meine Einbildungskraft, beschwängert von den Bildern des Schauspiels und der Romane, hatten diese Extremen wohl schon einander genähert,– aber das waren doch immer nur Bilder der Phantasie gewesen. Jetzt wurde diese Herannäherung, diese Vermischung auch Gefühl. Jetzt fing physischer Genuß an, mir ein Bestandteil, wenigstens ein möglicher Bestandteil im Gefühle der Liebe zu werden; ich fing an, Buhlerei mit Wesen als möglich zu begreifen, an die sonst mein kühnster Wunsch sich nicht versündigen gewagt hätte! Liebe des Himmels und der Erde schmolzen in der Glut der Wollust zusammen. Auch weiß ich für die ersten folgenden Jahre nur eine einzige Ausnahme, unter so vielen Fällen nur einen einzigen Fall, wo ich wieder in erster Reinheit liebte; das war aber auch der Fall einer Liebe, die schon in den Jahren jener Extremen, in den Jahren der ersten Reinheit begonnen hatte.

Jeder Genuß, den Karoline mir gab, hatte für mich einen gewissen Reiz von Neuheit, der ihn desto tiefer meinem Gedächtnis einprägte. Der Grund meiner Seele wurde dadurch immer unreiner, immer angefüllter mit Erinnerungen, die sich nun bei jedem Anlasse auch desto lebhafter aufregten, je lebhafter sie im gegenwärtigen Gefühle gewesen waren.

In dieser Lage ward mein ganzer Umgang mit Karoline täglich mehr bloß zu einem Spielwerk des Mutwills. Der Grad von Herzlichkeit, von zärtlicher Hinbeugung und Verehrung, die ich noch im Anfang unserer Bekanntschaft für sie gefühlt hatte, der aber freilich nie dem Maximum meines Gefühls für Mariane sehr nahe gekommen war, nahm immer mehr mit jedem Nachgeben ab. Reize des Geistes, der Empfindsamkeit, der Kunst, die ich in den ersten Tagen an ihr so liebte, wurden jetzt fast bloß zur Erholung, zur Erhöhung des Reizes im physischen Genusse oder zur Unterhaltung in Stunden des gleichgültigern Umgangs herabgewürdiget und gemißbraucht. Das Feuer meiner Sinnlichkeit ergriff in ihrer Empörung alles zur Nahrung ihrer Flamme, und verzehrte jedes bessere Gefühl in der Glut der Leidenschaft.

Endlich fehlte mir nur noch das äußerste, letzte! – Soll ich auch das fordern? – Meine Eigenliebe und meine Sinnlichkeit entschieden die Frage bald mit einem ungestümen, diktatorischen Ja! – Aber! – zum ersten Male seit lange, zum ersten Male in diesen Tagen des Taumels fanden sie einen Widerspruch, der sie aufhielt! – Der Widerspruch einer Stimme, die oft gegen sie gesprochen hatte, die aber immer von ihnen betäubt war, und doch jetzt – jetzt am Ziele zu laut rief.

In einer tiefern Tiefe meines Gedächtnisses lagen Erinnerungen oder Erdichtungen ganz anderer Freuden, als in denen ich mich jetzt berauschte: Bilder der ewigen Schönheit von der Reinheit und Unschuld, Bilder der Freuden, die ich so oft vorgenossen hatte in unsterblichen süßen Gefühlen; Bilder der höchsten Erdenseligkeit in Vereinigung der Liebe und Tugend. Sie waren tief hinabgesunken, diese Bilder, aber doch so tief noch nicht, daß sie sich gar nicht mehr hätten regen können. So kamen Stunden, jetzt, da die erste Glut der Leidenschaft durch zu leichte Siege mehr gekühlt war, kamen Stunden, wie die Stunden des ersten Entstehens und Schaffens jener Bilder gewesen waren! Stunden der Stille und der Eingewiegtheit; Stunden des Naturgenusses an schönen Abenden, in schönen Gegenden; Stunden der Tränen nach der ewig entflohenen süßen reinen Kindheit meines Gefühls! Und jene Bilder erhoben sich aus ihrem Grabe in dieser Tiefe meiner Seele und schwebten vor meinem Blick vorüber, wie aufgestandene Geister, feierlich warnend und machtvoll; doch ich nicht oft in erdrückendster Wehmut meine Hände gegen sie ausstreckte! Und Karoline war das Wesen nicht, das ihnen Leben der Wirklichkeit geben konnte! Jedes Nachgeben, das in andern Stunden meiner Eitelkeit so schmeichelnd, meiner Sinnlichkeit so süß war, ward ein Ankläger gegen sie und ein Peiniger gegen mich, daß ich klagte, laut und gepreßt, hätt' ich, ach! hätt' ich Karoline nie gesehen!

Und der Wunsch war nicht mehr zu erhören!

Ich rang endlich nach einem Vielleicht, das helfen möchte in dem quälenden Zweifel an aller Hilfemöglichkeit! Und ich fand dies Vielleicht, oder ich erträumte es: ein Vielleicht, mit dem sich alles – Eitelkeit und Wollust und

Tugend begnügen könnten! Vielleicht – vielleicht ist Schwäche der Liebe mit Stärke der Tugend zu vereinigen! Wenn jene wich, im leichtern Angriff, so siegte vielleicht diese im letzten!

Das Resultat dieses Krieges in mir war, der Angriff sollte geschehen! Und würde sie unterliegen, so sollte auf ewig gebrochen sein!

Der Angriff geschah, und – wurde zurückgeschlagen.

Die Art sogar, wie Karoline sich dabei benahm, gab meiner Neigung zu ihr neuen Zuwachs. Nicht von trotzender Stärke. Geständnis der Furcht vor sich selbst, Bitten um Schonung, nicht zum Scheine nur, nicht Bitten mit dem Wunsche, nicht erhört zu werden, oder mit Zuversicht auf die Kühnheit und Leidenschaft des Liebenden, daß sie versagen werde, was nur Bitte der Ziererei war: Bitten um Schonung, in denen ich den vollen Ton der Wahrheit, der sich selbst fühlenden, für sich selbst zitternden Liebe zu erkennen glaubte.

Diese Szene gab Karolinen fast auf einmal alles in meinem Herzen wieder, was sie allmählich verloren hatte, sie rührte mich so innigst, daß ich ihr gestand, die Stunde des Nachgebens würde die letzte unsers Sehens gewesen sein.

Ich weiß nicht, ob ich nicht noch zu unerfahren war, die Folgen einzusehen, die dieses Geständnis für mich haben konnte, wenn Karolinens Liebe ein Spiel einer andern Neigung war, oder ob meine Rührung oder meine Eitelkeit mir nicht erlaubten, so von ihrer Liebe zu denken; oder ob endlich alles folgende, was freilich eine Wirkung dieser Offenherzigkeit sein konnte, in der Tat keine Wirkung derselben, vielleicht eine natürliche Folge ihrer Verhältnisse ohne irgendeine Zutun von Schlauheit oder Kunst war.

Nicht lang nachher bat mir Karolinens Bruder an, ihn auf einer kleinen Reise nach Köln zu begleiten. Ich tat das. Auf dem Wege nahm er sich, als drückte ihn etwas schwer und, gleichsam nach einem langen Kampfe, nach öfterm Anfangen und Unterbrechen, stellte er mir endlich vor: er habe in Bonn als ein Ausländer, dem es in den Augen der Eingebornen zu gut gehe, eine Menge von Feinden, deren Neid jeden seiner Schritte verfolge und bei jedem Anlasse alle Künste der Verleumdung gegen ihn aufbiete. So murmle jetzt schon die ganze Stadt über den vertrauten Umgang seiner Schwester mit mir. Der eine Teil schreie über Buhlerei, der andere werfe dem Mädchen künstliche Entwürfe, einen jungen fremden Mann in ihre Stricke zu fangen, vor. Er selbst, so sehr er hoffe, von der Reinheit unsers Umgangs und meiner Absichten überzeugt sein zu dürfen, könne mir nicht bergen, daß, zärtlich und weich, wie er das Herz seiner Schwester kenne, er oft für ihre Jugend, für die meinige, für unsere Liebe zittere. Sein Gewissen mache ihm über die Beförderung unserer Bekanntschaft oft die bittersten Vorwürfe! Oft im Begriff sie abzubrechen, hätten die Tränen seiner Schwester, ihr Flehen, ihre Beteurungen, daß das Wohl ihres Lebens so einzig und ewig an dem Glücke meiner Liebe hange, ihn abgehalten; aber länger dürfe er nicht schweigen! Ich müsse und werde ihm, dem Bruder meiner Geliebten, der zugleich ihr Vater sein müsse, die Forderung einer Erklärung zugute halten, wohin es mit der Fortsetzung dieses Umgangs, der mich so auffallend von der Heimreise zurückhalte, gezielt sei!

Dem bloßen Zeitvertreib die Ehre eines Mädchens aufzuopfern, das mich so innigst, so hingegeben liebe, das sei ein Gedanke, den er gegen mich nicht fassen könne. Solle gleichwohl der Reiz, mich so lieben zu lassen, mich verführt haben, so hoffe er, seine Vorstellung würde mir die Augen öffnen! Ich würde meine Schwachheit selbst verdammen, und seine Schwester für ihre Liebe nicht so hart an allem, was einem Mädchen auf Erden das Kostbarste sein müßte, strafen wollen! Ich würde dann die Not einsehen, diesen Umgang abzubrechen.

Ich liebte den Mann nicht sehr. Er hatte vieles, was mich zurückstieß; aber in dieser Vorstellung lag doch viel Wahres!

Karoline war mir unendlich teuer geworden nach jener Szene. Sie hatte mich mit neuen Banden an sich gefesselt, als die ersten oft schon dem Zerreißen nahe waren. Sie war freilich nicht wie das Ideal der reinen Liebesträume meiner Jugend; aber der letzte Widerstand war doch der Zug einer edlern Seele! Die wonnige Schwachheit im Nachgeben entschuldigte meine Sinnlichkeit mit der Süße des Genusses und meine Eitelkeit mit der schmeichelnden Macht meiner Einwirkung auf sie. Und dann war mir jenes Ideal in diesen Genüssen fremder geworden; ich hatte es oft abgewiesen, wenn es in der Gesellschaft meines Gewissens kam, mich zu stören. Karoline hatte durch ihre letzte Standhaftigkeit zugleich meiner Eigenliebe, meinem Hang zur Wollust und dem letzten schwachen Reste meiner Tugend genug getan. Wie teuer sie war, fühlte ich nie inniger als jetzt, da ich ihr entsagen sollte.

So blieb nur ein einziges Mittel übrig, die Erklärung nämlich, daß ich sie heiraten würde, ich hatte den Gedanken oft gedacht, aber bis auf diese letzte Szene immer mit geheimem Widerspruch. Auch diesen hatte die letzte Szene geschwächt, aber noch nicht ganz gehoben. Er lag noch größtenteils in meinen äußern Verhältnissen.

Zuerst meine Mutter. Ich wußte, wie sie das aufnehmen würde; hatte sie bei Gelegenheiten, wenn einmal irgendein junger Mensch auf Akademien geheiratet hatte, sich so deutlich dagegen erklären hören! Sie hatte so einen gewissen Familienstolz; sprach so gern von den vornehmen Verbindungen meiner väterlichen und ihrer eigenen Familie. Sie bauete auf meine künftige Heirat so gewiß einen Teil ihrer liebsten Hoffnungen, und nun dieser liebenden Mutter nach all dem, was sie für mich gelitten und getan hatte, auch noch die Ankündigung einer Heirat mit einem fremden, armen Mädchen mitzubringen!

Dann meine häuslichen Umstände! Zwar ihre ganze wahre Lage kannte ich nicht. Die Möglichkeit so öfterer, so nachdrücklicher Hilfe, wie meine Mutter sie mir oft verschafft hatte, beruhigte mich oft in Augenblicken des Zweifels. Aber glänzend konnte ich sie doch auch nicht vermuten. Und was blieb mir dann übrig? Advokatur ums Brot! Ein Leben also, das ich unter allen am meisten verabscheute, zu dem ich mir so gar bewußt war, nicht einmal die nötigsten Kenntnisse mitzubringen.

Die Aussichten hatten mich immer abgehalten, die Liebe anzubieten, was brüderliche Vorsorge mir jetzt gleichsam abdrang. Aber jetzt ging ich zur Betrachtung dieser Gründe aus dem Gefühle meiner Liebe zu Karoline, aus dem Mitgefühle mit ihrem Jammer, aus dem Vorgefühle des meinigen, wenn ich sie verlassen sollte, über.

Die Abneigung meiner Mutter, sagt' ich jetzt zu mir selbst, gründet sich doch nur auf Vorurteile, und Vorurteile lassen sich besiegen. Und wenn das auch nicht wäre, was soll ich hier diesen Vorurteilen aufopfern? Das Glück meines Lebens ist in dem Glücke eines Mädchens, das ich liebe!

Und wenn Karoline recht hat, über die Ungerechtigkeit des Glücks und der Geburt zu klagen, darf ich ihr das Recht geben, auch noch über die Ungerechtigkeit des Menschen zu klagen? Und welches Menschen? Des geliebtesten unter allen, auf dessen Redlichkeit sie so liebend alles Wohl und Weh ihres Lebens hingesetzt hat! Und was ist Unterschied der Geburt noch vollends außer dem Adel, bei welchem ständische oder andere Vorteile, die zugleich Vorteile für das Ganze der bürgerlichen Gesellschaft sein können, ein solches Vorurteil rechtfertigen oder entschuldigen mögen. Der Unwille meiner Mutter wird sich besänftigen lassen, eher vielleicht als beängstigende Liebe es zu hoffen wagt. Freilich werden meine Umstände mir das Leben sauer machen; aber, fragt' ich mich selbst, kannst du den Gedanken ertragen, jemals deine Hand zu verkaufen? Würdest du dich in irgendeiner Not entschließen, dem Reichtum ohne Liebe ein Herz zu geben, das Liebe so dürftig braucht? Und wenn du also dennoch einmal in die Sklaverei des Advokatenlebens dich schwingen sollst – gelingen wird dies gewiß, flüsterte mein Stolz mir zu! – Und dann – verdienst du mit dem Brote für dich auch leicht das Brot für ein geliebtes Weib. Sie wird neben dir sitzen und dich erquicken in der Tageslast, und du wirst wenigstens wissen, wofür du arbeitest.

Mit solchen Gründen widerlegte oder betäubte ich mich selbst, und der Ausspruch nach diesen Beratschlagungen war, daß ich bei der Heimreise nach Bonn Karolinens Bruder erklärte, es sei mein fester Entschluß, seine Schwester zu heiraten.

Aber nun! So fest dieser Entschluß auch war, so traf mich's doch, daß Karolinens Bruder jetzt darauf drang, daß ich mich vor meiner Abreise förmlich mit ihr vor einem Notar und Zeugen verloben sollte. Schon an sich beleidigte mich dieses Merkmal von Mißtrauen, so sehr der Mann auch dagegen protestierte, so sehr er auch beteuerte, seine ganze Absicht sei nur Beruhigung seines Gewissens und Sicherheit für seine Schwester. Und selbst auf Karoline fing ich, bei allem Anschein einer unbefangenen Offenheit, von Zeit zu Zeit an, mißtrauisch zu werden.

Ihr hatte ich noch nie von meinen häuslichen Umständen auch nur so viel gesagt, als ich ziemlich genau davon wußte, obschon ich ihr auch nie von Reichtümern ausdrücklich vorgelogen hatte; aber meine Aufführung tat diese Lüge anstatt meine Zunge. Ich zog immer in Bonn angewiesene Wochengelder und bezahlte davon nie etwas im Gasthofe. Ich machte also mit jenen Geldern ziemlichen Aufwand, gab oft Konzerte, traktierte, lud Karoline und ihren Bruder zu Spaziergängen, zu Spazierfahrten ein, die mit Aufwand verknüpft waren und gab ihnen dadurch ein Recht, auf einen gewissen Grad von Reichtum zu schließen. Jetzt fiel mir's zum ersten Mal ein, ob auch das vielleicht Einfluß auf die Gewissenhaftigkeit des Bruders haben möchte? Ob wohl dieser gar sie selbst – es war ein entsetzlicher Gedanke! – nicht gar sie selbst Plane gemacht oder mit verabredet hätte – ein Gedanke, den sie mit allen Beteuerungen, daß sie es nicht verlange, nur gezwungen von dem Eigensinn des Bruders, nachgäbe, und auch mich nachzugeben bitte, nicht ganz überwinden konnte.

Meine Eitelkeit kam indes diesen Beteuerungen zu Hilfe. Noch kann ich selbst nicht ganz und gewiß sagen, was Wahrheit war, ob sie sich nicht vielleicht selbst täuschte! Genug, auch dieser Gedanke wurde in mir niedergeschlagen und die Sache vollzogen!

Ich setzte ein förmliches Verlobnis auf, und ich und Karoline unterzeichneten die Schrift. Wir ließen einen Notar kommen, sagten vor ihm und zwei Zeugen aus, daß dieses Papier einen Vertrag enthalte, an den wir uns feierlich wollten gebunden haben. Die Schrift wurde dann vernäht, und der Vorgang vom Notar beurkundet. Karolinens Bruder nahm die Urkunde zu sich; eine ähnliche von ihr für mich zu fordern, verstattete entweder meine Eitelkeit oder mein grenzenloses Zutraun zu ihrer Liebe nicht.

Von dieser Zeit an drang Karolinens Bruder immer mehr auf meine Heimreise. Ich mußte mir erst noch wieder einen Wechsel von Hause kommen lassen, der aber nicht hinreichte, und dem wieder ein anderer nach Düsseldorf folgte.

Vom Abschied sag' ich nichts; auch von der Reise nichts. Von Düsseldorf aus schrieb ich zum ersten Mal an Karoline, und schrieb in wahrer leidender Trennung.

Und so kam ich endlich nach vielem Ach und Weh am 29. Oktober 1768 zu meiner Familie zurück. – Bei meinem Anblick war auf einmal alles vergessen und vergeben. Alles weinte: aber es waren Freudentränen über die Zurückkunft des verlornen Sohnes.

Von meiner Zurückkunft von der Universität bis zu meiner Heirat
1768-71
Von meinem 19ten bis zu meinem 22sten Jahre
4. Kapitel

Die erste Not, die ich nach meiner Zurückkunft hatte, war, meiner Mutter die Geschichte meiner Ausschweifungen so vorzudichten, daß ich es wenigstens wagen durfte, sie anzusehn. Ich hatte schon oft in meinen Briefen um Geld solcher Umstände eine Menge erlogen, jetzt brachte ich das alles in Zusammenhang.

Die ersten Tage mußte ich unter dem Vorwand der Unpäßlichkeit das Haus hüten, weil ich völlig in Gestalt des verlorenen Sohnes zurückkam, ohne Wäsche, ohne Kleid, in dem ich mich hätte zeigen dürfen.

Von Göttingen waren Verschläge mit Büchern angekommen. Es waren die Bücher, die ich Schücking anvertraut hatte. Statt der übrigen erhielt ich bloß die Nachricht, daß Springer selbst ins Gedränge gekommen war, Göttingen hatte verlassen müssen, und, um sich zu retten, meine Bücher versetzt hatte.

Also gerade die Bücher waren dahin, durch die ich jetzt gehofft hatte, das Versäumte zu ersetzten! Und dafür eine Sammlung von Werken um mich her, die mich reizten und so oft und solange von ernstlichen Arbeiten abgezogen hatten. Indes mußte doch zu jenem Endzweck jetzt wieder Rat geschafft werden, und er wurde geschafft. Ich schaffte mir die nötigsten juristischen Werke an. Nach und nach fing ich auch in der Tat an, etwas zu arbeiten, aber auch erst recht zu fühlen, was ich versäumt hatte. Aber mit meinem guten

Mute gelang mir's bald besser, als ich es anfangs fast nur gehofft hatte. Indes ekelte mich vor Advokatur, und wenn meine Mutter das Lied davon anstimmte, sucht' ich sie mit der Vorstellung aufzuhalten, daß ich zuvor in aller Ruhe meine Inauguraldissertation ausarbeiten müsse; daß mir diese, wenn sie gelinge, den Weg zu einer Beförderung bahnen könne, usw. Ich schrieb nun wirklich eine Inauguraldissertation, "De successione conjugis superstitis in bona praedefuncti sec. ord. politicam monasteriensem". Ich muß gestehen, daß ich sie noch jetzt mit Vergnügen ansehe, wenn ich bedenke, daß ich damals ohne alle Logik und Philosophie, fast ohne alle Kultur des Verstandes, doch mit dieser Ordnung schreiben konnte, die wirklich darin herrscht.

Im Herbste 1769 reiste ich nach Holland, über Arnheim und Harderwijk, um da mich promovieren zu lassen. Ich hatte meine eigene kindische Freude daran, bei dem Professor, der mich promovierte, den Scharlatan zu machen und mit Gelehrsamkeit zu prahlen, die doch im Grunde erbärmliches Flickwerk war.

Am 24sten September kam ich des abends in Harderwijk an, und am 25sten reiste ich 'legitime promotus', zu Schiffe nach Amsterdam ab. Man muß das Possenspiel, das man dort mit dieser Zeremonie spielt und den kaufmännischen Geist, mit dem man die Doktoralwürde behandelt, kennen, um das zu begreifen.

Ich lebte die beiden Tage in Harderwijk höchst wild. Ich war an einen jungen Menschen empfohlen, durch den ich mehrere Studenten kennenlernte. Ich trug ein reiches Kleid und ließ aufgehen. Das war einigen elenden Burschen ein Signal, mich im Rausche zu bestehlen. Von einem Wechsel, mit dem ich nach Abrechnung der Promotionsunkosten,

Holland durchreisen sollte, brachte ich kaum so viel davon, daß ich über Amsterdam nach Hause reisen konnte. In Amsterdam blieb ich nur zwei Tage, ging zur See nach Zwoll, hungerte unterwegs und kam am zehnten Tage nach meiner Abreise ohne einen Heller in der Tasche zu Hause wieder an.

Mit Karoline hatte ich diese ganze Zeit hindurch einen ordentlichen Briefwechsel geführt. Ihr Bruder und sie selbst fingen bald mit Nachdruck an, darauf zu dringen, daß ich Anstalten zur Vollziehung meines Versprechens machen sollte.

Es war mein ewiger Gedanke hin und her, wie ich meiner Mutter die Sache beibringen sollte. Ein Ungefähr löste die Aufgabe auf und machte meiner Mutter die Geschichte auf eine Art bekannt, die für sie nicht schmerzlicher hätte sein können.

Ein naher Vetter, der Rat Bruchhausen (seine Mutter war meines Vaters Schwester), heiratete. Ich war mit meiner Mutter und meinem Bruder auf der Hochzeit. Ich machte mich abends in der Frohheit vom Wein an die Schwester der Braut, die einzige in der Gesellschaft, mit der ich mich abgeben mochte. In der Begeisterung der Festesfreude schwatzte ich dem Mädchen allerhand Schönes vor. Mein Bruder, der unter den Vertrauten meiner Liebe war, kam dazu und, verleitet entweder von einer kleinen Eifersüchtelei oder geöffnet zum Scherz durch einen halben Rausch, sagte er mit einer bedeutenden Miene zu mir: "Wenn das deine Karoline hörte!"

Karoline! Kaum war das Wort aus seinem Munde, so faßte das Mädchen es auf, dem es wohl ungelegen genug kommen mochte, und im Augenblick darauf lief das Wort durch die ganze Gesellschaft. Man brachte mir ihre Gesundheit zu, man trank ein zweites auf das Wohl des ersten Paares, das dem Bräutigam folgen würde. – Ich sperrte mich nicht, um mich nicht noch weitern Neckereien auszusetzen; ich gestand, daß Karoline, ein Mädchen in Bonn, meine Braut sei.

Meine Mutter sperrte sich in meinem Namen mit aller Heftigkeit der Wut, worin der bloße Gedanke der Möglichkeit eines solchen Unglücks sie gebracht hatte. Sie sprach von Universitätsstreichen, von leichtfertigen Verführerinnen, schlauen Buhldirnen usw.

Das hielt ich nicht aus. Auf einmal stand Karoline da im Bilde vor mir, fliehend an meine Brust zum Schutze der Beschimpfung! – Und nun erklärt' ich laut und zuversichtlich, daß sie die Meinige sei und bleiben solle, trotz alles Widerstandes, gegen den ich alle Wut der Liebe hätte.

Die Szene war schrecklich für meine Mutter! Die Gesellschaft trennte sich bald. Die Heftigkeit, mit der ich gesprochen und mich gebärdet hatte, hatte mich nun vollends berauscht. Auf dem Wege und zu Hause setzte ich meine Beteuerungen fort. Meine Mutter, gleich heftig im ersten Zorne, sprach von mütterlichem Fluche, und ich drohte dagegen mit allem, was Verzweiflung eingeben kann: mit Gift und Dolch. Es war eine entsetzliche Nacht.

Am andern Morgen hatte sich meine Wut mit meinem Rausche gelegt; bei meiner Mutter hatte der Schlaf wieder mütterlichere Gefühle erregt; der geheime Rat meiner Tanten riet auf Sanftmut; ich war kränklich, litt unter den Nachwehen der gewaltsamen Erschütterung; der alte Grundsatz der Schonung wurde mein blasses Aussehen und die stille Melancholie, in der ich bisher gelebt hatte, wieder rege, und so wurde von der Sache gar nicht wieder gesprochen. Meine Mutter, froh, daß die Sache nur noch nicht durch eine förmliche Heirat entschieden war, faßte gern den Trost, den ihre Freunde ihr gaben, daß die Leidenschaft bei mir selbst verrauchen würde; sie arbeitete indes in der Stille, um der Zeit zu Hilfe zu kommen; sie schrieb an Karoline, verbat sich unsern Briefwechsel, bot Leute auf, zu denen ich Zutrauen hatte, um mir die Folgen dieser Übereilung darzustellen. Sie tat alles; ich weiß nicht, ob nicht hin und wieder zuviel.

Sie hatte ihren Endzweck erhalten! Ich habe das Band zerrissen.

Wie es zuging, was mich nach und nach bestimmte, welche Kräfte in mir das bewirkten, und wie sie endlich Karoline ganz aus meinem Herzen hinausrissen, das will ich erzählen, treu, wie ich es noch weiß.

Zuerst war diese ganze Liebe zu Karoline von der Art, daß eine lange Entfernung ihr notwendig nachteilig werden mußte! Diese Neigung hatte keine jener innigen Empfindungen gehabt, die Marianens erster Anblick vormals in mir aufgeregt, und die ihr Bild selbst so aus der Ferne, bloß wie es in meiner Phantasie stand, immer ernährt hatte: Nichts von jenem unnennbaren, reinen Himmel anstreben, das mich so oft bei dem bloßen Gedanken an Mariane begeistert hatte.

In dem einsamen Leben, das ich jetzt lebte, kamen die Stunden höherer Spannung mir oft wider. Ach, und Karoline war mir dann nicht alles, was ich dann brauchte! Sie konnte mir nicht sein, nicht leisten, nicht geben, was ich in solchen Stunden von Weibesliebe als möglich begriff und mit diesem Begreifen zugleich auch forderte. Ich hatte es oft in solchen Stunden gefühlt, daß sie nicht mit mir fliegen konnte! Bei aller süßen Wärme ihres Gefühls, die mir so wohl und behaglich tat, wenn ich mit ihr auf Erden blieb, fühlte ich es doch oft sehr unsanft, daß sie in höhern Flügen nicht mit fort konnte.

Sie hatte mehr Weite als Tiefe und Höhe, und so schön und reizend diese weite Fläche war, so begnügte sie mich doch nicht, und dieser Mangel verleitete meine Phantasie dann, sich eine Seele von gleicher Tiefe und Höhe zu schaffen und sich dann mit diesem Selbstgeschöpfe in zauberischen Träumen einzuspinnen, aus denen das Erwachen Karolinen nicht vorteilhaft sein konnte.

In bessern Stunden der Wehmut vollends, wo die Erinnerungen meiner frühen, reinern Jugend mich an sich zogen und meine ganze Seele bebend und strebend sich zurücksehnte in die liebe schuldlose, heilige Kindheit – ach, in solchen Stunden war Karolinens Bild ein Peiniger für mich: es brachte Erinnerungen mit, die ich ewig hätte auslöschen und abkaufen mögen aus meinem Leben.

In Stunden des gelassenern Daseins sehnte ich mich wohl oft nach ihr, nach jener Unterhaltung, die mir ihr Umgang, ihr Geist, ihr Reiz, ihre Talente, ihre Kunst, ihr Gefühl gegeben hatten; aber auch bald fast nur in solchen Stunden und endlich also nur in Stunden der Langeweile.

Was sie mir in solchen Stunden gewesen war, das sagte mir dann die Erinnerung oft nach ihrer Art lebhaft genug. Aber das waren doch nur Erinnerungen. Ich litt um ihretwillen entsetzlich in einer Familie, die mich unaussprechlich liebte, und die ich dafür mit Kummer lohnte. Jeden Augenblick quälte mich jedes Gefühl, das mir begegnete, jeder Winkel, wo ich hintrat, mit bittern Vorwürfen, und diese leider waren Gefühle; und gegen diese ewigen gegenwärtigen, immer schmerzendern Gefühle hielten es jene nur dann und wann wiedererweckten, sich täglich schwächenden, täglich gleichgültigern Erinnerungen nicht lange aus.

Karoline hatte durch das ewige Andringen zur Erfüllung meines Versprechens unglaublich verloren. Briefe waren doch in dieser Trennung das einzige, was ihr Bild in meiner Seele wieder anfrischen mußte, und ich scheute bald den Anblick eines Briefes von ihr, weil ich den Inhalt vorher fürchtete, und ich darin getrieben wurde, mit meiner Mutter die Szene zu eröffnen, vor der ich so zitterte. Mit ihren Briefen fing ich bald an, die Erinnerung an sie zu scheuen, weil auch jede Erinnerung an sie mir vorhielt, daß es doch einmal zu dieser Szene kommen mußte.

Selbst die letzte Probe ihrer Tugend im äußersten Angriff, die so sehr zu ihrem Vorteil auf mich gewirkt hatte, verlor nach und nach ihre Kraft in dem bloßen Zurückdenken. Und am Ende blieb bei dem allen nicht das Problem ihrer Tugend noch immer unaufgelöst? –

Selbst die Stunden der Eitelkeit, wenn mein Lovelacismus in mir wieder aufloderte, wie war Karoline jetzt so ganz anders als damals, wo sie das Ziel meines ersten Zuges ward! Ein herrlicher Lovelace, sagte ich mit Beschämung zu mir, der sich von dem ersten besten Mädchen, welches Lovelace vielleicht seinem Gefolge überlassen hätte, an den Rocken und ins Eh'joch spannen läßt.

Unter der Hand erfuhr ich dann auch wohl manches, was ihrer Geschichte vor meiner Bekanntschaft einen zweideutigen Anstrich gab. Manches von diesem manchen mochte wohl Erfindungen geheimer Künste sein; aber es erinnerte mich dann doch auch oft an Züge, die mir jetzt merkwürdiger vorkamen als vormals, da ich sie in Bonn sah oder hörte. Doch darf und kann ich nicht sagen, daß ich jemals eine Ausschweifung von ihr nur mit irgendeinem Grade von Gewißheit gehört hätte. Aber mißtrauisch ward ich doch jetzt. Schon selbst ihr Alter – sie hatte einige Jahre vor mir voraus –, und unsere Liebe sollte ihre erste Liebe gewesen sein, das hatte sie mir so oft beteuert! Diese Verstellung oder diese Lüge war doch Verstellung oder Lüge! Also lag doch Verstellung und Lüge in ihr!

In der Schwachheit ihres ersten Nachgebens, welches nun in der Entfernung mir keinen Genuß mehr gab, fand mein Mißtrauen bald Bestätigung jeder Verleumdung und jeder nachteiligen Wahrheit. – Das ganze Benehmen ihres Bruders zeigte mir jetzt einen förmlichen Plan zur Versorgung seiner Schwester, und das ihrige – unmöglich war's doch nicht, daß zwischen ihr und dem Bruder eine Verabredung gewesen war, und bald, da ich Gründe gegen sie suchte, war mir das nicht einmal unwahrscheinlich mehr.

Bald kam noch ein Zufall hinzu, der meine Eitelkeit aufs neue gegen diese Verbindung empörte. Einer meiner Bekannten hatte in Würzburg geheiratet. Solange sein Vater lebte, durfte er seine Frau nicht kommen lassen. Jetzt starb dieser, und die Frau kam. Vor ihrer Erscheinung hatte alles mit dem jungen Manne gehalten. Jetzt fanden viele, dieses Geschöpf hätte so ein Opfer, das sogar vielleicht dem Vater das Leben gekostet hätte, nicht verdient. Schönheit und Geist von diesem Grade wären auch unter unsern Mädchen wohl zu finden gewesen. – Meine Karoline war mir in den ersten Tagen unserer Bekanntschaft sehr reizend erschienen. Sie war groß, schlank, nicht hager, ohne fett zu sein; ihre ganze Gestalt und ihr Gang insbesondere hatten etwas

Großes, Deutsches! Ihre Gesichtsbildung fand ich reizend, ohne sie im eigentlichen Sinne schön zu finden. Ihr blaues Auge blickte schmachtend und süß unter den langen, dunkelbraunen Augenwimpern hervor, ihre Stirn war angenehm gewölbt, ihe Nase fein und groß, ihre Farbe, Farbe der Fülle. Ihre ganze Miene in Stunden der Liebe so schmelzend, und in Stunden des Ernstes so gut, so empfänglich! Ihre Lippe besonders, voll ohne fleischig zu sein, lieblich geschweift, hatte den ganzen Ausdruck zuckenden Gefühls! Der ganze Ton des Gesichts und der Bildung war weibliche Stärke mit aller weiblichen Sanftheit; sprach so laut von Treue in Mitaufnehmen und Mittragen und kündigte Mut und Liebe an! Aber bei dem allen – ach ich nun jene Frau sah, konnte ich mir doch wenigstens das nicht leugnen, daß auf gleichgültige Zuschauer, auf Menschen, die nur bloß Äußeres und nicht im äußern Alphabet das innere suchen, aber Karoline den Preis gewinnen würde, obschon ich im engen Zirkel Karoline nur durch einen Vergleich mit ihr würde beleidiget haben. Aber die Folge war doch, daß ich mich nun fragte, was werden diese Menschen sagen, wenn du nun mit Karoline hervortrittst?

Und nun – ich darf das nicht leugnen, was mich am innigsten mit bestimmte, das lag in einer andern Seite meines Selbsts!

Mariane! – So gebunden, als ich zurückkam, so war's doch meine erste Frage gewesen, wer sie heiraten würde, und man wußte, was ich kaum zu glauben vermochte, von keinem.

Ich sah sie in dem ersten Jahre gar nicht; aber es kamen doch Momente der Spannung, und der Gedanke an sie stieg in mir auf; ich wies ihn ab, aber er kam wieder; er ließ sich nicht abweisen und – ihm ward abgetan. Und er kam öfterer und immer öfterer! Und bald in seiner Gesellschaft ein anderer – ach! ein Gedanke, der schaudernd und fragend durch mein innerstes Mark fuhr! Es war der Gedanke einer Möglichkeit! – ach! einer Möglichkeit! Zum ersten Male! – Mariane war frei – vielleicht! –

Mit dem Gedanken flog ich in höhere Welten hin! In Paradiese der Liebe und aller seligen Träume! – Von ihr geliebt zu werden! Von ihr – von ihr! – ich hatte mich selbst nicht mehr bei dem Gedanken, taumelte in süßem Wahnsinn und vergaß mein Leben!

Ich kämpfte gegen den Gedanken mit Macht, als er zuerst in mir aufstieg, ich fühlte, was er über Karoline bringen würde und kämpfte für sie noch mit treuer Liebe. Aber indes wirkten jene vorigen Gründe in der Stille fort, und je mehr diese gewannen, desto offnern Eingang fand zugleich dieser Gedanke an Mariane, und je öfterer er gedacht ward, desto schneller wuchs er an Macht und Stärke.

Ein gewisser geheimer Zug näherte mich Marianens Bruder, der schon vormals vor meinen akademischen Reisen mein Freund gewesen war. Zwar in seinem Hause wagte ich keinen Besuch; aber ich zog ihn an, daß er mich fast täglich begleitete auf meinen Spaziergängen. Dieser Umgang, obschon ich es nie wagte, seine Schwester nur zu nennen, erneuerte doch mit jedem Tag den Gedanken jenes gefährlichen Vielleichts. Die Bilder der Seligkeit, in die der Gedanke mich hineinriß, wurden mir geläufiger; diese Phantasien voll Himmel erhielten allgemach längere Dauer, ich wurde vertrauter mit ihnen, scheute mich immer weniger, sie zu heften.

Mariane hatte eine jüngere Schwester, auch ein gar liebes Mädchen, jetzt gerade getreten in die ersten Tage ihrer vollsten, schönsten Blüte, und dieser Engel hatte sich an Schücking hingegeben. An ihn, mit dem es meine Eigenliebe keinen Augenblick ertrug, sich zu vergleichen. Mariane, sagte sie, sei immer unendlich mehr als ihre Schwester Amalie, so bist du doch auch unendlich mehr als S.

Mit jedem, jedem Tag gewann das süße, schreckliche Vielleicht an Stärke! Was vormals in den genossensten Augenblicken meines liebendsten Dichtens, wenn in dem innersten Heiligtum meiner Seele Marianens Bild auf seinem Altare stand und alle meine Sinne und Kräfte vor dem Bilde niederlagen in aller Verlorenheit lebendiger Anbetung, was ich dann nicht zu glauben fand, nicht zu denken, daß es je dem Engel gefallen könnte in diesem Heiligtume, ihm gefallen könnte meines Daseins Opfer! Das ich denken dürfte, erhört und angenommen für sie leben zu können, leben auch für ihr Glück,– das, das, ach! das ward mir eine Möglichkeit, gegen die sich bald kein Zweifel mehr waffnete.

Es war oft meine Qual gewesen, dieses Vielleicht ihrer Gegenliebe, als ich es noch nicht zu denken wagte; es wurde mir jetzt eine Hölle, da es mir zu spät begreiflich ward!

Es wäre also eine Möglichkeit gewesen, und ich – ich selbst hatte sie zerstört! – Freventlich zerstört, freventlich von mir geworfen, aller, aller Erdenseligkeiten seligste, höchste, unausführbarste!

Und für wen?

Wenn ich nun so dalag in mir selbst in süßester Verstrickung und Himmel und Erde mir verschwand, und all mein Leben und Sein so allgenügsam zusammenlag in dem einzigen Gefühl ihrer Liebe! Dann donnerte mich das auf:

dennoch! dennoch unmöglich! und für wen? – Und der trunkene Gedanke sollte dann zurück auf Karoline! Da sich halten, da sich fesseln, der Gedanke, der Marianens Liebe gedacht hatte! Sollte aus dem Himmel mit ihr zurück zur Erde mit Karoline!

Das gab einen Jammer und aus dem Jammer einen Widerwillen, der mit jedem Tag entscheidender wurde. Meine Mutter war wieder so ganz Mutter. Aber sie litt in der Stille, daß ihr Leben sichtbar zu Grabe welkte. Sie tat, was sie konnte, und oft mehr, als sie sollte, um mir Freude zu gewähren. Ich erfuhr mit jedem Tag näher, was es ihr gekostet hatte und kostete, mich durchzuschleppen, sie entzog sich, um mir zu geben, ich sah sie entbehren, damit mir nichts fehle! Und für das alles – ein langsames Gift aus meiner Hand!

Es kam endlich eine Szene, die den letzten Ausschlag gab. Eines Tages, wo meine Mutter glaubte, daß ich einen Brief von Karoline erhalten hätte, kam sie zu mir herauf und sagte mir weinend, wenn es sein müßte, so möchte es sein. Sie wollte mich nicht zu Grabe bringen! Aber leben mit dem Mädchen, das könne sie nicht. Sie wolle uns also geben, was sie habe, und dann fern von ihren Kindern hingehn und vergessen suchen, daß sie Kinder gehabt habe. Ihre Schwester Lippers würde ihr für die wenigen Tage das Gnadenbrot wohl geben. – Nach einer Pause voll Tränen fiel sie mir zu Füßen und bat mich noch einmal abzustehn!

Ich riß mich los, wild und empört, und lief zum Hause hinaus, kehrte spät zurück, schloß mich ein und blieb den andern Tag auf meinem Zimmer, hörte Mutter und Tante an meiner Türe flehen, antwortete nicht, schloß nicht auf. Man brach die Türe auf.

Erschüttert hatte mich diese Szene gewiß tief und innig, aber ich muß doch gestehen, nicht so sehr, als ich mich stellte. Aber der Erfolg war doch immer der, daß ich Karoline aufgab! Ich schrieb ihr, daß es der Tod meiner Mutter sein würde, daß ich den Schritt als einen übereilten Schritt zurücktun müßte.

Die Art, wie Karoline sich bei diesem Schritte nahm, machte mir ihn bald leichter und sicherte mich vor Anwandlungen der Reue. Von ihrem Bruder sag' ich nichts. Sein Betragen war Wut, Stolz, Grobheit. Das hatte ich erwartet; aber sie selbst! Freilich waren ihre ersten Briefe nach der Aufführung bloß Bitten und Jammern; aber dann kam doch ein Brief, in dem sie mit dem Gerichte drohte, und nicht lange, da tat sie einen Schritt, der doch immer wenigstens einer Gewalt glich.

An einem Abend kam Marianens Bruder zu mir und zeigte mir einen Brief vom Sekretär des Ministers von Fürstenberg. "Ich habe Sprickmanns Braut gesehn", schrieb er, "sie ist bei mir gewesen, um mich zum Patron gegen ihn bei dem Herrn Minister zu machen. Denken Sie, welche schöne Gelegenheit ich gehabt hätte, dem jungen Herrn das Sincipat zu verzieren!"

Dieser Brief und alles an ihm, Ton und Inhalt, brachte mich in Wut! So also, darf so ein Mensch von dem Mädchen reden, das dein Weib werden soll? – Und dieser Schritt selbst – nein, das Mädchen meiner Liebe hätte den Schritt nicht tun können. Untreu hätte ihr das Leben kosten können, aber sich an höhere Gewalt wenden, das konnte nur das Mädchen, das einen Mann gefangen hatte, und ihn nun nicht lassen wollte, weil sie so bald keinen wieder zu fangen hoffen durfte: ihn also lieber wider sein Willen haben will, also gar keinen.

Ich schrieb ihr das, und ihrem Bruder erwiderte ich Stolz mit Stolz und Grobheit mit Grobheit.

Nach meiner Zurückkunft aus Holland sah ich die Sache für ganz geendiget an. Es kamen noch Briefe. Ich schrieb endlich, daß ich nicht mehr anworten würde und antwortete nicht mehr.

Desto ungehinderter überließ ich mich jetzt meinen Träumen an Mariane. Bald setzt' ich es bei mir fest, ihren Bruder in seinem Hause zu besuchen: Sie – sie zu sehen! – Und sah sie doch noch lange nicht. An stillen Abenden, wenn ich mit ihrem Bilde allein war und mich nicht zu lassen wußte in der Überfülle von Seligkeit, die mein Gefühl überströmte bei dem Gedanken ihrer Liebe, ach, dann rief tausenderlei in mir, daß ich hin sollte, und ich versprach dann, morgen, morgen! – Und wenn dann nun morgen kam, und ich nun Anstalt machte, mir Wort zu halten – ich ging hin, kam an die Straße – dann war es unüberwindliche Zauberei, die mich nicht wieder ließ. Das Bild ihrer Würde fand wie ein schützender Engel mit dem Flammenschwert vor dem Eingang dieses Paradieses, daß ich Unheiliger nicht hineintreten sollte.

Endlich einmal ergriff ich Mut und drang durch. Ein Zufall gab meinem Besuch einen Anstrich von Notwendigkeit oder freundschaftlicher Pflicht. Das Paket meiner Inauguraldissertationen war angekommen, und ich brachte ihrem Bruder ein Exemplar.

Ich ging hin, zitternd im Angriff von tausend und tausend furchtbar süßen Ahndungen – ich war da, hatte die Schelle in der Hand und hätte zurück mögen! Ich stieß mich selbst weiter: schellte – es war geschehen! Ich forderte meinen Freund, trat auf den Vorplatz, die Magd warf die Türe eines Zimmers auf – da saß sie! Sie mit ihrer Mutter, ihrer Schwester, ihrem Bruder und noch einem Anverwandten, der zum Besuche da war.

Sie, sie in all ihrem für mich so unnennbaren Reize! Sie ganz! – betäubend mit Blitzesschnelle durchfuhr mich's! Zitternd in allen Tiefen trat ich näher, sprachlos und verwirrt stand ich einen Augenblick da, mit einem letzten Reste schwankenden Bewußtseins.

Aber wie in äußerster Not, wenn zur Rettung nur ein einziges übriges Mittel ist, das im Stande der Ruhe und Überlegung das vollste Gefühl unseres Könnens unmöglich finden würde, oft nur letzte Anstrengungen und Konzentration unserer Kräfte Wunder tut, so ergriff mein Geist diesen letzten Rest schwankenden Bewußtseins und schwang sich aus dem Abgrund der Verwirrung auf freies Feld. Aber der gewaltsame Schwung warf mich über das Ziel einer gelassenen Stille hinaus, warf mich gerade auf das entgegengesetzte Extremum der Ausgelassenheit hin. Was diesen Sprung, der mir damals überhaupt nicht ungewöhnlich war, diesmal befördern mochte, war vielleicht der Umstand, daß ich wußte, daß man diesen Ton zum voraus von mir erwartete. Schücking hatte von mir erzählt, was sich nur erzählen ließ; Witzelei war im ganzen Tone meines Umganges damals herrschend; man erwartete dort im Hause an mir einen Menschen von schnurriger Laune, und ich gab mich ihr dann auch ganz hin.

Ich fing mit einer Spöttelei über meine eigenen Verirrungen an, die mit allgemeinem Lachen laut applaudiert wurde. Dann erzählte ich ihnen, es gefiele mir da recht gut; aber spielen müßten sie nicht, oder um Klumpsackspielen – ich würde tun, als wenn ich da zu Hause wäre. – Ob man bald Kaffee trinke? – Ich forderte eine Pfeife Tobak und einen Lehnstuhl, denn beim Rauchen und beim Kaffee müßte ich bankklammern. Und so ging das in einem Strome fort: alles war wie in der Komödie, und so saß ich in der ersten Viertelstunde da – beim Anschein nach frei wie ein Held, aber in der Tat, im Innersten meiner selbst in einer Beklemmung, worin ich alles aufbieten mußte, mich nur zu halten. Ich hielt es bis am späten Abend aus: Ich konnte nicht bleiben und nicht gehn.

Als ich wieder allein war – wie eine drückende Welt fiel mir die Last des Zwanges ab, aber dafür dann! – Ich hatte sie also gesehn! Sie – sie! Zum ersten Male in der Nähe! Sie hatte mich angesehen! Ihr Auge war über mich hingefahren! hatte sich geheftet an mir! Ihr Mund hatte mir gelächelt: es hatte mich angeweht von ihr, von ihrem Odem! Ach, und wie sie so alles war, und alles noch viel bestimmter, ganz die Gestalt, in die ich mein Ideal gekleidet hatte, und die ich mir nicht so in allem, nicht so in ganzer Individualität hatte zu schaffen gewußt! Welche Nacht auf diesen Besuch! Wie das in mir wogte, hin und her! Welch eine Ebbe und Flut von Gefühlen und Phantasien, von Hoffnungen, Entwürfen und Entschlüssen! Zu Tausenden faßt' ich sie und verwarf sie zu Tausenden! Oder sah sie verschlingen im Strudel der Unmöglichkeit.

Ich ging die ersten Tage nicht wieder hin. Zwar munterte mich das auf, daß S. mir des andern Tages erzählte, wie sie alle so ihre große Freude an mir gehabt hätten, aber – daß Mariane mich begriffen, an diesen Sprüngen der Laune die Peitsche der Verwirrung erkannt, meines Zustandes Sinn verstanden, unter den Witzeleien auf Spuren von Gefühl gefaßt hatte, das konnte mir Schücking nicht sagen. Und ohne diese Gewißheit konnte ich mich nicht entschließen, wieder zu erscheinen. So da sein, wie ich gewesen war, das konnt' ich, das wollt' ich, das durft' ich nicht; und wie denn?

In der Zeit dieser Unentschlossenheit war ein Ball. Ich hörte, daß Mariane da sein würde. Aber ich konnte mich nicht entschließen, hinzugehn; so laut mein Herz es forderte. Ungewiß schwankte ich hin, hörte die Musik, da ist sie! Ich konnte da sein, sie sehn, sie sprechen – vielleicht – ach vielleicht – und konnte doch nicht! Unentschieden zitterte ich die Treppen hinauf, stand da – und stürzte mich mit Gewalt hinein in den Saal.

Der erste Anblick – da war sie! Da schwamm sie im Tanze vor mir her in unaussprechlicher Anmut! Ich hätte zurückprallen mögen! Aber – im Vorbeischweben sah sie mich an, und ihr Blut lächelte mir ein freundliches Willkommen! – Wie mich das griff und schüttelte! Ein paar Gläser Punsch vollendeten den Taumel; bald hatte ich den Mut, ihr näher zu treten, sie aufzufordern zur Menuett! – Wie ich da stand! wie ich war! Ihre Hand – ihre Hand in der meinigen! Wie mir das durch mein ganzes Herz strömte, in all seine Winkel! – Ich bat mir einen englischen Tanz aus; erhielt einen spätern, weil sie für die ersten sich versagt hatte! Mit einer andern zu tanzen, eine andere nur anzurühren, mit dieser Hand, die die ihrige gehalten hatte, war mir undenkbar, wie mutwillige Sünde! Ich folgte ihr immer; war, wo sie war, verschlang sie mit aller liebendsten Gier und berauschte mich ungestört in dem freien Anschaun all ihrer Reize. In jeder Zwischenzeit war ich bei ihr, und ihr schien das lieb zu sein. Ihre Freude sogar schien mir minder lebhaft, minder teilend den allgemeinen Jubel: ihre Seele mehr in sich zurückgezogen, im Innern ihrer selbst beschäftiget – womit? ach! es war eine Hoffnung in mir, die davon etwas wissen wollte, aber ich wagte es nicht, ihrem leisen Lispeln zu horchen.

Die Zeit des englischen Tanzes kam, die mir versprochen war! Aber – ich war so in dem Taumel all meiner Sinne, daß ich nicht konnte! Ich saß neben ihr. Alles stellte sich! Sie ermahnte mich, Platz zu nehmen – ach! ich kann nicht, lispelte ich leise, und sie! – O Wonne, Wonne! Es sei ihr auch lieber, sagte sie, den Tanz s o mit mir zu tanzen! – Was das Wort aus mir machte! Ich hatte mich schon bemüht, auszuspähen, welchen Eindruck meine erste Erscheinung gemacht hatte. Ich zitterte vor einem Verdacht von Leichtsinn, von Gefühlsmangel! Ich sagte ihr das jetzt geradezu! Aber nichts von alledem, was ich gefürchtet hatte! Sie kenne mich besser, sagte sie, als ich es vielleicht glaube! Das strömte in meine Seele wie ein Balsam voll Kühlung! Sie kannte mich – also war ich auch, ohne sie zu kennen, ihr nicht fremd gewesen! Ich riet auf ihren Bruder, der ihr wahrscheinlich von dem Tone meines Lebens, von der Art meines Aufnehmens, von meinem Leiden gesagt hatte.

Wie mich alles ergriff, was sie mir sagte, von Sein und Scheinen, von Rettung seiner Gefühle gegen Herabwürdigung und seiner Achtung gegen fremde Mißkennung! Jeden Augenblick ergriff ich jedes Wort, um mich näher zu ihr hinzuschwingen und ließ den Faden fallen, konnt' ihn, ach, nicht halten.

Sie fragte mich endlich selbst nach der Lage meiner Bonnischen Geschäfte. – "Ganz abgetan", sagte ich! Sie wünschte mir Glück!

"Ganz weiß ich nicht", antwortete ich, "ob ich das so annehmen kann." – Und warum nicht? Das Mädchen liebte mich; es war eine Zeit, wo ich das ganze Glück einer solchen Überzeugung genoß! Und für so ein Glück darf ein Mensch wie ich wohl keinen Erfolg hoffen. – Sie verstand das nicht. – Ich phantasierte ihr dann ein langes von meinem Bedürfnis zu lieben vor, von der ersten, einzigen Erdenseligkeit, geliebt zu werden: "Und werde ich je?" fragte ich. – Auch das begriff sie nicht! – Ich sagte ihr in aller Wärme meines Taumels, wie ich liebte, was allein ich Liebe nennen könnte und so je wiedergeliebt zu werden! Das sollte ich – ich, von irgendeinem Wesen, das ich lieben könnte, hoffen dürfen? – Noch einmal sagte sie, das sei ein Kleinmut, den sie an mir nicht begreifen könne. – "Sie, Sie nicht begreifen? Und könnten Sie mir dafür bürgen?" – "Sicher", sagte sie! – "Sicher", rief ich, und voll, wie die Seele war, ergriff ich ihre Hände! Ich weiß nicht, wie ich mich hielt, daß ich nicht vor ihr hinsank auf meinen Knien! Ich küßte ihre Hand, es war mir, als sollte ich meine Seele auf dieser Hand aushauchen!

Sie bat mich, mich zu mäßigen, und trug mir selbst an, sie vom Balle nach Hause zu führen, aber jetzt sollt' ich sie lassen.

Ich gehorchte! Mein Blick mußte ihr sagen, was ich war! Ach, ich wußte das selbst nicht! Nie, nie war ich das gewesen. Ich sah nicht, ich hörte nicht! Strotzte über den Saal daher, wie der Herr der Welt! Alle Kräfte und Gefühle in allen Tiefen meines Wesens tanzten ihren Jubeltanz nach der einzigen, himmlischen Musik dieses "Sicher!"

Sicher – sicher! sagte ich jeden Augenblick. Tränen drangen sich hervor. Freunde kannten mich nicht! – Ich taumelte wie berauscht! – Zu ihr hin, von ihr zurück! Seliger war wohl kein Geschöpf auf Erden in diesem Augenblicke!

Und nun der Gang nach Hause mit ihr durch die Nacht! Wir langsamer, die andern voraus! Und nun so das geliebteste aller Wesen an meiner Seite! Sie, um die so jahrelang mein liebender Gedanke schüchtern und ehrfurchtsvoll umhergeschlichen war, jetzt so nahe, so an meiner Seite!

Und dann noch die Zeit des Teetrinkens in ihrem Hause! Und dann endlich die Stunden des ersten Alleinseins wieder in so neuen Gefühlen! Ich kannte mich nicht, war wie umgeschaffen. Meine Hoffnungen, ehemals so kränklich geboren, dann solange fortschmachtend, ohne Nahrung zur Kraft, war plötzlich zu einem mutvollen, starken Jüngling geworden! In ihr fühlte ich mich groß und machtvoll und lebend, wie ich noch nicht gelebt hatte.

Ich ließ den Anlaß zum Besuch auf den Abend nicht vorübergehen; ging hin und war nun alle Abende da. Die öffentlichen Konzerts... <Hier bricht die Handschrift ab.>

Die Untreue aus Zärtlichkeit
Eine Konversation und ein Brief
<Erzählung Sprickmanns im "Deutschen Museum">

"Die mir einmal den Korb gegeben hätte", sagte ein junger Advokat – er war in seinem Gala, und sah heut so aufgeblasen aus, als wenn irgend ein Herr von, der vielleicht einen Prozeß auszuhalten hatte, weil es ihm an Geld und Kredit fehlte, ihn diesen Mittag zu Tische gehabt – "die mir einmal den Korb gegeben, mich so angeführt hätte, sie sollte mir kommen – ich wollte sie!" –

"Aber", antwortete ein Geistlicher, der an der andern Ecke des Tisches saß und es mit seiner Physiognomie so weit gebracht hatte, daß man ihm nun ohne Schwur glauben konnte, daß ihm nichts Menschliches mehr wiederfuhr, "aber bedenken Sie auch, welch ein Mann er ist? Ein Mädchen von der Straße sollte ihn nicht ansehen, wenn sie wüßte, was ich weiß, wie er's getrieben hat! Daß sie ihm vor sechs Jahren, als sie mit ihm versprochen war, nicht Wort hielt – wer weiß was sie von ihm gehört hatte, wie er auf Universitäten mochte herumgeschwärmt haben?"

Der Advokat replizierte, was ich nicht behalten habe, hörte dann wieder die Gegenpartie; aber da er, der Entfernung wegen, aus voller Brust schreien mußte, und sonst des Zankens im Gericht bequemer gewohnt war, so kam es diesmal nicht über die Quadruplik; er submittierte und erwartete von der Gesellschaft den Ausspruch. Weil aber noch junge Herren da waren, die noch nicht auf die Gesundheit der neuen Aktrize, die gestern debütiert hatte, angestoßen, noch sich über so viele skandalöse Anekdoten expektoriert hatten, die sie entweder wirklich von ihr gehört, oder auch nur erdichtet haben mochten, so blieb das Endurteil für diesmal noch aufgeschoben.

Es war der Tag meiner Ankunft von einer Reise, die mich Jahre lang aus meiner Vaterstadt entfernt hatte, und, wie einem dann alles so wichtig ist, ich konnte meine Neugier nicht unbefriedigt lassen. Ich erkundigte mich, und erfuhr, daß die Rede von Willbert war, der, selbst Witwer, seine alte Liebe jetzt als Witwe geheiratet hatte.

Sonderbar genug! Willbert war vormals mein innigster Freund gewesen. Ich wußte, wie Mariane ihn angeführt hatte; hatte auch von den Ausschweifungen, worauf sich der Geistliche berief, vieles mit wahrer Betrübnis gehört, und so fing der Prozeß in meinem Herzen von neuem an, das sich aber die zweideutige Entscheidung einer Gesellschaft im Kaffeehause nicht wollte gefallen lassen.

Es kam nur auf zuverlässige Nachrichten an, und so wie ich den Mann kannte, durft' ich mir von seinem eigenen Berichte mehr Wahrheit versprechen, als wenn ich sie aus der ersten der besten Hand nähme, wo die Freundschaft verschweigen, oder die Verleumdung vergrößern konnte.

Hier ist seine Antwort, die ich drucken lasse, weil Freunde mich versichern, daß sie das Ding nicht ungern gelesen. Vielleicht liest sie auch sonst noch wohl jemand, der nichts bessers zu tun hat, und wenn auch nicht, das geht ja bekanntermaßen nur den Verleger an; wir Autoren bekümmern uns um solche Kleinigkeiten nicht.

* * *

Ja, du guter Alter! Alles, meine Ausschweifungen, mein Glück, die ganze Geschichte – alles, alles wahr! Mariane, diese Mariane, die all die Bitterkeit in mein Herz goß, die meine Jugend verschwinden machte in zehrendem Kummer, ist jetzt in meinen Armen, ist – o, daß ich dir das erst lang schreiben soll! Denke dir das Süßeste, das Zärtlichste, das dein gutes Herz nur fühlen kann!

Da tritt sie herein! der Engel!

Ich mußte ihr sagen, was ich vorhabe, und nun prätendiert sie ein Wort mit hinein zu schreiben, wenn's Not tut, sagt sie; o das böse Gewissen!

Wie ich sie liebte und wie sie mich liebte, das mußt du noch aus der Zeit her wissen, wo du mein innigster Vertrauter warst. Die ganze Geschichte unsers ersten Sehens – weißt du noch, mit meiner Flöte? und dann das auf dem Balle? – Was solltest du nicht? Du hast das ja tausendmal anhören müssen, hast meine Briefe und ihre Briefe, so gar meine Oden und Elegien anhören müssen, und so was vergißt sich so nicht.

Das war eine goldene Zeit, die Zeit der ersten Liebe! Wenn ich mir so einen Tag zu ihr hinaus machen konnte – früh vor Tages Anbruch war ich auf dem Wege, und wenn ich dann, da auf dem kleinen Berge, die Gegend überschaute in allmählicher Aufdämmerung, dann die Sonne kommen sah und all das Erwachen zur Liebe um mich her! wie ich da stand, liebender als das alles, und das Bild der Einzigen überall in dem Strahlenmeere der Morgenröte mich umschwamm! Und wenn ich sie dann reizender noch am Eingang ihres Dörfchens fand, wo sie mir entgegenharrte, oder wenn ich sie überraschte in unserer Laube – ihr Vater hatte diese Laube am Tag ihrer Geburt gepflanzt; das

Schauspiel seiner Jugend und Liebe sollte sich da einst erneuern, und er wollt es wieder genießen in dem Glücke seines Kindes; – wenn der gute Alte dann zu uns kam, und uns das alles erzählte, wie er Gott gebeten habe, diesen Stauden, diesen Rosen und Reben, lieber sein Gedeihen nicht zu geben, wenn die Erstgeborne seiner Liebe einst so glücklich nicht sein sollte, und wie er Gott nun danke, daß er die Laube habe aufwachsen lassen uns zum Schatten! Wenn er dann auf seine Frau kam, wie sie diese Rosen doch noch einmal habe blühen sehen, als sie schon in seinen Armen verwelkte, und Mariane da noch als ein Kind in ruhiger Unschuld mit den Knospen spielte. – Der Tag war vorüber, so genossen und doch so unbemerkt! Des Abends begleiteten sie mich eine Strecke, und wenn ich dann mit ihrem Kusse, das Herz so voll, aus ihren Armen in die Deinigen flog, und du mich verstundst, wenn ich trunken und stumm an deinem Arm mit dir forttaumelte! welch eine Zeit!

Aber als sich das nun alles geändert hatte, als ich von Göttingen wieder kam, guter, lieber Junge! Da, als ich dich gerad am nötigsten hatte, wo warst du da? Fern, fern! Ich suchte dich, den Einzigen, gegen den Untreue nach einer Liebe, wie Marianens Liebe war, mich nicht mißtrauisch gemacht hatte; ich suchte dich, und suchte vergebens, und mußte das alles allein auf mich nehmen, was mir das Schicksal so belastend aufwarf. –

– Mariane las das, wie sie denn da mit ihrem großen blauen Auge hinter mir steht und aufpaßt, als wenn ich sie verkaufen wollte. Ich soll das nicht mehr Untreu nennen, was sie getan hat, behauptet sie; und durchaus wollte sie hier schon alles hinschreiben, und mich dünkt doch, du mußt erfahren, wie ich es erdulden mußte.

Wir haben uns verglichen. Ich soll dir's nun noch verschweigen, wie es eigentlich mit dieser Untreu aussieht: das hab' ich gegen einen herzlichen Kuß erhalten; aber ich soll dagegen dir zum Voraus sagen, daß es eine Untreu aus Zärtlichkeit war. Und ja, Lieber, auch unversprochen; es war so! Eine, die weniger liebte, konnte nicht so ungetreu werden! –

Ich war in dem letzten Vierteljahre meines akademischen Lebens, und zählte schon mit der ganzen Ungeduld der Liebe die Tage, die Stunden, wo ich sie wiedersehen würde. Was mir damals das Erwachen war, wenn ich von meiner letzten Überrechnung, mit der ich eingeschlafen war, nun wieder so viel abziehen konnte – hätt' ich den Tag nicht überlebt, der mir den Engel in die Arme geben sollte, so müßt' ich sagen, daß ich nachher nie wieder so erwacht bin.

Sie hatte mir lang nicht geschrieben. Ich trug das schwer; aber mich ahndete nichts von dem schrecklichen Grunde dieses Stillschweigens. Ich wußte, daß ihr Vater krank war. Seine äußerste Gutherzigkeit für verarmte Bauern und die äußerste Strenge des Unbarmherzigen, dessen Güter er verwaltete, hatten ihn in Schaden und Verdruß gestürzt. Ich wußte, welch eine Tochter sie war; und so beruhigte ich mich, als auf einmal – nein! ich kann mir noch jetzt das nicht vorstellen, ohne meine ganze Seele zu erschüttern. Liebe! Liebe! wie konntest du das?

Sie weint, da sie dieses liest. Nun, was wollt' ich auf diesen Lippen nicht begraben!

Dir meinen Zustand beschreiben zu wollen, als ich diesen Brief las – Ich sollte sie vergessen – – wir wären nicht für einander gemacht, oder, wenn wir's wären, so müßte sich das einst in einer andern Welt enträtseln. – Das wäre vergebens. Ach kann dein fühlendes Herz so veraltet nicht sein in den sechs Jahren, daß du das nicht selbst nachfühlen solltest.

Eine Stunde nachher war ich schon zu Pferde, ritt die zwanzig Meilen, die ich bis nach Hause hatte, in einer Nacht und anderthalb Tagen ab, und kam des Abends an, ohne mich noch selbst gefragt zu haben: was ich hier nun eigentlich wollte?

Ich ritt nach unserm Hause. Man sagte mir, daß meine Mutter da nicht mehr wohne, eine Nachricht, die mich zu jeder andern Zeit äußerst betroffen haben würde; jetzt war sie ohne alle Wirkung. Man zeigte mir ihre Wohnung. Auch der Anblick eines kleinen armseligen Häuschens, wenn ich es gar nur einmal sah, betraf mich nicht.

Meine Mutter wußte nicht, wie ihr geschah, als sie mich sah. Meinen letzten Briefen nach konnte sie mich noch in zwei Monaten nicht erwarten. Sie fiel mir lautweinend um den Hals, fragte tausend Fragen, auf die ich, statt der Antwort, nur die einzige zurück tat: Ist's wahr mit Marianen?

Ja, was wirst du denken? sagte sie, diesen Morgen ist sie mit dem jungen R*** verheiratet.

Sie hatte noch nicht ausgeredet, als ich mich von ihr riß, die Treppe hinauf lief, und so ins erste das beste Zimmer, das ich hinter mir zuschlug, als sie mir folgte.

Ich hörte sie an der Türe rufen, dann schreien, weinen, laut heulen, alles, wie man, in einer dringenden, oder anstrengenden Arbeit, das gleichgültigste Getör auf der Straße hört.

Gegen Abend wurde das Zimmer aufgebrochen, und als ich zum ersten Mal wieder zu mir selbst kam, sah ich einen Korporal vor mir stehen, der mit aller Hitze protestierte, daß ich mich aus seinem Zimmer wegpacken sollte. Es war seine Quartierstube. Meine Mutter stand neben ihm, meine Hand in der ihrigen, die sie, naß über und über von ihren Tränen, bald an ihren Mund, bald an ihre Brust drückte. O mein liebstes Kind! o mein liebstes Kind! das war alles, was sie sagen konnte, und was sie, indem sie, unter lautem Heulen, mit beiden Füßen wechselweis auf die Erde stampfte, unaufhörlich wiederholte.

Ich ließ mich leiten und man brachte mich in das Zimmer meiner Mutter, das einzige was sie hatte, wo mein Bruder todeskrank im Bette lag, und weinend bald mich, bald meine Mutter, bald Gott rief, alle ohne Antwort.

Ich fiel hin, und einige Stunden mochten es sein, als ich wieder zu mir selbst kam. Meine Mutter hatte mich, mit Hilfe des guten Korporals, neben meinem Bruder auf's Bett hingesetzt, wo sie zwischen uns beiden saß in stummer Betäubung. Sie hatte ausgeweint.

Ich kam wieder zu mir, sah mich um, erkannte meinen Bruder, meine Mutter; das war mir alles ein Traum. Meine Mutter lebte plötzlich wieder mit mir auf, schlug ihren Arm um mich, frischte dann die Lampe wieder an, die halb verloschen war.

Ich forderte eine Flasche Wein. Ach! wie soll ich? sprach sie – hielt dann plötzlich wieder ein, bat mich nach der Uhr zu sehen – zu spät ist's wohl noch nicht, sagte sie, ich will sehen, und ging hinaus. Mein Bruder fragte mich tausenderlei, das ich nicht beantwortete, sagte mir tausenderlei, das ich nicht hörte. Meine Mutter kam zurück. Wir waren noch stumm. Dann trat eine alte Frau herein: "sie wollen nicht hergeben." – Meine Mutter stand einen Augenblick in Gedanken, und sagte der Frau etwas ins Ohr, die herausging;

dann sah ich, wie meine Mutter ein Hemd, das da auf dem Tische lag, zu sich raffte, und damit herausging. Ich wußte nicht, was ich aus allem, was ich sah und hörte, machen sollte; aber mein Herz war noch zu voll, den schrecklichen Grund all dieser Anstalten nur zu ahnen.

Bald darauf hört' ich sie draußen heftig mit einem Juden reden. "Ich nehm' es, sagte sie, weil ich's haben muß; aber ich hab' immer gemeint, ihr Leute glaubtet auch an einen Gott!" Eine Weile nachher kam sie wieder herein mit dem Wein, und tat so freundlich, so vergnügt, daß mich das nun erfrischen würde. Gott! Meine Mutter! O du! du! ich habe dir's nicht vergelten können, aber hier in diesem Herzen, das auch dein Werk ist. –

Ich vergaß mich. Verzeih mir das, Lieber! O, wer so eine Mutter hatte, und dann so wenig – Aber daß ich nur nicht auf's neue ausschweife! Sie gestand mir, daß sie ihr letztes reines Hemd – sie wußte auch noch nicht, wie sie wieder waschen sollte – dem Juden für kaum die Hälfte seines Werts verkauft hatte. Gott!

So erfuhr ich nun alles; daß R***, eben der Vater, dessen Sohne Mariane mich aufgeopfert hatte, für eine Schuld, nach gerichtlichem Ausspruch, ihr alles genommen, unser Haus und unsre Möbel verkauft habe, und daß nun keine Aussicht mehr für sie sei, "wenn Du – Du nicht wärest", sagte sie, und küßte meine Hand und schmiegte sich an mich.

Ich bin bei dieser Erzählung so weitläufig gewesen, zum Teil, weil die Erinnerung mich fortriß, aber auch aus andern Gründen. Ich habe dieser traurigen Geschichte und dem tiefen Eindruck, den sie auf mich machen mußte, vielleicht allein mein Leben, meine Rettung zu danken. Nach meiner damaligen Denkungsart – der Gedanke, daß der Selbstmord am Ende aller Not aushelfen könne, war mir so geläufig, und durch mein Lieblingsgefühl von Freiheit so wert geworden, daß ich nach aller Wahrscheinlichkeit mir selbst Gewalt angetan hätte. Aber der Anblick so vielen Elends, eine Mutter so voll Liebe, und so tief, tief herabgebeugt, ihre einzige Hoffnung auf mich, das fing an, dem Gefühl meines eigenen Elends das Gleichgewicht zu halten. Was man glauben sollte, daß es mir das Leben völlig unerträglich hätte machen müssen, macht' es mir wieder wert; ich dacht' an ihre Rettung, dachte, daß ich es konnte, fühlte mich größer in dem Gedanken, und hatte doch also nun wieder eine Idee, an die ich mich festen konnte.

Noch ein Wort von meiner Mutter, eh ich weiter gehe. Was ich bin, oder was an mir noch Gutes sein mag, das muß ich ihr und ihrer Liebe verdanken, wenn auch diese vielleicht zuweilen weiter ging, als sie wohl gesollt hätte.

Ich hab' es an mir erfahren, welche Folgen die erste Empfindung, die mit tiefem zurückbleibendem Eindruck in eine junge Seele tritt, auf alle folgende, auf die ganze Empfänglichkeit des Herzens zurückläßt. Es ist, als wenn die Seele ganz diese Empfindung wird, und dann nachher an allem, was ihr vorkommt, zuerst die Seite aufsucht, oder befasset, die jenem ersten Gefühl entspricht; sie erhält ihre Stimmung, die ihr ähnliche Eindrücke am geläufigsten und am wertesten macht.

Diese erste Empfindung, überhaupt die erste, deren ich mich erinnere, war bei mir äußerst schmerzhaft. Es war der Anblick einer Leiche, der ersten, die ich sah; und wessen? und wie sah ich sie? Es war mein Vater! Man trug mich herein, daß er mich noch einmal segnen möchte. Er war mir ein guter Vater gewesen, obschon ich mich jetzt seiner mit keinem Zuge, als so wie ich ihn auf seinem Sterbelager sah, zu erinnern weiß.

Man kam zu spät mit mir; er war nicht mehr! Meine Mutter lag da herabgesunken vor dem Sterbenden in Ohnmacht. Ihr Erwachen – Gott! sie sah mich, riß mich vom Arme der Magd, drückte mich mit all ihrer Kraft in ihrem Schoße zusammen, warf mich auf's Bett, auf den schon halb kalten Leichnam meines Vaters, dann sich über mich her, bis sie wieder heruntersank, und ich ihr nachfiel, und so da lag erschüttert in meinem ganzen Wesen. Lang kam nachher keine Freude an mir. Alles Traurige war mir willkommen; ich liebte schon als Kind das Öde, das Einsame, das Schaudernde selbst mehr als den frohen Lärm meiner Gespielen, und die traurigsten Erzählungen waren mir des Winters beim Feuer die liebsten.

Von dieser Szene fing der Hang zur Schwermut an, der Euch allen, die Ihr mich liebtet, so oft an mir zur Last war. Meine Mutter ängstete sich, als sie diesen Hang mit jedem Jahre meines Alters zunehmen sah, erzog mich in äußerster Nachsicht und Liebe, und verbarg mit zärlicher Sorgfalt mir alles, was sie glaubte, daß es meinem Herzen zu schwer werden könnte. So entstand diese Empfindsamkeit, der ich freilich mein Bestes, aber auch das Traurigste meines Lebens anrechnen muß.

So hatte sie mir nie den wahren Zustand unsrer Umstände zu entdecken gewagt. Reichtum erwartete ich freilich nicht. Ohne die kleine Erbschaft von einem ihrer Brüder hätte ich nicht studieren können, das wußt' ich; aber doch diese äußerste Armut fürchtete ich eben so wenig. Sie hatte mir nie fehlen lassen, lieber sich selbst das Liebste entzogen, und jene Erbschaft nahm ich mit, als ich abreiste, wie sie war.

Ich hatte noch bares Geld zurückgelassen. Dieses, meine Uhr, meine entbehrlichen Kleider, Bücher und andre solche Kleinigkeiten wendeten die erste dringendste Not, seit ich zurück war, von uns ab. Zudem erhielt meine Mutter von einer unbekannten Hand hundert Dukaten.

Ja, Liebe! ich seh' es in diesem Auge, in diesem Strahle deines Bewußtseins, daß es diese Hand war, die ich hier küsse. Gut, daß ich es damals nicht wußte!

R*** bot uns gleich nacher, auch gewiß durch deine Vermittlung, die Zurückgabe von einem Teile des Unsrigen gegen die Verschreibung an; aber ich war so stolz, mich lieber abzumüden und wär' es zu hungern, als einem, der dem Manne Marianens angehörte, auch nur einen Schatten von Wohltat zu danken zu haben.

Ich war fleißig gewesen, weil mein Fleiß die einzige Hoffnung für mich und Mariane war. Ich ging zu einem Verwandten, der unter Akten und Gerichtsstaub ergrauet war. Meine Neigung zu Büchern, wie er sie natürlich nun gerade nicht leiden konnte, war ihm vor meiner Abreise ein Ärgernis gewesen; desto werter ward ich ihm, da er die Anstrengung, womit ich unter ihm anfing zu arbeiten, als ein Zeichen ansah, daß ich selbst so klug geworden einzusehen, wie kindisch eine Beschäftigung mit Wissenschaften sei, für die die Welt kein Brot habe. Dieser Triumph hatte ihn mir so sehr gefesselt, daß er mir viele seiner Klienten übergab, und mich bald in den Stand setzte, durch anhaltende Arbeit uns wenigstens das Nötigste zu verdienen. Ich war glücklich, und es gelang mir bald zu einem kleinen Ruhm zu steigen, der meine Arbeiten erweiterte, und eben dadurch erleichterte –

Aber bald auch meine Lust dazu schwächte. So wie sie einträglicher wurden, macht' ich sie mir auch bequemer. Ich fing an einer Neigung Gehör zu geben, die bisher die Not überschrien hatte, wenn sie mich überreden wollte, daß ich für diese Arbeiten nicht gemacht sei. Das Trockne, das darin liegt, das ewige Zusammenstoßen mit Schickane und Ränken, die Abhängigkeit der besten Sache von Parteilichkeit, Bosheit und Unwissenheit anderer, wurde mir nun täglich unerträglicher. Ich dehnte, was ich meine Nebenstunden nannte, nun weiter aus. Meine Lust zu meinen alten Lieblingsstudien erwachte wieder und nahm die ganze Zeit jener Stunden ein.

Ein zufälliger Umstand gab mir bald den letzten Stoß. Die Theaterdirektion brauchte bei einer Gelegenheit eine Rede, und bat, auf Anraten einiger Bekannten, die es wußten, daß ich vormals gedichtet hatte, mich darum. Der Erfolg war über meine Hoffnungen, und meine Amtsgeschäfte wurden bald Nebensache.

Zugleich verwickelte mich dieser so kleine Zufall in andere, die bald wichtiger wurden, und deren Folge mich hernach zu einem der merkwürdigsten Schritte meines Lebens fortstieß.

Ich war ohne Liebe. So lang ich mit anhaltender Strenge, umgeben von Bildern der Not, arbeitete, hatt' ich das nicht gefühlt, oder, wenn der Gedanke auch wohl aufstieg, so hatte der Fleiß, und das noch zu neue, zu traurige Beispiel meiner ersten Liebe ihn bald erstickt. Aber dieses verlor doch allmählich mit der Neuheit auch seine Stärke, und, wie ich nach und nach auch von jenem nachließ, fand die Liebe mein Herz bald wieder so wehrlos, so empfänglich, daß sie sich ihm leicht wieder zum Bedürfnis machte.

So lernt' ich eine Schauspielerin kennen, deren Ausdruck jeder schönen Empfindung zu wahr, und deren Aufführung zu untadelhaft schien, als daß ich gegen ihre Tugend nur des geringsten Mißtrauens hätte fähig sein sollen. Was sie auf der Bühne so ganz war, wie konnt' ich denken, daß sie von dem zu Hause das Gegenteil sein konnte?

Sie war es; und es hat mich viel gekostet, mir das gestehn zu müssen; so wie ich mich dieser Geschichte unter allen folgenden fast am ungernsten erinnere, wenn ich bedenke, zu welchen Verleumdungen ich dem ungerechtesten Vorurteile mag Anlaß gegeben haben, das, in diesem Stande mehr als in jedem anderen, so gern von dem Einzelnen auf's Ganze schließt und so geschwind verdammt, ohne zu bedenken, daß gerad in diesem Stande eine arme Fallende auf Mitleid und Nachsicht die billigsten Ansprüche hat. Bei dem täglichen Geschäfte ganz Liebe zu sein, bei dem traurigen Bewußtsein mit den untadelhaftesten Sitten so selten geglaubt zu werden, bei der Gewalt all ihre Reize so geltend zu machen, in der Notwendigkeit sogar täglich ihr eigenes Herz zu der äußersten Empfindsamkeit zu reizen, und andre mit sich, wie nicht zu sich? hinzureißen – sollten wir sie nicht beklagen, die das Opfer ihres Berufs wird? Und dann die Edlen darunter mit leiden zu lassen, die so oft eine siegende Gewalt gegen sich selbst und gegen alle Gefahren der Verführung uns zu den Verehrungswürdigsten ihres Geschlechts machen sollte.

Diese neue Liebe brachte in mir selbst und meinen Umständen eine Veränderung hervor, die sich bald in allen ihren widrigen Folgen zeigen mußte. Sie stürzte mich in Schulden und zog mich nach und nach völlig von meinen Geschäften ab. Ich versäumte oft, und wenn mich die Not zurückzwang, fand ich meine Arbeiten so überhäuft, daß ich mit einer Art von Verzweiflung daran ging, die mir bald meine Lebensart völlig verleiden mußte. Indes gab ich nun fast alle Augenblicke, die ich der Liebe entziehen mußte, einer Beschäftigung, der ich dies Glück, wie ich es nannte, zu danken hatte.

Aber dies Gefühl selbst weckte mich auch bald aus dem Traume, in dem ich, wie der Nachtwandler, so sicher über Abgründe gewandelt war. Ich erwachte, wie jener erwachen mag; und wäre meine Liebe selbst nicht mit dem Traume verschwunden, ich wäre ohne Rettung gefallen. Aber bei dem ersten Anblick fand ich wieder in meiner Familie, woran ich mich halten und ermannen konnte.

Indes hatt' ich doch nun die Gewalt über mich selbst verloren, zu der Lebensart ganz zurückzukehren, die mir die Rettung der Meinigen so wert hätte machen sollen. Zudem glaubt' ich, durch den Beweis dieser zweiten Liebe, nun wenigstens die völlige Überzeugung zu haben, daß eine Liebe, wie ich fühlte, daß ich sie lieben konnte, und wie ich wiedergeliebt werden müßte, in einem weiblichen Herzen eine Schimäre sei.

Meine Mutter, wenn sie meine Anstrengungen, oft meine äußerste Entkräftung sah, hatte oft das Thema einer reichen Heirat angestimmt. Als ich nach und nach wieder anfing an Liebe zu glauben, hatt' es keinen Eingang gefunden; aber jetzt kam mir die Idee selbst oft mit so tausendfachen Reizen, mit der Aussicht auf ein ruhiges, bequemes Leben, wo bloß meine Neigung meine Beschäftigung würde bestimmen können, daß ich sie bald bei mir völlig festsetzte.

Wenn der größte Reichtum meine Wahl bestimmen sollte, so konnte sie auf keine andere, als auf das Schwesterkind R***s selbst fallen. Zudem fand ich in dieser Wahl, was mich bei wenigerem Vorteil würde dahin bestimmt haben, die Hoffnung einer geheimen Kränkung bei Marianen.

"Boshafter! und wie Dir das gelang!"

Mariane.

Meine ersten Bewerbungen waren gleich glücklicher, als sich von einer Familie, die kein Verdienst als Reichtum kannte, und von einem Mädchen, das so ganz in der Denkungsart ihrer Familie erzogen war, nur erwarten ließ. Ich erfuhr unter der Hand, daß das einzige Hindernis meiner Absichten von Marianen selbst herrührte. Das erbitterte mich äußerst.

"Und war doch Liebe, sorgsame, zärtliche Liebe! Ich kannt' es in seinem ganzen Umfange, und fühlt' es täglich in all seinen Schrecknissen, das Elend einer Verbindung auf ewig, und ohne Liebe! Ich kannte dich; fühlt' es so innigst, was Dir ein Leben, wie das meinige sein würde: konnt' ich Dich, o Du, den ich liebte, mehr als ich sollte, mehr als mein gewaltsamster Widerstand über mich vermochte, konnt' ich dich hintaumeln sehen, und Mittel, die ich in Händen hatte, dich zurückzubringen, wie sie auch sein mochten, unversucht lassen? Ich tat alles, R*** und seine Brüder von dem Gedanken abzubringen. Ich tat sogar den Schritt, einen von Adel und Ansehn, der meinem Mann Verbindlichkeiten schuldig war, zu bitten, daß er Dich höhern Orts empfehlen möchte. ... Denken Sie, den ich noch nicht kenne, der aber fühlen muß, was ich litt, wenn er auch das fühlende Herz nur halb hat, das mein Willbert so an ihm liebt, denken Sie, was aus mir ward, als ich zugleich erfuhr, daß meine Nichte nicht von ihm ablassen wollte, und er sogar einen Antrag, der ihm die Notwendigkeit, die Vorteile eines ruhigen Lebens mit dem teuren Preise seiner Freiheit und eine Ehe ohne Liebe zu kaufen, ersparen konnte, mit Übermut abgewiesen hatte."

Mariane.

Ein über seine Gränzen getriebener Wunsch nach Unabhängigkeit, und dann jene meiner Wut so süße Hoffnung, Dich, du Liebe! zu kränken, ließen mich keine Einwendungen mehr hören; ich setzte durch.

"Nun, ob Du das auch bekennen wirst, grausamer Quäler?"

Mariane.

O ja, Liebe! Auch das! – Mariane hatte eine Freundin, von der ich wußte, daß unter ihnen kein Geheimnis war. An diese schrieb ich und verwandte die ganze letzte Nacht vor meiner Heirat darauf, ihr mein Herz und die Ahnungen alles Elends, das ich nun auf ewig erwartete, mit den schrecklichsten Zügen zu schildern; dann schob ich alle Schuld auf Marianen, klagte sie an, schüttete über sie aus, alles, was einem zerrissenen blutenden Herzen in verzweifelnder Liebe Bittres entströmen kann, sagte ihr, was ich auch seit langer Zeit in dieser traurigen Nacht zum ersten Mal wieder mit aller Lebhaftigkeit fühlte, daß ich die Undankbare noch jetzt liebe – anbetete.

"Gott! als ich diesen Brief las! Nein, der Augenblick, wo ich mich entschloß, dir zu entsagen, war nicht grausamer!"

Mariane

Die Aussichten, die mich in der Ferne so sehr geblendet hatten, verloren, je näher ich ihnen kam, desto mehr von ihrem Reize, der fast völlig verschwand, so bald ich ihrer Erfüllung gewiß war. Aber eben so sehr gewann die Ahnung, was mir eine lange Zukunft ewig ohne Liebe sein würde; und endlich, als nun die Stunde kam – ich zitterte vor dem Tage, wie der Verurteilte seiner letzten Morgenröte entgegenbeben mag; und doch war es fest beschlossen, daß es so kommen sollte.

Die ersten Monate meiner Heirat verflossen unter immerwährenden Zerstreuungen, und von Tag zu Tage entdeckt' ich an meiner Frau Eigenschaften, die wirklich anfingen mich an sie zu fesseln. Ich fand ein Herz, dem die Natur alle Anlage gegeben, nur daß die Erziehung mit all ihrer Macht der Natur entgegengearbeitet hatte. Sie liebte mich mit der ganzen Anhänglichkeit ihrer Empfindung; und welcher Unmensch könnte der Liebe völlig widerstehen? Zudem hatt' ich mir fest versprochen, daß Freundschaft und Dankbarkeit ihr ersetzen sollte, was die Liebe ihr nicht würde gewähren können. Und als ich sie vollends gegen jeden meiner Wünsche so biegsam fand, als ich sah, welche Gewalt sie gegen sich selbst anstrengte, sich in meine Denkungsart, so entgegengesetzt sie auch der ihrigen war, zu schmiegen, und dann doch immer fühlte, daß ich all diese zärtliche Mühe mit keiner wahren Liebe erwidern könnte – o! ich war bald von einer andern Seite unglücklich, als von der ich befürchtet hatte, es zu werden.

Ich sprach oft mit mir selbst darüber mit allem Nachdruck wahrer Sehnsucht nach Liebe, sagte mir, daß auch doch die Ehe, die mit wahrer Liebe anfinge, nach den Tagen des ersten brausenden Gefühls, nur durch eine zärtliche Freundschaft glücklich werden müßte. Meine Dankbarkeit konnte ja auch bald warme, zärtliche Freundschaft werden. Aber das wollte mein Herz nicht Wort haben, daß die Dankbarkeit bis zu dem Grade der Freundschaft hinaufsteigen könnte, zu dem die Liebe von selbst hinunterfallen müßte.

Nun kam der Fühling, und wir gingen sehr früh auf's Land. Hier fand ich bald Geschäfte, die mich mit dem Schritte, den ich getan hatte, hätte versöhnen können, wenn ich auch wirklich schon angefangen hätte, ihn zu bereuen. Die Bauern, die zu unserm Gute gehörten, hatte der unmenschliche Geiz seiner vorigen Besitzer zu den ärmsten der Gegend gemacht. Welche Szenen voll Elend, wo ich hintrat! aber auch welch ein Gefühl, zu sehen das Wiederaufleben der Freude und das heitre Lächeln des Danks, oder seine belohnende Träne! Bald liebte mich alles um mich her als seinen Vater.

Und doch, in dieser Seligkeit selbst fand der Gram Nahrung, der immer, obschon dunkel, auf meiner Seele lag. Der tägliche Anblick von allem, was menschliches Elend für menschliches Gefühl Erweichendes hat, hatte mich nun vollends bei meiner Unachtsamkeit auf mich selbst zu sehr erweicht.

Meine Frau willigte in alle meine Anstalten, aber doch oft mit einer Art von Zwang, den sie nicht ganz verbergen konnte. Wie so ganz anders, dacht' ich, würde Mariane an ihrer Stelle handeln! Ich hatte sie oft mit wenigerem Vermögen in ähnlichen Fällen handeln sehen, hatte oft mit ihr ohne Geräusch, in der Stille des Abends die Armen in ihrer Nachbarschaft besucht, wenn sie ihnen brachte, was ihr Vater ihr zu ihrem kleinen Putz geschenkt hatte.

Ich sah oft Szenen der Liebe; sah den jungen Landmann, wie er so alles vergaß bei seinem Weibe, des sauersten Schweißes nicht achtete, der sie nährte, und den sie abwischte. So hatt' ich einst mit Marianen leben wollen! Was wir uns so oft gesagt hatten in jenen goldenen Tagen des Traums der Liebe, wenn wir den Bauern hinter dem Pflug sahn in seiner Ermüdung, in der Ferne seine Strohhütte vor uns lag, die Gefährtin seines Elends heraustrat mit lieben Kindern um sich her, so emsig kühlende Milch und sauerverdientes Brot unter die Eiche an der Hütte zu tragen; dann ihm alles entgegen lief in wetteifernder Liebe; bis sich alles nebeneinander hinsetzte zum Abendbrot, und dann zusammen war, so vertraulich, so voll Herz – was wir uns dann so oft gesagt hatten: wie wenig die Liebe bedürfe, wie Lieben in Armut doppelt Liebe sein müsse, und wie wir nicht reich sein möchten, um das nicht zu entbehren, von uns selbst zu leben – alles das erwachte so lebhaft und so quälend!

Ich las sehr viel, las Dichter, wie ich sie nie gelesen hatte; aber, was ich las, überall der glühende Ausdruck einer Empfindung, von der ich einst und so lang all das Glück meines Lebens erwartet hatte! und was ich sah, überall dies Gefühl in der Natur so allbelebend um mich her, nur in meinem Herzen Bedürfnis ohne Hoffnung zur Befriedigung. Das machte mich verwirrt.

Doch den Frühling und den Sommer über hielt ich's aus; aber als der Herbst kam, wenn ich einsam mit meinem Gram umherging, hörte das heilige Brausen des Zerstörens in den Gipfeln der Haine und das Gerassel welkender Blätter an den Ästen herunter, sah das Vergehen so allgemein um mich her in der ganzen Natur – Gott! ich glaubte, mit vergehen zu müssen. Alle Kräfte strebten mir auf gegen den Sturm des Todes um mich her! – zu fallen, wie die Natur, in herbstlicher Verwüstung, wo ich noch keinen Frühling gelebt hatte in Freude und Liebe!

Ich fiel in eine entnervende Ermattung, und der ewige Zwang meiner Frau nicht zu dem Blick in mein Herz kommen zu lassen, der sie so unglücklich gemacht hätte, als ich selbst war, erschöpfte mich endlich vollends. Ich ergriff das einzige Mittel, das mir die Vernunft noch zeigte, dieser wütenden Leidenschaft eine andre entgegen zu setzen, die jene wenigstens schwächen möchte. Unter allen war der Ehrgeiz die einzige, zu der ich mich in einem Grade fähig fühlte, wie sie sein mußte, um bis zu einem Gleichgewichte gegen jene zu steigen.

Ich wendete mich an den Minister, von dem ich wußte, daß er mich nicht ganz verkannt und oft gewünscht hatte, mich nützlich zu machen. Ich kannte ihn als einen Mann, von dem ich die schleunigste Beförderung zu jedem Posten, für den er mich fähig glaubte, erwarten konnte, wenn ich ihm aufrichtig sagte, warum ich sie suchte. Ich tat das, und es erfolgte, was ich vorher sah. Er redete mit mir über Angelegenheiten, in denen es auf Verschickung ankam. Ich sagte ihm, was ich darüber dachte, und das schien alles, was er erwartet hatte. Ich nahm also den Auftrag an, und reiste in der Hoffnung ab, daß das Reiben an fremde Gegenstände selbst eine Seele heilen könnte, die in Kummer verrostet lag.

Meine Frau blieb zurück. Die Trennung war schmerzlich. Ich verließ sie in den letzten Monaten ihrer Schwangerschaft, und es war mir, als wenn mich die Ahnung ergriff, daß ich sie nicht wiedersehen sollte. Ich war kaum sechs Wochen abwesend, als ich die Nachricht erhielt, daß die Freude, mich zum Vater zu machen, ihr das Leben gekostet hatte.

Ich zweifle, ob der Tod einer geliebten Gattin mich empfindlicher hätte kränken können. Mitleid, Bewußtsein, ihr nicht gewesen zu sein, was ich ihr hätte sein sollen, vielleicht nicht, was ich ihr hätte sein können, ich weiß nicht, was sich alles in meinem Kummer vereinigte. Eine Geschichte, in die sich mein Herz auf dem Lande hatte ziehen lassen, und die ich mir vergeben hatte, weil ich wußte, daß sie meiner Frau ein Geheimnis war, ward mir jetzt ein quälender Vorwurf.

Mein Herz war schon verwöhnt. Wo ich auf einem Gesichte schmachtende Liebe und unbefriedigte Sehnsucht fand – o, ich kannte diesen Zustand so tief! da fühlt' ich mich angekettet, eh ich noch an Folgen denken konnte. So war es mir mit der Frau eines Beamten in der Nachbarschaft gegangen, deren Schicksal mit dem meinigen sehr viel Ähnliches hatte. Der erste Augenblick, den wir uns allein sahn, war der Augenblick des Geständnisses. Ich fühlte oft, was mein Schicksal sein würde, wenn, wie so leicht möglich war, nur ein Schatten von Verdacht bei meiner Frau aufstiege. Des Abends, wenn ich von meiner Geliebten mit Zittern nach Hause kam, nicht wagte, meine Frau anzublicken, wenn sie mir dann entgegen kam mit all der herzlichen Liebe; wenn wir so beisammen waren, und dann ihr Glück, die Meinige zu sein, und die Hoffnung, die sie für mich unter ihrem Herzen trüge, ihr Gespräch war – Gott! tausendmal schwur ich mir, nie zu jener zurück zu kehren, sie nie wieder zu sehen, und doch, wenn die Stunde kam –

Von dem übrigen Teile meiner Geschichte will ich dir nur so viel sagen, daß, nach dem Tode meiner Frau, in *** der freie Ton im gemeinen Leben, das Ansehn, im dem ich stand, der Aufwand, den ich machen konnte und mußte, und, nach meiner Zurückkunft in mein Vaterland, die Achtung, die, nach einer Ausführung meines Auftrags, die über unsre Hoffnungen war, der Minister mir bewies und die sich von ihm allgemein verbreitete, die Art, wie er zu meiner Belohnung mein Glück machte, mir meinen Hang nur zu sehr erleichterte. Ich fiel von einem Handel in den andern, die allemal mit der Erfüllung meiner Wünsche endigten, aber auch mit der Rückkehr zu der Einzigen, die ich wirklich liebte. Manche hatte ihr Bild auf Augenblicke der Überraschung in meiner Seele verdunkelt; aber ich wollt' es völlig daraus verbannt haben; das konnte keine!

Endlich sank mein Herz in eine Art von Ueberladung, und machte meiner Vernunft Platz über all das Vergangene nachzusehen. Ein demütigender Blick! und doch, wie ich noch jetzt dieses unbegnügsame Herz fühlte, hofft' ich in der großen Welt keine Beruhigung mehr. Auch der Ehrgeiz hatte bald das Schicksal meiner übrigen Wünsche gehabt – den Tod in seiner Befriedigung. Ich war nun reich und lebte in dem vollen Glanze meines Glücks, geehrt oder beneidet von allen, aber selbst unglücklicher als jemals. Was mir das sein würde, wenn Mariane es hätte teilen wollen, war meine völlige Betrachtung nach jedem Blick um mich her, und der ewige Schluß, daß es ohne diese Teilnehmung nichts war.

Ich wollte noch einmal die Einsamkeit versuchen, versprach mir aber selbst, alles zurückzuweisen, was mich noch empören könnte. Ich hielt mir Wort, tat alles, was mich abkühlen konnte, verschloß meine Dichter, und wählte mir aus den Philosophen die abstraktesten zu meiner Gesellschaft.

Meine Absicht gelang mir. Das süße Gefühl des Gewinns so mancher erhabener Wahrheiten machte mich bald unermüdet hinunter zu fahren in die tiefsten Abgründe, wohin sich der menschliche Verstand je verstiegen hatte. Da traten die wichtigsten Angelegenheiten der Menschen, ihre Bestimmung in diesem, und ihre Hoffnungen in jenem Leben bezweifelt vor meiner Seele. Ich schämte mich, was ich alles vernachlässigt hatte. Dann riß der ganze Reiz der Überzeugung, oder auch nur der Wahrscheinlichkeit mich hin, so wie die Mühe selbst mir Kälte und Gelassenheit gab. Welche Demütigung bei jedem Blick ins Vergangene! und ich ließ diese wirken in ihrer ganzen Gestalt.

Jetzt war ich ruhig, und schon wünschte ich mir Glück, da ich gewiß zu sein glaubte, daß nun in allen folgenden Tagen meines Lebens der Wunsch nicht mehr erkalten würde, das endlich zu werden, was ich so lange hätte sein können und sollen, und wovon ich jetzt zu demonstrieren wußte, daß es die einzige Würde des Menschen sei, als –

Streitigkeiten wegen der Nachlassenschaft meiner Frau mich nach *** und in das Haus meiner Mariane brachten. Mit welcher Zuversicht auf mich selbst ich dahin ging! Ich ging in allem Glanze, den mir mein Stand erlaubte, um sie meinen Triumph und ihr Unrecht fühlen zu lassen, wenn sie mich vielleicht blos dem Reichtum aufgeopfert hätte. Ich bot aller Gewalt Trotz, die sie vormals auf mich gehabt hatte, zu versuchen, was sie noch vermöchten, und als ich hinkam –

Gott! in welchem Zustande fand ich sie! Wie ungleich der Mariane, die ich geliebt hatte, und doch, wie noch so ganz sie selbst! Alle diese Reize welkend in Kummer und abgebleicht in Tränen; aber, all diese Güte noch in ihrer ganzen Wärme. Ich fand sie abends noch immer an dem kleinen Hinterpförtchen ihres Gartens mit Trost und Hilfe bei den Armen ihrer Nachbarschaft, denen ich da so oft mit ihr unser Erspartes ausgeteilt hatte. Ich sah diese Szene unsrer

Liebe wieder, diese Laube – o diese Laube! – diese kleine Anhöhe unserer Abschiede, auch unsers letzten! die ganze Gegend bei jedem Fußtritt so merkwürdig! jeden Winkel zum ewigen Denkmal der Liebe bezeichnet! Bald konnt' ich mich von diesen Szenen nicht mehr trennen; ich war hier fast den ganzen Tag, irrte da einsam und traurig umher, und Mariane sah das, und verstand es.

Täglich nahm der Ausdruck ihrer Liebe auf ihrem Gesichte zu. Wenn ich das sah, all ihren Streit und ihre unverbergsame Kränkung in meiner Gegenwart – ich konnte den Gedanken nicht mehr unterdrücken, den meine Selbstliebe ohnehin so bald fast, daß zu späte Reu und unüberwindliche Liebe für ihren Verlassenen vielleicht mehr Anteil an ihrem Kummer haben könnte, als Unzufriedenheit mit einem Manne, der nicht für den hundertsten Teil ihres Werts Gefühl hatte. Und was bestärkte mich nicht alles! Sie hatte durchaus, als ihr Schwiegervater starb, diese Gegend nicht verlassen, nicht in die Stadt ziehen wollen. Sie hatte R*** beredet, dieses Gut für sich selbst anzukaufen. Ich fand auf ihrem Zimmer noch all die Kleinigkeiten, die ich ihr geschenkt hatte, aufbewahrt, als Heiligtümer der Liebe. Ich sah ihre Kinder; ihrem ältesten Sohn hatte sie meinen Namen gegeben, und nannte ihn allein bei diesem.

Alles, alles, was ich sah und hörte, sagte mir, wie nötig es war, meine Geschäfte und meine Abreise zu beschleunigen. Kaum hatt' ich die Gewalt noch über mich selbst, mich loszureißen; aber meine ganze Ruhe und Standhaftigkeit blieb zurück. Ich suchte wieder Hilfe bei meinen Büchern; aber ich kam nicht mehr mit dem offenen, fassenden Verstande, nicht mehr in der Fassung, wo die Leidenschaft unter dem Gebiete der Vernunft schweigt, und das Gefühl keine Ursache hat, sich gegen die Wahrheit der Erkenntnis zu empören. Ich fühlte bald, daß ich ohne höheren Beistand, ohne Waffen von gewisserem Nachdruck unterliegen, und zwar wohl nicht wieder so tief zu Ausschweifungen, aber desto gewisser und tiefer zu tötendem Kummer herabsinken würde.

Ich hatte in meiner Einsamkeit aus Bedürfnis der Gesellschaft ein benachbartes Karthäuserkloster besucht und darin Bekanntschaften gemacht, durch die ich dieses Institut bald mit ganz andern Augen anzusehen anfing, als ich bisher, hingerissen von der Mode und mit all den Vorurteilen aus der Ferne, gewohnt war. Doch den Eindruck hatte die erste nähere Bekanntschaft nicht auf mich gemacht, den jetzt mein erster Besuch machen sollte.

Ich hatte gefühlt, daß ich alle Macht der Religion gegen mich selbst nötig hatte; ich hatte manche traurige Nacht, wenn das entsetzliche Gefühl der ewigen Leere in meinem Innersten herumwühlte, und mich zu Unmut und Verzweiflung hinriß, einsam zu Gott gebetet; und so vorbereitet kam ich einen Abend ins Kloster. Ich war einige Tage da. Was ich sonst nur flüchtig beobachtete, gleichwohl schon verehrt hatte, reizte jetzt meine ganze Neugier. Ich lernte bald ihre Art zu leben kennen, und einst, als ich allein, meine ganze Seele im Aufruhr, im Klostergarten herumlief, dann die feierliche Glocke zur Kirche läuten hörte, und das Bild des Ordens lebhaft und ganz vor mir stand, stieg auf einmal der Gedanke in meine Seele auf: Wie? wenn der Geist dieser äußersten Strenge und Abtötung wäre, Herzen, brausend und ungestüm wie das deinige, empor zu helfen? Wenn für Seelen von deiner Stimmung, in Umständen, wie die deinigen sind, keine Fortkommen wäre, ohne diese völlige Aufopferung, ohne Ankettung all dieses glühenden Gefühls an Gott und Ewigkeit? Und – wer darf den Gedanken Schwärmerei nennen? – Wenn Gott auf so ein Herz, das nur bei ihm nach Zuflucht sieht, das alles von sich wirft um seinetwillen, und, ihm getreu zu bleiben, in fester Zuversicht auf seine helfende Hand, den ewigen Streit mit sich selbst übernimmt, wenn Gott auf so ein Herz herabsäh mit Wohlgefallen und es tröstete und stärkte mit unmittelbarer Gnade? Wie wenn der Stifter so eine Seele war? – Ich dachte nach, verglich jeden einzelnen Umstand mit dem Gedanken. – Wie übereinstimmend! Wie alles dahin kalkuliert! Aus vielen Umständen seines Lebens, welche dringende Vermutung! – Ich konnte den Gedanken nicht mehr unterdrücken, sah nach dem Gebete die Patres wieder, fand, wo ich gewöhnliche Menschen gesehen hatte, auf vielen dieser Gesichter noch tiefe eingeträrte Spuren eines langwierigen Kampfes, aber auch hin und wieder, auf dieser erhabenen Stirne, in diesem ganzen heiteren Antlitz das Höchste, das ein menschliches Antlitz tragen kann, den Sieg, den sauer erkämpften Sieg über sich selbst. Ich drang sogar in einen dieser Männer, an den sich mein Herz gleich bei der ersten Bekanntschaft am nächsten gefesselt hatte; ich fand, was ich vermutete; ich konnte meine Tränen nicht zurückhalten, und hingezogen mit einer Macht, so unwiderstehbar, als je die Liebe auf mich gewirkt hatte, fiel ich an seinen Hals und weinte laut.

Er drückte mich fest an sich, denn er verstand mich; und dieser Augenblick – o, so süß und so schmerzlich sind wenige Augenblicke meines Lebens zugleich gewesen!

Eine Schelle in seiner Zelle war von einer Hand gezogen, die ich nicht sah. Er wand sich los von mir, und trat, um nicht beobachtet zu werden, in sein Schlafzimmer. Ich konnte nicht widerstehn, ihn zu belauschen. Ich sah ihn auf der Erde liegen im Gebet. Nach einer Weile, als er zurückkam, war sein Auge nicht mehr so heiter; das war mir ein Rätsel; ich gestand es ihm, und bat um Erklärung, und erfuhr, was mich vollends hinriß.

"Diese Schelle", sagte er, "die Sie hier gehört haben, schellte in dem nämlichen Augenblick in den Zellen aller anderen Brüder, ohne daß einer wissen konnte, wer sie gezogen hatte; nur das sagte sie uns, daß in diesem Augenblick auf irgend einem unter uns eine Versuchung lag, gegen die er all seinen Kräften nicht mehr trauen durfte; dann schellte er, und sogleich war er gewiß, daß alle Brüder vereinigt für ihn auf ihren Knien vor Gott lagen und um seine Rettung flehten. Glauben Sie es meiner Erfahrung, setzte er hinzu, daß dieser Gedanke oft den Sieg für mich entschied, wenn er einen Augenblick vorher noch wankte."

Gott! diese Schelle! und daß sie nun nicht wieder läutete. – Es war mir, als säh ich unmittelbaren Wink des Himmels, wohin ich flüchten sollte wider mich selbst. Voll und gerührt bis im innersten Gefühle ging ich auf und ab; durch die langen, düstern Kreuzgänge, die den Kirchhof des Klosters einschlossen, wo ich einige Mönche einzeln und in ihre Kappen gehüllt, in tiefem Ernste, wie mit der ganzen Seele über diese Welt hinaus, zwischen den Kreuzen über den Gräbern wandeln sah.

Ich konnte mich nicht losreißen; ich fühlte mich schon besser, und was durft' ich mir nicht versprechen? Diese völlige Aufopferung jeder Weltfeude für Gott, das Bild des Todes bei jedem Tritt erneuert, dieses gemeinschaftliche Hinstreben und Forthelfen, diese Schelle, die sie als liebende

Kinder um den Vater für den Bruder versammelt, diese stündliche Erinnerung an Ewigkeit bei jedem brüderlichen Gruß, in dem erhabenen, dem freundlichen Memento mori! – Alles, alles sagte mir, daß es hier sein müsse, wenn mein Leben nicht ein langes Quälen ohne Hilfe sein sollte.

Doch wollt' ich gewiß sein, daß mich keine Täuschung einer überspannten Einbildungskraft verführte. Ich setzte den Tag, wo ich dem Prior des Ordens meine Absicht entdecken wollte, noch ein halbes Jahr aus.

Ich kehrte den Winter in die Stadt zurück, nahm an allen Zerstreuungen der Jahreszeit Anteil, tat alles, was meine Phantasie kalt machen mußte. Aber ich fand, daß ich selbst an den Freuden, bei denen ich sonst mit ganzem Herzen war, nicht den warmen Anteil mehr nehmen konnte. Das Bild des Klosters war überall bei mir; ruhig war ich indes nicht. Zufällig war mit dem Gedanken ans Kloster ein andrer verbunden, der jetzt lebhafter als je erwachte. Ich hatt' ihn zuerst in der Nacht nach dem Abend des Abschiedes von Marianen gedacht, als ich nach Göttingen ging. Dieser Abschied war so schmerzlich, als die Liebe ihn machen kann. Mariane hatte stundenlange in meinem Arm gelegen, stumm, in allen Leiden der Trennung. Auf einmal sprang sie auf, sah mich wild und starr und tränenlos an: "Willbert! Willbert!" – Dann schlug sie die Hände zusammen und schrie mit unaussprechlichem Schmerze: "Ich sehe dich nicht wieder!" – Bei welchem Abschiede drängt sich der Gedanke nicht auf! Aber die Art, wie er bei Marianen aufstieg und wie sie ihn sagte, grub ihn so tief in meine Seele, daß ich ihn lange nicht unterdrücken konnte. Es war eine schöne, heitre Sommernacht, mit Mond und allen Sternen. Ich hatte solche Nächte mit Marianen so oft genossen, und wenn wir es fühlten, wie unsre Seelen so ganz Liebe waren – wie sollte diese Liebe nicht unsterblich sein, wie unsre Seelen selbst? Das hatten wir uns tausendmal mit so innigster Zuversicht gesagt, daß der Gedanke auch jetzt überwandt. Dann will ich ins Kloster gehen, sagt' ich zu mir selbst, und da harren, bis die Stunde kömmt zur Wiedervereinigung, wo kein Tod mehr ist! –

Damals machte mich der Gedanke ruhig, aber jetzt! – wenn sie tot wäre, dacht' ich. Schrecklich, schrecklich mußt es sein zu denken, was man liebt, wie es hinfällt in Tod und Verwesung! Aber, wenn sie tot wäre – ich dürfte sie lieben, dürfte Gott das sagen in meinem feierlichsten Gebete! wüßte, daß sie mich liebte, und würde das fühlen bei jedem Blicke zum Himmel! würde denken, daß sie mich sähe, und was ihr das sein müßte, daß ich die Welt nicht mehr wollte, wo sie nicht mehr war! Was würde meine Zelle mir sein! Da zu leben, wo ich gewiß wäre sie wiederzufinden! Aber so, so! Untreu! Trennung auf ewig! Alle diese Bande so ganz, ganz zerrissen! –

Ein Zufall half endlich den Schritt zur Vollziehung meines Entschlusses beschleunigen. Ich erfuhr, daß R*** krank war, und mich fing an zu ahnen, was folgen sollte; zwar bloß als eine Möglichkeit, der aber mein Herz, in seinem Schrekken vor sich selbst, schon alle Stärke der Wirklichkeit gab. Jetzt sagte mir der Arzt, der von ihm zurückkam, daß er alle Hoffnung aufgebe, und in der nämlichen Stunde fuhr ich ins Kloster, um meine Aufnahme anzuhalten. Ich erreichte meine Absicht leicht; der achte Tag wurde zu meiner Einkleidung festgesetzt. Ich kam in die Stadt zurück, machte meinen Entschluß unter meinen Freunden bekannt. Alles erschrak; keiner konnte die Gründe erraten; Gleichgültige, die es erfuhren, lachten mich aus, und ich genoß das mit einer Art von Triumph.

Als aber die Nachricht von seinem Tode kam – nein! das wäre Prahlerei, wenn ich die innigste Erschütterung meiner Seele bei dieser Nachricht leugnen wollte. Ich fühlt' es so tief, wie sehr ich die Undankbare noch über alles liebte! Das Bild ihres Elends, das ich selbst in der Nähe gesehn und ihre Freundin bei jedem Besuche so völlig ausgemalt hatte zum Gemälde langsam vergehender Liebe; ihre Versicherung, die meine Selbstliebe so gern aufnahm, daß Mariane das alles nur um mich litte; tausend Vorwände, die ich selbst zu ihrer Entschuldigung erfand; der Gedanke, wie süß es hier sein müßte zu verzeihen, und welch ein Himmel diese kleine Überwindung belohnen würde – das alles stürmte auf meinen Entschluß los, und doch widerstand ich, bis, schon im Begriff abzureisen, den Tag vorher, ich von Marianen selbst einen Brief erhielt. Sie hatte mich schon durch ihre Freundin bitten lassen, zu ihr zu kommen; sie würde selbst kommen, wenn ihre wankende Gesundheit ihr nur einen Schritt aus dem Haus erlaubte; eine Reise bis zur Stadt würde sie unmöglich aushalten. Ich wies das alles mit aller Verachtung ab, die ich annehmen konnte; aber als der Brief kam – ich konnte nur einige Worte lesen, die übrigen waren mit ihren Tränen zusammengelaufen – aber diese wenigen und alles, was mir der Knecht von dem Zustande vorheulte, in dem er sie verlassen hat. –

"Ich schrieb diesen Brief auf meinen Knien, wie die Nachricht von Willberts Vorhaben, und daß morgen der Tag sein sollte, mich auf die Erde hingeworfen hatte. Es war kein Entsetzen, was ich empfand, wenn ich das noch empfinden nennen darf, es war wahre Raserei. Ich habe mich auch nachher nie darauf besinnen können, was in der Zeit von den fünf Stunden, die der Knecht auf dem Hin- und Rückweg zu reiten hatte, in mir vorging; nur daß man mir nachher sagte, daß ich mich nicht hätte wollen aufheben lassen. Ich blieb liegen, wie ich lag, ohne Tränen, ohne Laut, das Aug starr auf die Türe geheftet, bis sie aufging, und – Gott! daß du mir das noch bestimmt hattest! er – er selbst herein trat!"

Mariane.

Denke dir, was aus mir ward, als ich sie so liegen sah! so ganz entstellt! O! es brauchte schon keine Entschuldigung mehr, und, wenn sie keine gehabt hätte – alles, alles war vergessen! Ich hub sie auf von der Erde, nahm sie in meinen Schoß, drückte sie an mich, weinte, und hätte mein Leben so ausweinen mögen. Sie riß sich los, sank auf ihre Knie vor mir, verbarg ihr Gesicht in meinem Schoß; dann faltete sie ihre Hände, hub sie in die Höhe, sah mich an, wollte reden, konnte nicht, fiel wieder hin, bis sie einen Brief aus dem Busen hervorzog, den sie vor einigen Monaten in einer schweren Krankheit an mich geschrieben hatte und den ihre Vertraute mir nach ihrem Tode hatte geben sollen. Ich will nur das hier daraus abschreiben, was sie zu ihrer Entschuldigung anführte.

"Du wirst Dich erinnern, daß Deine Mutter um unsre Bekanntschaft wußte, aber daß unsre Liebe ihr noch ein Geheimnis bleiben sollte. Ich kam in die Stadt mit meinem Vater, bei jener Gelegenheit, als der Herr von ***, dessen Güter er verwaltete, ihn zur Rechnung forderte. Ich besuchte Deine Mutter; es war mir unaussprechlich süß, von ihr geliebt zu werden. Der Augenblick kam, wo mein Herz sein Geheimnis nicht mehr halten konnte; es wollte zerspringen;

ich mußte ihr alles sagen, ohne einen Augenblick überdenken zu können, was ich tat.

Sie erschrak, fiel mir um den Hals, weinte über mich so mütterlich. Armes Kind! das war alles, was sie sagen konnte. Dann zeigte sie mir den Ausspruch, den R*** gegen sie erhalten hatte. Sie war kein Ausweg; sie mußte mit sich machen lassen, was die Grausamkeit eines geizigen Gläubigers über sie beschließen konnte. Die Sache meines Vaters schien den nämlichen Gang zu nehmen. R*** hatte sich seit einem halben Jahre um meine Hand beworben. Zwar hatt' ich ihn abgewiesen, so gut ich konnte; aber das war von so wenigem Nachdruck, daß er es als bloße jugendliche Sprödigkeit aufnahm, und jetzt in der Stadt sein Bewerben von neuem mit doppelter Heftigkeit wieder anfing. Mein Vater bewarb sich überall um eine bare Summe, die allein das äußerste von ihm abwenden konnte; vergebens! der alte R*** war reich. Er konnte ihn retten; – war der stärkste Gläubiger Deiner Mutter; – konnte sie retten – sieh, das alles sollte von meinem Entschluß abhängen! Zwischen Dir und einem Vater und einer Mutter! –

Denke hier an unsere Liebe! Jene süße, erhabene Hoffnung, die Du mich zuerst gelehrt hattest, wenn wir so in der Mondnacht, Arm in Arm, dastanden und den gestirnten Himmel ansahn, daß auch da Lieben sein würde, in verklärtem Anschaun all unseres Wertes! – Diese Hoffnung entschied. Mag es sein für dieses Leben! dacht' ich; ich werde seine Last ohnehin, getrennt von ihm, nicht lang zu tragen haben! da! da werd' ich ihm einst entgegenkommen, noch so ganz Liebe! und ihm zurufen: so hab' ich dich geliebt! so hat deine Arme geliebt und gelitten! – Ich fühlte mich groß und stark, zwang von Deiner Mutter den Schwur, Dir es nie zu entdecken, rettete meinen Vater, und wenn ich für Deine Mutter meinen Endzweck nicht erreichte – den ersten Stoß abzuwenden war zu spät; aber wenn er nachher nicht wieder vergütet wurde, Du selbst wirst wissen, wessen Schuld das war!" –

Schöne, erhabene Seele! rief ich. Aber doch, daß Du mir das nicht sagtest! Mich da in dem marternden Verdacht Deiner Untreu –

"Das hätt' ich Dir sagen sollen?" sprach sie. "Ach Willbert! Ich hatte ein Herz, und Du kennst es; ich wußte, daß ich das Deinige in dem meinigen fühlte; ich bat Gott, daß er Dir das geben möchte mich zu vergessen, und – wenn auch, mich zu hassen. Ich hoffte das mit Zuversicht. Jener Gedanke an Ewigkeit, an eine Stunde, die das alles enträtseln und ändern sollte, machte mir erträglich, was mir ohne sie mehr als Tod gewesen wäre. Aber, wenn ich Dir das nun alles gesagt hätte? – Du hättest gewußt, daß ich Dich liebte, noch mit all der Innigkeit liebte – dieser Schritt selbst hätte Deine Liebe erhöht! Du hättest mein Leben voll Jammer, das ich vorhersah, hättest all meine Leiden gesehen; ich die Deinigen, Dein Abzehren in vergeblicher Liebe! Ach Willbert! Was hätte aus uns werden können! Und es waren doch auch Pflichten, die ich mir auflegen mußte!" –

Engel, Erhabene! – Ich schloß ihren Mund mit tausend Küssen.

Sie ist unter meinen Küssen wieder aufgeblüht, wie die welkende Blume im Morgentau. Das Jahr, das der Wohlstand zwischen unsern Wünschen legte, ist verschwunden wie ein Abend der Freude. Und nun – Gott zu danken, daß er dieses Glück noch so lang aufschob, mich durch so manche wunderbare Wege führte, dieses Glückes wieder würdiger zu werden, ist, nebst meiner Liebe, fast meine einzige Empfindung!

Und du – ich verlor Dich fast zur nämlichen Zeit mit ihr. Komm, komm, daß ich Dich mit ihr wieder finde! Komm, Du sollst sie sehn! Mehr sehn und hören, als sich schreiben, als sich denken läßt! Sollst Deine Freunde glücklich sehen, glücklich über alles, was je ein Sterblicher glücklich nannte!

Bildnachweise

Droste-Gesellschaft S. 148
Niedersächsisches Staatsarchiv Osnabrück S. 25
Portraitarchiv Diepenbroick des Westfälischen Landesmuseums für Kunst und Kulturgeschichte Münster S. 141
Privatbesitz S. 155
Universitätsbibliothek Münster S. 20, S. 141
Westfälisches Amt für Denkmalpflege Münster S. 10, S. 134, S. 137

Danksagung

Der Verfasser dankt für Anregungen und Kritik: Lelo Cécile Burkert-Auch, Georg Bühren, Wolfgang Delseit, Jochen Grywatsch und Iris Nölle-Hornkamp sowie dem Lektorat des Schöningh-Verlages, Dr. Michael Kienecker, für eine stets gute Zusammenarbeit. Dank gilt auch der Handschriftenabteilung der Universitätsbibliothek Münster für viele Hilfen.

Widmen möchte ich den "Schwärmer" Eva, Valerie und Vinah.